W0293493

Johannes v. Buttlar

Die Wächter von Eden

Johannes v. Buttlar

DIE WÄCHTER VON EDEN

Auf den Spuren der Weltformel

WILHELM HEYNE VERLAG
MÜNCHEN

Copyright © 1993 by Wilhelm Heyne Verlag GmbH & Co. KG,
München
Umschlaggestaltung: Christian Diener
Herstellung und Layout: D. F. Walter
Satz: Schaber Datentechnik, Wels
Druck und Bindung: Mohndruck, Gütersloh
Printed in Germany
ISBN 3-453-06918-8

Inhalt

Prolog

Als ich das flache Flughafengebäude von Albuquerque verließ, nahm mir die trockene Hitze Neu-Mexikos erst einmal den Atem. Ich verhielt. Mein Blick wanderte weg vom geschäftig brodelnden Airport und seiner Umgebung hin zu den ockerfarbenen Bergketten am Horizont. Im wabernden Hitzedunst erschienen sie unwirklich, wirkten sie wie eine Fata Morgana.

»Laufe ich einer Illusion nach? Existiert dieser geheimnisvolle Felsblock überhaupt?« grübelte ich. Auf der Suche folgte ich den Spuren eines Rätsels, dessen Lösung irgendwo draußen in der Wüste von Neu-Mexiko zu finden sein sollte. Obwohl ich nur vage Anhaltspunkte erhalten hatte, nahm ich die Herausforderung an. Nachdem der Mietwagen mit einem Vorrat an Getränken beladen war, machte ich mich auf den Weg. Die ersten zwei Stunden führte mich der State-Highway in Richtung Wüste, vorbei an Indianerreservaten, in denen unterschiedliche Stämme der Pueblo- und Zuni-Indianer leben. Vor mir tat sich eine pastellfarbene Landschaft auf. An einem endlos erscheinenden Horizont ragten die skurrilen Formen der nun taubenblau aussehenden Basaltberge in einen von der Sonne beherrschten Himmel auf. Der Wüstensand zeigte sich in allen Farbschattierungen, vom Weißgelb über Zartrosa bis zum satten Orangerot, hin und wieder vom staubigen Graugrün vereinzelter Sträucher unterbrochen.

Ich war vom Highway auf einen holprigen Sandweg abgebogen und zog eine lange Staubfahne hinter mir her.

Mein Ziel war der »Hidden Mountain«. Ich fühlte mich wie in einem Backofen, die Hitze trieb mir den Schweiß aus den Poren. Immer wieder griff ich zur Wasserflasche. Ich fuhr über Geröll und ausgetrocknete Flußbetten, bis der Weg mitten im Nichts endete. Keine Spur mehr von Zivilisation. Von nun an hieß es, auf Schusters Rappen weiterzukommen. Noch einmal überprüfte ich die mitgebrachte Wegbeschreibung, hängte mir die Wasserflasche um und zog los. Nach einer ganzen Weile öffnete sich vor meinen Augen eine schmale Schlucht. Links und rechts karmesinrot emporsteigende Felswände, unter meinen Füßen gelbglitzernder Sand und hin und wieder übermannshohes, in voller Blüte stehendes filigranes Gesträuch. Plötzlich reckte er sich vor mir auf, anthrazitfarben – der Hidden Mountain.

Auf allen vieren kroch ich über Geröllhalden aufwärts, zwängte mich außer Atem durch Felsspalten, wischte mit dem Hemdsärmel immer wieder die Schweißtropfen aus den Augen. Als ich einen Felsvorsprung umklettert hatte, stand ich unerwartet vor dem geheimnisvollsten Basaltfelsen Amerikas. Denn hier, auf der glatten Gesteinsfläche war eine Botschaft eingeritzt, die mindestens 2400 Jahre alt sein muß. Die Schriftzeichen bestehen aus kanaanäischen, phönizischen und griechischen Elementen, eine Schriftform, die 400 Jahre v. Chr. gebräuchlich war. Der auf alte Sprachen spezialisierten amerikanischen Sprachforscherin Dixie Perkins ist es gelungen, diese Botschaft zu entschlüsseln.

»Ich kam hierher, um zu bleiben. Der andere starb einen vorzeitigen Tod im Kampf – entehrt, beleidigt und mit abgezogenem Fleisch. Die Männer glaubten, daß er, geistig verwirrt, unter meinem Schutz steht, wie ein Blatt im Wind hin- und hergeschleudert, in Armut und

Not dem Untergang geweiht. Von meinen Angehörigen wurde ich respektiert und geehrt, mit Reichtum gesegnet, mit vielen Sklaven und vielen Olivenbäumen ... Männer haben mich zum Exil verurteilt, als Wiedergutmachung für eine Schuld; inzwischen bleibe ich hier übrig wie ein Hase. Ich, Zakyneros, halte mich außer Reichweite von Sterblichen, wie ein Prophet. Ich bin Abfall, Abschaum, Ausschuß, wie ein weibischer Seemann auf einem Schiff, der ausgepeitscht wird. Jeder, der beleidigende Äußerungen macht, wird mit dem Stock verprügelt. Aber nach kurzer Zeit sind es die Beleidigten zufrieden. Ich muß mich hier zur ungünstigsten Jahreszeit vor den regnerischen Südwestwinden in Höhlen und Schluchten schützen. Eine sehr gute Ernte wurde eingebracht, viel davon in den bewaldeten Tälern und Bergschluchten; sehr viele Taschen aus Wildleder, viele Häute mit prachtvollen Fellen; schnell fließt der Fluß. Die Götter geben viel, die erlesensten Geschenke, um die Götter wieder und wieder anzurufen; in der unwirtlichsten Jahreszeit magere ich vor Hunger ab.«

Über das weitere Schicksal des Phöniziers Zakyneros, der der Nachwelt auf dem Felsblock seine Seelenqualen hinterlassen hat, ist bedauerlicherweise nichts bekannt. Sollte sich die eingravierte Nachricht tatsächlich als authentisch erweisen, wäre das eine Sensation. Denn es würde bedeuten, daß sich Phönizier schon vor 2400 Jahren in Amerika aufgehalten haben.

Ich wandte mich von der Inschrift ab und blickte hinunter auf das großartige Wüstenpanorama. In der Ferne schlängelte sich der Rio Puerco durch das wilde leere Land, aus dem sich im Osten die Manzano-Berge erheben.

Wie wenig wir doch im Grunde von untergegangenen Kulturen wissen. – Was hat den Menschen nur dazu getrieben, unglaubliche Strapazen und Gefahren auf sich zu nehmen, um Ozeane zu überqueren, nach neuen Welten Ausschau zu halten? Es war wohl die Neugier – die Herausforderung, das eigene Potential zu erkunden. Der Traum, Wesen und Sinn des Universums, des Daseins zu ergründen. Schon immer suchten Pioniere und Vordenker nach dem Stein der Weisen, der Weltformel, die alles erklären würde. Auch heute ist es die Neugier, die Wissenschaftler mit dem aufwendigsten Instrumentarium im Mikro- und Makrokosmos nach dem »Stein der Weisen«, der Weltformel der Schöpfung suchen läßt ...

I *Der Stein der Weisen*

»Sehen Sie, Herr Pfarrer, der Ort dort hinten ist Rennes-le-Château.« Der Kutscher des Pferdefuhrwerks deutete mit der Peitsche auf einen am Horizont auftauchenden Hügel mit grauweißen Häusern unter blaßroten Dächern.

Bérenger Saunière verschlug es den Atem, lag seine neue Pfarrei doch noch entlegener, noch ferner jeder Zivilisation, als der junge Priester befürchtet hatte. Veranlaßt durch die antirepublikanische, royalistische Einstellung des rebellischen 33jährigen Hitzkopfs, hatte ihn sein Bischof ohne viel Federlesens sozusagen in die Wüste geschickt. Mit anderen Worten: Der Oberhirte hatte seinen Priester dazu verdonnert, fortan in einem gottverlassenen Zweihundert-Seelen-Bergnest namens Rennes-le-Château, in den Ausläufern der Pyrenäen, sein Leben als Pfarrer zu fristen. Um dorthin zu gelangen, war Saunière mit der Eisenbahn bis nach Carcassonne gefahren. Von dort hatte ihn ein Pferdefuhrwerk in südlicher Richtung bis zu seinem Zielort weitertransportiert.

Am Abend des 31. Mai 1885 traf er dort ein. In das goldene Licht der untergehenden Sonne getaucht, breiteten sich das erdige Braun, die weißgrauen Felsen und das satte Grün von Büschen und Bäumen des Languedoc vor seinen Augen aus. Er sollte sein Amt am 1. Juni antreten. Aber dem stattlichen, überaus intelligenten Absolventen des Priesterseminars kam es so vor, als sei er bereits mit seiner ersten Pfarrei in den Ruhestand versetzt beziehungsweise zu lebenslanger Freiheitsstrafe verurteilt worden. Jedenfalls stand für ihn fest, daß alles vorbei war, bevor es überhaupt begonnen hatte.

In den folgenden Monaten lernte Bérenger Saunière, sich mit seiner neuen Situation zu arrangieren und ihr das Beste abzugewinnen. Schon bald fand er heraus, daß Rennes-le-Château kein gewöhnliches Bergnest war, sondern eine äußerst faszinierende Geschichte hatte. So las er in alten Chroniken, daß seine der Maria Magdalena geweihte Pfarrkirche im Jahre 1059 auf den Fundamenten einer westgotischen Kirche aus dem 5. Jahrhundert errichtet wurde. Die Geschichte von Rennes-le-Château geht auf die Kelten zurück, die seine Umgebung als heilige Stätte, als Zentrum des Druidentums verehrten. Bei den Römern war Rennes – »Rhedae« – ein beliebter Badeort. Nach ihrem Italienfeldzug und der Plünderung Roms machten es die Westgoten im 5. Jahrhundert zu ihrer nördlichen Hauptstadt. Fünfzigtausend Menschen sollen dort einmal gelebt haben. An der alten Pilgerstraße nach Spanien gelegen, spielte Rennes sowohl bei den Merowingern als auch bei den ketzerischen Katharern und den Tempelrittern eine wichtige Rolle. Um 1360 wurde seine Bevölkerung durch die Pest arg dezimiert, und die meisten der Überlebenden fielen später katalanischen Räuberbanden zum Opfer. So wurde schließlich Rennes-le-Château zu dem vergessenen Bergdorf, als das es Pfarrer Saunière erlebte.

Von dieser reichen Geschichte fasziniert, unternahm der junge Priester in seiner freien Zeit ausgedehnte Wanderungen in die nähere und weitere Umgebung von Rennes-le-Château.

Er las viel, insbesondere die Bücher zur Geschichte des Languedoc, vervollkommnete seine Latein- und Griechischkenntnisse und lernte Hebräisch. Zudem traf er sich regelmäßig mit Abbé Henri Boudet, dem Pfarrer des Nachbardorfes Rennes-les-Bains. Mit diesem begeisterten Heimatforscher, der ihn mit der bewegten Geschichte der Region vertraut machte, unternahm er von Zeit zu Zeit kleinere archäologische Expeditionen. Sein besonderes Augenmerk galt den vielfältigen Zeugnissen der Ketzerei in dieser Gegend: den Spuren der Westgoten, die dereinst den Lehren des Arius folgten, jenes Ketzers, der im 4. Jahrhundert die Wesensgleichheit Jesu mit Gottvater bestritt; der Katharer, die für sich ein »reines« Urchristentum proklamierten, um in einem blutigen Kreuzzug zwischen 1209 und 1244 von einem päpstlichen Heer vernichtet zu werden. Nicht zuletzt auch der Templer, jenes geheimnisvollen Kreuzritterordens, der 1307 der Ketzerei angeklagt und bis 1314 durch den französischen König Philipp IV. (1285–1314, der unter den Namen »der Schöne« und »der Bankrotte« in die Geschichte einging), der auch den Papst dazu zwang, zuzustimmen, zerschlagen wurde. Auf dem Felsen von Le Bezu nahe Rennes-le-Château erhob sich ein Ordenshaus der Templer; und auf einem nur zwei Kilometer von dort entfernten weiteren Berg lag die Ruine Blanchefort, die Burg des vierten Großmeisters der Templer, Bertrand de Blanchefort.

Schon bald fühlte sich Bérenger Saunière in Rennes-le-Château heimisch. Da ihm jedoch sein Jahresgehalt von 150 Francs nur ein äußerst bescheidenes Leben erlaubte, war er auf die Zuwendungen seiner Gemeindemitglieder angewiesen. Er stellte das 19jährige Bauernmädchen Marie Denarnaud als Haushälterin ein und gewann in ihr eine ergebene Vertraute und Freundin. 1891 entschloß sich der Pfarrer, seine arg reparaturbedürftige Dorfkirche renovieren zu lassen. Er borgte Geld, »plünderte« die Gemeindekasse und ließ Handwerker kommen.

Als im Verlauf der Renovierungsarbeiten die schwere Platte des westgotischen Altars entfernt werden mußte, stellte sich heraus, daß einer der beiden Träger der Altarplatte hohl war und als Geheimfach für vier versiegelte

Holzzylinder diente. Saunière nahm diese an sich und trug sie in sein Arbeitszimmer im Pfarrhaus, wo er sie vorsichtig öffnete. Vier altersgelbe, pergamentene Schriftstücke kamen zum Vorschein. Zwei von ihnen behandelten Genealogien. Die beiden anderen hingegen enthielten eher verwirrende, offenbar verschlüsselte, lateinische Texte, die vielleicht hundert Jahre alt waren. Einer von Saunières Vorgängern mußte sie wohl in der Kirche versteckt haben. Wochenlang grübelte der Pfarrer, bis er des Rätsels Lösung fand: Aus scheinbar leicht erhaben geschriebenen Buchstaben ließen sich Worte formen, deren Botschaft lautete: »A/DAGOBERT/II/ROI/ET/A/SION/EST/CE/TRESOR/IL/EST/LA/MORT.« Zu deutsch: »Dieser Schatz gehört König Dagobert II. und Sion, und er liegt hier tot.«

Das zweite Pergament war noch schwieriger zu entziffern. Doch mit Hilfe eines auf dem Friedhof der Kirche gefundenen Grabsteins wurde auch dessen Bedeutung klar: »BERGERE PAS DE TENTATION QUE POISSIN TENIERS GARDENT LA CLEF PAX DCLXXXI PAR LA CROIX ET LE CHEVAL DE DIEU J'ACHEVE CE DAEMON DE GARDIEN A MIDI POMMES BLEUES« (Keine Versuchung, Schäferin, daß Poussin Teniers den Schlüssel hüten. Friede 681. Durch das Kreuz und das Pferd Gottes zerstöre ich diesen Dämon des Wächters am Mittag. Blaue Äpfel).

Für Saunière bestand kein Zweifel, daß ihm eine Entdeckung ungeahnten Ausmaßes gelungen war – was auch immer die entschlüsselten Botschaften letztlich bedeuten mochten. Jedenfalls berichtete er als erstem dem Bürgermeister von Rennes-le-Château von seinem Fund. Die beiden Männer waren sich bald darüber einig, daß sich die Texte auf die letzten Merowingerkönige bezogen. Denn Dagobert II., der von 674 bis 678 König von Asturien war, soll bei Rhedae beziehungsweise Rennes die reinste Schatzkammer errichtet haben, um Aquitanien zu erobern, nachdem er durch die Ehe mit Gisela von Razès seinem Reich den Languedoc einverleiben konnte. Als angeblichem Anhänger des Arianismus (wonach Gott und Christus nicht wesensgleich, sondern nur wesensähnlich sind), war er der römisch-katholischen Kirche ein Dorn im Auge. Doch zur grenzenlosen Erleichterung Roms fiel er bereits vier Jahre nach der Thronbesteigung dem Verrat seines eigenen Majordomus, Pippin II., zum Opfer, der ihn ermorden ließ. Daraufhin floh Dagoberts Sohn, Sigibert IV., nach Languedoc, in das Stammland seiner Mutter. Schon bald nahm er dort den Titel eines Herzogs von Razès und Grafen von Rhedae an. Der Hinweis »Friede 681« im Rennes-Pergament könnte damit zusammenhängen.

In Anspielung auf »rejeton ardent« (feuriger Sprößling), wie der Merowingerstamm auch genannt wurde, erhielt Sigibert IV. im Volksmund den Spitznamen »Plant-Ard«. Nicht nur der Stammbaum der französischen Familie Plantard geht indes auf die Merowinger zurück, denn zu ihren Nachkommen gehören neben Sigibert IV. (gestorben 884/85) auch der legendäre Prinz Ursus sowie der 1099 zum König von Jerusalem gekrönte Kreuzritter Gottfried von Bouillon (1061–1100).

Doch außer dieser offensichtlichen Verbindung zu den »heiligen Königen« des Frankenreiches nach der Völkerwanderung, fanden Saunière und der Bürgermeister von Rennes-le-Château keine Anhaltspunkte, die ihnen hätten weiterhelfen können. Also entschloß sich der Pfarrer, nach Carcassonne zu reisen, um seinen Bischof über den seltsamen Fund zu unterrichten. Obwohl von den überlieferten Pergamenten fasziniert, entledigte sich der Bischof jeder Verantwortung, indem er den Dorfpfarrer schnurstracks nach Paris sandte, wo er die Schriftstücke durch verschiedene kirchliche Würdenträger und Gelehrte prüfen lassen sollte. Das bedeutete für Saunière eine willkommene Unterbrechung des monotonen Landlebens. Nicht nur wurde der Landpfarrer plötzlich von wichtigen Kirchenmännern, wie dem Generalsuperior des Seminars von Saint Sulpice, dem Abbé Bieil, empfangen, sondern er fand ganz unerwartet auch Zugang zur gehobenen Gesellschaft im Paris des ausgehenden 19. Jahrhunderts. Er verkehrte plötzlich in Künstler- und Literatenkreisen. Der Komponist Claude Debussy sowie der Linguist und Paläograph Emile Hoffet, der damals kurz vor seiner Priesterweihe stand, gehörten zu seinem engeren Bekanntenkreis. Eine seiner treuesten Verehrerinnen war die bezaubernde Opernsängerin Emma Calvé, die Primadonna ihrer Zeit. Natürlich blieb es nicht aus, daß sich der Pariser Klatsch eine Zeitlang nur noch um die angebliche Liebesaffäre zwischen der Sängerin und dem Landpfarrer drehte. Eines hatten Saunières neue Freunde allerdings auffälligerweise gemeinsam: Sie neigten alle zum Okkultismus, damals »Hermetismus« oder »Gnostizismus« genannt.

Niemand weiß genau, was sich während des dreiwöchigen Aufenthalts von Saunière in Paris noch alles ereignet hat. Fest steht lediglich, daß er dort die glücklichste Zeit seines Lebens verbrachte. Nach der Verbannung in das Bergnest Rennes-le-Château hatte er endlich Zugang zu den Kreisen gefunden, denen anzugehören er sich immer gewünscht hatte: zu den intellektuellen Zirkeln seiner Zeit. Diese drei Wochen veränderten das Leben des Priesters grundlegend: Fortan suchten ihn seine neuen Freunde von Zeit zu Zeit in seinem Pfarrhaus am Ende der Welt auf, so auch Emma Calvé und selbst Johann Salvator von Habsburg, ein Vetter des österreichischen Kaisers.

Darüber hinaus war aus dem armen Pfarrer nach seiner Rückkehr aus Paris plötzlich ein reicher Mann geworden, ohne daß die Gründe dafür offenbar wurden. Unverzüglich ließ er die Renovierungsarbeiten an seiner Kirche, die während seiner Abwesenheit geruht hatten, wiederaufnehmen, diesmal allerdings in großem Stil. Er engagierte bedeutende einheimische Künstler und Bildhauer, ließ ein komfortables Pfarrhaus sowie einen Turm errichten, der in Anlehnung an Maria Magdalena »Tour Magdala« genannt wurde, dazu ein Landhaus, die Villa Bethania. Auch ließ er eine Straße bauen, die zum Dorf hinaufführte, und Wasserleitungen in die Häuser legen.

Der Dorfpfarrer sammelte nunmehr kostbares Porzellan, antike Marmorskulpturen, wertvolle Gobelins sowie alte Bücher und gab dafür Unsummen als. Auch eine Orangerie und ein Tiergarten durften nicht fehlen. Für die Einwohner von Rennes-le-Château veranstaltete er üppige Festessen, umgab sich aber vorzugsweise mit Adeligen, bekannten Künstlern und Ministern.

Er führte eine ausgedehnte Korrespondenz mit Angehörigen der Intelligenz und okkulter Kreise in halb Europa. Nicht zuletzt schloß der einst so arme Pfarrer Bérenger Saunière undurchsichtige Transaktionen mit diversen Banken ab und schien über Millionen zu verfügen, was schließlich auch den Klerus irritierte. Als in Carcassonne ein neuer Bischof namens de Beauséjour sein Amt antrat, unterzog er den »Fall Saunière« einer genauen Untersuchung und enthob den Pfarrer schließlich seines Amtes. Mit der offiziellen Begründung des Verdachts der Simonie, der geistlichen Korruption, war ihm fortan die Ausübung seiner priesterlichen Tätigkeit untersagt.

Pfarrer Béranger Saunière legte tatsächlich ein mehr als merkwürdiges Verhalten an den Tag. So ließ er nicht nur über dem Türsturz seiner Kirche die Worte einmeißeln: »TERRIBILIS EST LOCUS ISTE« (Dieser Ort ist schrecklich), sondern gleich dahinter auch noch eine abscheuliche Statue des Dämons Asmodi aufstellen, des Hüters der Geheimnisse und der verborgenen Schätze. Die Grabinschriften auf dem Kirchhof, denen er den Hinweis für die Entschlüsselung der geheimnisvollen Pergamente entnommen hatte, ließ Saunière zerstören. Nicht genug damit, durchstreifte er mit seiner Haushälterin Marie Denarnaud oft stundenlang die Umgebung, um anscheinend wertlose Steine zu sammeln.

Die Auseinandersetzungen mit dem Bistum Carcassonne machten dem Priester sehr zu schaffen und ruinierten seine Gesundheit. In der Villa Bethania, in die er mittlerweile umgezogen war, erlitt er am 20. Januar 1917 einen Herzinfarkt. Er schickte nach seinem Freund Abbé Rivière, dem Pfarrer von Espéraza, um die letzte Beichte abzulegen. Was immer er von Saunière erfuhr, muß dem Abbé einen solchen Schock versetzt haben, daß er dem Freund die Sterbesakramente – die Letzte Ölung – versagte. Der in Ungnade gefallene Priester Bérenger Saunière verstarb am 22. Januar ohne den Segen der katholischen Kirche. Abbé Rivière jedoch warfen die Offenbarungen seines Freundes für Monate auf das Krankenlager.

Um den Tod des geheimnisvollen Saunière ranken sich Legenden: So heißt es zum Beispiel, daß Marie Denarnaud bereits am 12. Januar 1917 einen Sarg für ihren Lebensgefährten bestellt habe.

Einem anderen Gerücht zufolge soll Saunières Leiche in einem Lehnstuhl sitzend und in einen scharlachroten Umhang gehüllt beigesetzt worden sein – so, wie es bei den Merowingerkönigen Sitte war.

Saunière, der Marie Denarnaud bereits zu Lebzeiten einen Großteil seines Vermögens überschrieben hatte, machte sie in seinem Testament zur Alleinerbin. Sie selbst verkündete jedem, der es hören wollte, ihr Geheimnis erst angesichts des Todes zu lüften. Doch das vereitelte ein Schlaganfall, der sie am 29. Januar 1953 ereilte und der unter anderem ihr Sprachzentrum lähmte. Sie starb zwei Wochen später, ohne ihr Versprechen einlösen zu können. Genau wie Saunière nahm auch sie das Geheimnis von Rennes-le-Château mit ins Grab.

Auf den ersten Blick scheint Rennes-le-Château hundert Jahre nach der geheimnisvollen Entdeckung Saunières immer noch ein verschlafenes Bergnest zu sein, das einzig vom »Tour Magdala« des rätselhaften Priesters überragt wird. Doch der Schein trügt. Denn längst ist es zum Mekka für Schatzsucher, Abenteurer und Mystiker aus aller Welt geworden, die fasziniert die Villa Bethania, die Kirche der hl. Maria Magdalena und das Pfarrhaus in Augenschein nehmen.

Mittlerweile haben sich die Dorfbewohner mit dem Strom vorwiegend aus den USA und England stammender Touristen abgefunden. Das Interesse an Rennes-le-Château setzte ein, als die britischen Autoren Lincoln, Baigent und Leigh das Geheimnis um den Priester Saunière zum Ausgangspunkt ihrer Recherchen für den späteren Weltbestseller »Der Heilige Gral und seine Erben« machten. Darin spekulieren die britischen Autoren, daß Pfarrer Saunière auf die Spuren einer Geheimgesellschaft namens »Priorei von Sion« gestoßen sein muß, die auf den Sohn des Jesus Christus und der nach Südfrankreich geflohenen Maria Magdalena zurückgehe, dessen unmittelbare Nachkommen die Merowingerkönige seien. Eine These, die verständlicherweise eine internationale Kontroverse auslöste und das Interesse am Mysterium von Rennes-le-Château um so mehr anheizte. Ergebnis: ein gutes Dutzend Bücher, die für jeden Dorfbesucher im Buchladen »Librairie Arcadia« am Fuß des Hügels von Rennes-le-Château erhältlich sind. Deren Inhalt: wildeste Spekulationen über mögliche Entdeckungen von Saunière.

Was aber entdeckte Saunière wirklich? Es muß jedenfalls etwas gewesen sein, das gleichermaßen das Interesse der römisch-katholischen Kirche als auch der Anhänger des Okkultismus in Pariser Intellektuellenkreisen erregte und das dem Priester – direkt oder indirekt – großen Reichtum einbrachte. Allerdings ein derart schockierendes Geheimnis, daß sein bester Freund ihm die Sterbesakramente verweigerte.

Fand Saunière einen Schatz, etwa das Gold der Merowinger? Nicht sehr wahrscheinlich, denn darüber hätte er den Bischof von Paris wohl kaum unterrichtet. Ganz abgesehen davon tauchte in Pariser Sammlungen niemals Merowingergold »unbekannter Herkunft« auf. Hatte er ein so »gefährliches Geheimnis« wie den Beweis dafür entdeckt, daß Jesus Ahnherr fränkischer Könige sowie eines französischen Adelsgeschlechts war? In diesem Fall hätte ihm der Bischof sicherlich geraten, um des Glaubens willen Schweigen zu bewahren.

Vermutlich ist er also auf etwas gestoßen, das zwar für die Öffentlichkeit weniger spektakulär war, das aber einflußreichen, an Mystik und Magie interessierten Kreisen wertvoll genug erschien, um Saunière finanziell großzügigst zu unterstützen.

Geriet er damit in den Interessenkonflikt von zwei Parteien – einer Geheimgesellschaft, möglicherweise der »Priorei von Sion«, und der Amtskirche? Gab es eine Verbindung zwischen seiner Entdeckung und dem geheimnisvollen Templerorden? Oder hatten die Westgoten bei der Plünderung Roms Teile des im Jahre 70 von den Römern erbeuteten Jerusalemer Tempelschatzes nach Rhedae (Rennes) gebracht? Kam er der Bundeslade auf die Spur oder einem anderen Geheimnis im Zusammenhang mit dem Heiligtum der Juden? Entdeckte er gar den »Stein der Weisen«?

Seit Urzeiten glauben Menschen an die Existenz einer Art Weltformel – sozusagen an ein Strategie-Programm des Universums – und daß jeder, der es ergründet, die Geheimnisse des Universums begreift und damit Herr über das Schicksal wird.

Schon in den Mythen über die älteste Kultur der Menschheit, die der Sumerer, wird von den »Schöpfungstafeln« berichtet, den sogenannten ME. Es heißt, daß auf ihnen das Schicksal der Welt gespeichert sei und sie ihren Besitzern völlige Macht über bestimmte Aspekte des Lebens verleihen würden. Das sumerische Epos »Enki und die Weltordnung« behandelt jene im Besitz des Schöpfergottes Enki befindlichen Tafeln, die das Schicksal der Erde betreffen und deren Inhalt nach und nach zugunsten der Menschheit enthüllt werden soll. Den hundert »Elementen (bzw. Bausteinen) der Zivilisation« entsprächen hundert »Tafeln der Schöpfung«. Doch um funktionsfähig zu sein, braucht jeder Baustein ein ME. Dazu zählen unter anderem Königtum, Priesterschaft, Weisheit, Frieden, Rat, Richtertum, Kunst, Musik, Schrift, Gesetz, Waffen, Krieg, Falschheit und Prostitution. Im »Mythos von Zu« ist festgehalten, daß der Himmelsgott Enlil zur Regelung »himmlischer Angelegenheiten« über weitere hundert MEs verfügt. Als er sie einmal aus den Augen ließ, um ein Bad zu nehmen, brachte sie der Untergott Zu in seinen Besitz und löste damit beinahe eine Palastrevolution aus. Denn Enlil hatte allen Grund zu befürchten, daß Zu die Herrschaft über das Universum an sich reißen und die Götter entmachten könnte, wenn die Tafeln in seinem Besitz blieben. Da es möglich war, mit den MEs das eigene Schicksal zu bestimmen und damit allen Angriffen zu begegnen, gelang es den Göttern nicht, Zu ohne weiteres zu bezwingen. Erst eine von Enki entwickelte Strategie führte schließlich zum Sieg. Zu wurde nämlich durch Enkis bewaffneten Sohn Ninurta auf die Erde gelockt, deren Schicksalstafeln Ninurta besaß und wo die himmlischen Tafeln wirkungslos waren.

In sumerischen Texten wird das ME folgendermaßen beschrieben:

»Der ewige Grundplan,
der für die Zukunft den Bau bestimmt,
Derjenige, der die Zeichnungen aus alter Zeit enthält
und das Geschriebene des höchsten Himmels.«

Erst kurz vor der Sintflut beschlossen die Götter, den Menschen wenigstens einige der MEs zu überantworten. EN-ME-DUR-ANNA, der 7. König von Sippur, war ihr Auserwählter. Wörtlich übersetzt bedeutet sein Name: »Der Herr der MEs, die Himmel und Erde verbinden.« Die Bibel kennt ihn als Henoch (oder Enoch), den 7. Patriarchen.

Im Islam ist Henoch gleich Idries, der als einer der großen Propheten Gottes bekannt ist. Er wird in Verbindung mit dem schwarzen Stein, der Kaaba, genannt, der mit Adam vom Himmel gekommen sein soll. Der Sumerologe R. W. Bonlay schreibt über Henoch beziehungsweise Idries: »Ihm wurden die ›göttlichen Namen‹, die 70 Namen, gegeben, die die Macht über die Himmel und die Erde beinhalten.« Diese Namen scheinen den Tafeln des Schicksals respektive den MEs der sumerischen Götter zu entsprechen. Offenbar handelt es sich um Formeln oder Geräte, die ihrem Besitzer Kontrolle über bestimmte Aspekte und Lebensbegriffe verleihen. Für den jüdischen Historiker Flavius Josephus entsprach Henoch Hermes Trismegistos, dem »dreimal größten« ägyptischen Gott der Weisheit Toth und Verfasser der »Smaragdtafel«, die der Legende nach »alle Weisheit des Universums« enthalten soll. Bevor er sich nach Ägypten aufmachte und dort König wurde, hat Hermes Trismegistos »dreißig Bücher« verfaßt, heißt es.

Im 14. Jahrhundert will der arabische Forschungsreisende Ibn Battuta erfahren haben, daß Toth beziehungsweise Hermes die Pyramiden von Gizeh erbauen ließ, um dort »Bücher der Wissenschaft und Erkenntnis« zu hinterlegen, nachdem ihm durch die Konstellation der Sterne die nahende Sintflut offenbart worden war. Ein Bericht, den verschiedene arabische Historiker bestätigten, so zum Beispiel im 7. Jahrhundert Al Makir und im 14. Jahrhundert Ahmed Al Makrizis, der Verfasser des Geschichtswerkes »Hitat«. Letzterer hinterließ: »Der erste Hermes, welcher Trismegistos, d.h. der Dreifache genannt wurde, weil er Prophet, König und Weiser zugleich war, las in den Sternen, daß die Sintflut kommen werde. Da ließ er die Pyramiden bauen und in ihnen Schätze, gelehrte Schriften und alles, worum er sich sorgte, daß es verlorengehen und verschwinden könnte, bergen, um die Dinge zu schützen und wohl zu bewahren.« Flavius Josephus schließlich berichtet, daß es zu seiner Zeit noch »die berühmten Säulen des Hermes gab, die gänzlich mit Hieroglyphen bedeckt waren. Nach ihrer Entdeckung wurden sie kopiert, im heiligsten inneren Tempelbezirk aufbewahrt und so zur Quelle der Weisheit und außerordentlichen Gelehrsamkeit Ägyptens«. Moses dienten diese »Säulen« als Vorbild für seine beiden Gesetzestafeln. Und König Salomon ließ die beiden Säulen Boaz und Jachin vor seinem Tempel nach diesem alten Vorbild errichten.

Als legendärste Hinterlassenschaft des Hermes Trismegistos gilt jedoch die sogenannte Smaragdtafel, die »Tabula Smaragdina«. Der Legende nach wurde sie von Alexander dem Großen während seines Feldzuges gegen die Perser 331 v. Chr. in einer Höhle Phöniziens entdeckt. Die Tafel bestand scheinbar aus einem einzigen Smaragd. Doch da es Smaragde dieser Größe nicht gibt, vermuteten schon die Gelehrten Alexanders, daß der »Edelstein« sich dereinst in flüssigem Zustand befunden haben muß – wie geschmolzenes Glas – und in »Tafelform« gegossen wurde. So jedenfalls formulierte es ein Gelehrter der Antike. Die in phönizischen Schriftzeichen gehaltene Inschrift war daher auch erhaben – wie bei einem Basrelief. Alexander ließ die Tafel in die Bibliothek von Alexandria bringen. Sie verblieb dort, bis König Ptolemaios I. sie der Priesterschule von Heliopolis zum Geschenk machte. Schließlich wurde sie von den Christen zerstört. Nur eine Abschrift blieb erhalten, die im 7. Jahrhundert den Arabern in die Hände fiel, deren Gelehrte das Wissen der Antike mit großem Eifer sammelten und studierten. Über Córdoba, Zentrum islamischer Gelehrsamkeit in Spanien, kam dieses Dokument schließlich auch in die Hände von Gelehrten des Mittelalters. Als erster erwähnte es Albertus Magnus (1206–1280), der sogenannte Doctor Universalis. Er befaßte sich mit den Geheimnissen der Physik, Chemie, Biologie sowie der Astronomie und verfügte – der Legende nach – über einen »sprechenden Kopf«, eine Art Roboter, der ihm »alle Fragen beantwortete«.

Seit jener Zeit wurde das Dokument als höchste Quelle der Offenbarung von Orden und Geheimbünden wie den geheimnisvollen Rosenkreuzern gehütet. Hier nur ein Textauszug der mysteriösen Smaragdtafel aus überlieferten Manuskripten der Rosenkreuzer:

»Die geheime Arbeit des Chiram Telat Machasot (wörtlich: Chiram, der universale Agent, d.h. des Hermes), des Einen und Dreifachen. Es ist wahr, ohne Falschheit, sicher und zuverlässig: Das, was oben ist, ist wie das, was unten ist, und das, was unten ist, ist wie das, was oben ist, und das betrifft dieses eine, wunderbare Werk der Schöpfung. Wie alle Dinge ihre Existenz dem Willen des All-Einen verdanken, entstammen alle Dinge dem All-Einen, dem am meisten Verborgenen, auf Anweisung des Einen. Das All-Eine ist der Vater aller Dinge im Universum. Dadurch habt Ihr teil am Glanze der ganzen Welt, und die Finsternis wird von Euch weichen. Das ist die mächtige Kraft aller Kräfte. Damit seid Ihr in der Lage, alle Dinge zu überwinden und alles zu verwandeln, was fein und was grob ist.

Auf diese Weise wurde die Welt geschaffen; die Anordnungen, diesem Weg zu folgen, sind verborgen. Aus diesem Grunde bin ich Chiram (oder Hermes), der universale Agent genannt, einer im Wesen, aber in drei Aspekten. In dieser Dreiheit ist die Weisheit der ganzen Welt verborgen ...«

Nach Freimaurer-Tradition ist Hiram oder Chiram Abif, der »Sohn der Witwe« und König von Tyrus, ein Nachkomme des Chiram-Hermes, dessen Untertanen den Salomonischen Tempel errichteten. Er schuf das Konzept für die erste Bauhütte und legte damit den Grundstein für die Freimaurerei, die, wie so viele Geheimbünde der frühen Weisheit, nach dem »Stein der Weisen« suchten.

In »Parzival« setzt Wolfram von Eschenbach den »Lapis Exilis« oder »Wanderstein der Weisen« mit dem »Heiligen Gral« gleich:

»ich wil iu künden umbe ir nar
si lebet von einem steine,
des geslähte ist vil reine.
hât ir des niht erkennet,
der wirt iu hie genennet,
er heißet lapsit exillis
der stein ist ouch genannt der grál.«

»Ich will euch künden, wovon sie leben:
sie leben von einem Steine,
der von ganz reiner Art ist.

Wenn ihr ihn nicht kennt,
so soll er hier genannt werden.
Er heißt Lapsit exillis.
Der Stein ist auch der Gral genannt.«

»Lapsit« könnte eine Verfremdung des lateinischen Wortes »lapis« (Stein) darstellen. »Lapsit exillis« wird von Philologen als »lapis exulis« (Fern der Heimat befindlicher Stein), aber auch als »lapis lapsus ex illis stellis« (Stein, der von jenen Sternen gekommen ist) übersetzt. Es soll jener Smaragd sein, der aus der Krone Luzifers fiel, als dieser von Erzengel Michael in die ewige Verdammnis gestürzt wurde. Das erinnert an die sumerische Geschichte von Zu und Ninurta.

Im 17. Jahrhundert behaupteten die Rosenkreuzer, im Besitz des »Steines der Weisen« zu sein, der es den Alchemisten ermöglichte, die Elemente umzuwandeln und ihnen damit die Macht über die Schöpfung verlieh.

Es gibt in der Tat eine Verbindung von Rennes-le-Château zur Alchemie. So heißt einer der Türme des nahegelegenen Château Hautpoul seit alter Zeit »der Alchemistenturm«, und eine Vierergruppe in Saunières restaurierter Kirche repräsentiert die alchemistische Symbolik für die vier Elemente.

Den interessantesten Schlüssel aber dokumentiert Henry Lincoln in seinem Buch »The Holy Place«. Er folgte dem Hinweis eines der beiden Pergamente: »SCHÄFERIN, KEINE VERSUCHUNG. DASS POUSSIN TENIERS DEN SCHLÜSSEL BESITZEN.« Poussin (1594–1665) war ebenso wie sein Zeitgenosse Teniers Maler, sein berühmtestes Werk ist »Die Hirten in Arkadien«. Eine ländlich-romantische Szene, die drei Hirten und eine Schäferin vor einem Schrein zeigt. Ausgerechnet von diesem Gemälde aber hatte Saunière, nach einem Besuch im Louvre, eine Reproduktion erworben. Als er das Bild zum ersten Mal sah, fiel es Lincoln sofort ins Auge: Die leicht gebirgige Landschaft im Hintergrund der Hirtenszene zeigt offenbar nichts anderes als die Gegend um Rennes-le-Château. Ganz klar erkannte er den Felsrücken von Blanchefort, die Steintürme von Cardou und den sanften Hügel, auf dem Rennes-le-Château liegt. Lincoln gelang es gar, das Grabmal ausfindig zu machen, vor dem die arkadischen Hirten stehen: Es befand sich unweit der Straße, die von Rennes-le-Château nach Osten führte, jedenfalls bis 1988, als der Bauer, auf dessen Land es stand, das Monument aus Ärger über Dutzende von Schatzsuchern schließlich schleifen ließ. Als Lincoln es besuchte, war er überzeugt, selbst die von Poussin gemalten Bäume noch stehen zu sehen. Also mußte der Maler in Rennes-le-Château gewesen sein. Weitere Recherchen wiesen darauf hin, daß Poussin engen Kontakt zu gewissen Geheimbünden gehabt hatte. Verbarg sich etwa in der »Schäferin in Arkadien« ein Hinweis? Vielleicht in der Inschrift des Schreinsockels mit den Buchstaben:

O.U.O.S.V.A.V.V.
D. M. ?

Lincoln entdeckte einen weiteren Schlüssel: Sämtliche Bildelemente des Gemäldes waren in der Grundstruktur eines Pentagramms angeordnet, dessen Zentrum das Auge der Schäferin war. In alter Zeit war das Pentagramm, auch Drudenfuß genannt, Symbol für das Magische. War damit ein kartographischer Hinweis verbunden? Falls das Pentagramm der Hinweis auf einen Ort sein sollte, welche Bedeutung käme dann seinen Spitzen zu? Zunächst verband Lincoln Rennes-le-Château mit Schloß Blanchefort. Von dieser Achse ausgehend, baute er das Pentagramm auf –

und machte eine unglaubliche Entdeckung: Die fünf historisch wichtigsten Stätten dieser Region lagen nicht nur allesamt auf Erhebungen, sie bildeten zudem die Eckpunkte eines präzise gezeichneten Fünfsterns, nämlich: die Templerburg Le Bezu, Blanchefort, Rennes-le-Château, La Soulane und Serre de Lauzet. Mehr noch, eine Achse dieses Pentagramms wies bei der Sommersonnenwende genau in Richtung Sonnenaufgang. Jede Achse schließlich mißt genau vier Meilen.

Doch es gab noch ein zweites, nach Norden zeigendes, verlängertes Pentagramm, mit den Eckpunkten Rennes-le-Château, St Just, Bugarach sowie zwei markanten Punkten in der Landschaft. Hier war offenbar nichts dem Zufall überlassen worden. Es hatte den Anschein, als sei die gesamte Landschaft um Rennes-le-Château in Urzeiten planvoll als »heilige Landschaft« angelegt worden. Die Frage ist nur, wie es die urzeitlichen Landschaftsplaner bewerkstelligten, auch die natürlichen Erhebungen, also die im Pentagramm angelegten Bergrücken, geometrisch so exakt einzubeziehen? Welches Geheimnis verbirgt sich dahinter? Ist dieses Landschaftsmuster – »die heilige Geometrie« – etwa der bewußte Hinweis auf ein profundes Geheimnis? Vielleicht auf den Stein der Weisen, den Heiligen Gral, die Tafeln der Schöpfung – oder gar die Weltformel?

II *Jäger des verlorenen Schatzes*

Es war ein schöner Frühlingstag im Jahr 1947. Muhammad adh-Dhib, ein junger Beduine vom Stamme der Ta'amireh, hatte allerdings wenig Freude daran. Denn eine Eselin aus der Herde seines Vaters war im Wadi Qumran, einer Felsschlucht am Nordwestufer das Toten Meeres, entlaufen. In der Hoffnung, das Tier noch lebend aufzufinden, hatte er Stunden damit verbracht, die zerklüftete Landschaft zu durchforschen. Er war Felswände hinaufgeklettert, hatte Höhle um Höhle durchstöbert und jeden dunklen Spalt im hellgelben Felsgestein untersucht.

Alle Mühe war vergebens. Er wollte die Suche schon aufgeben, als er über sich, auf halber Höhe eines Felsvorsprungs, eine weitere Öffnung entdeckte. Er kletterte hinauf und warf einen Stein in die Höhle, um abschätzen zu können, wie tief sie sein mochte. Doch statt eines dumpfen Aufschlages auf dem Boden war das Klirren von Tonscherben unter dem aufprallenden Stein zu hören. Alarmiert rannte Muhammad ins Lager seines Stammes hinunter, um zwei seiner Brüder zu holen. Wenig später zwängten sich die drei Beduinen vorsichtig durch den engen Höhleneingang, stiegen über Geröll und Steinbrocken bis zum Grund der Höhle hinunter. Im Halbdunkel erkannten sie Krüge, Tonkrüge. Ein Schatz – war ihr erster Gedanke. Im Geist sahen die drei Hirtenjungen Gold, Münzen und Edelsteine vor sich, die ihr kärgliches Leben hätten verändern können. Sie stürzten sich auf die Krüge, zerschlugen sie, einen nach dem anderen. Doch statt der erhofften

Reichtümer kamen nur – in brüchiges Leinen gehüllt – verstaubte, abgegriffene Schriftrollen aus uraltem Leder und Papyrus zum Vorschein. Die Enttäuschung der drei war so groß, daß sie wutentbrannt einige der Rollen auf den Boden warfen und zertrampelten. Doch dann siegte bei Abdul, dem ältesten der drei Brüder, die Vernunft. Hatte er doch von anderen Beduinen gehört, daß diese für Relikte der Vorzeit, wie Krüge, Schalen, Lampen und anderes, von Händlern gut bezahlt worden seien. Wenn die alten Schriftrollen auch nicht gerade der erhoffte Schatz waren, ließen sie sich ja vielleicht doch zumindest in bare Münze umsetzen.

Einige der Rollen wurden also nach Bethlehem gebracht und an Khalil Iskander Schahin, einen Antiquitätenhändler, verkauft. Dieser veräußerte sie getrennt an jüdische und arabische Sammler sowie den orthodoxen Metropolitanbischof von Jerusalem. Dieser Athanasius Yeshue Samuel stiftete sie dem syrischen Sankt-Markus-Kloster, das bereits im Besitz einer umfangreichen Bibliothek alter Schriften war. Hier nun stießen einige Experten der »American School of Oriental Research« bei einem Besuch des Klosters zufällig auf die Rollen. Die Orientalisten waren auf den ersten Blick davon überzeugt, eine archäologische Kostbarkeit in Händen zu haben – nämlich Dokumente aus den Anfängen der Christenheit. So erwies sich eine der Rollen als lückenloser Text des Buches Jesaja – die älteste bisher vorliegende Version dieses Bibeltextes. Natürlich informierten die Amerikaner die Fachwelt. In der Hoffnung, in den Besitz weiterer Schriftrollen zu gelangen, beschlossen sie, alles daranzusetzen, den Fundort der Dokumente ausfindig zu machen. Sie setzten sich mit dem Bischof von Jerusalem in Verbindung, der seinerseits bereits über Khalil Iskander Schahin mit den drei Beduinen des Ta'amireh-Stammes Kontakt aufgenommen hatte.

Doch die amerikanischen Wissenschaftler durften mit ihrer Suche in Qumran erst im Februar 1949 beginnen. Denn durch die politischen Spannungen in Palästina nach Gründung des Staates Israel im Jahr 1948 und dem Ausbruch des ersten israelisch-arabischen Krieges wurde das Gebiet am Westufer des Jordans zum militärischen Sperrgebiet.

Der Brite G. L. Harding, Direktor der Altertumsverwaltung in der jordanischen Hauptstadt Amman, und der Dominikanerpater Roland de Vaux, Direktor der französischen École Biblique et d'Archéologie in Jerusalem, treffen 1949 als erste in Qumran ein. Was sie dort vorfinden, bietet ein trauriges Bild. Die von Muhammad adh-Dhib und seinen Brüdern entdeckte Höhle wurde zwischenzeitlich offenbar mehrfach durchstöbert. Bis auf die Scherben zertrümmerter Krüge und winzige, über den Boden verstreute Handschriftenfragmente war sie praktisch ausgeräumt. Die vom Stil her hellenistisch-römischen Krugscherben stammen aus dem Zeitraum zwischen 30 v. Chr. und 70 n. Chr., der Zeit Jesu während der römischen Besatzung, der Zeit vor dem jüdischen Aufstand, der Zeit der Belagerung und Eroberung Jerusalems durch Titus und der Zerstörung des herodianischen Tempels.

Sämtliche Papyrusfragmente entstammen inhaltlich dem 1. und 5. Buch Mose und dem Buch der Richter. Wissenschaftliche Untersuchungen, auch durch die Kohlenstoff-14(C-14)-Methode, ergaben: Die Rollen waren in Leinen gehüllt, das aus Flachsernten zur Zeit Christi gefertigt war. Die ältesten Rollen – wie der Jesaja-Text – gehen auf etwa 100 v. Chr. zurück, jüngere auf die Zeit kurz vor dem jüdischen Aufstand. Allein das macht sie schon zur archäologischen Sensation, galt doch der »masoretische« Text, den gelehrte Rabbiner im 9. und 10. Jahrhundert n. Chr. zusammenstellten, als älteste erhaltene hebräische Bibelversion. Die ältesten griechischen und lateinischen Übersetzungen stammen dagegen aus dem 4. und 5. Jahrhundert n. Chr.

Es kam zu einem regelrechten Qumran-Fieber. In verzweifeltem Wettlauf mit Schwarzgräbern – denn die Beduinen merkten sehr schnell, welche Beträge Qumran-Rollen einbrachten – durchkämmten die Archäologen die Höhlen am Nordwestufer des Toten Meeres. Dabei stießen sie auf wahre Bibliotheken. Insgesamt wurden über vierhundert Texte sichergestellt, darunter einhundert biblische. Dazu ist im Wadi Qumran eine Reihe bisher unbekannter apokrypher, also nichtkanonischer Texte der biblischen Tradition gefunden worden. Einige darunter werden der jüdischen Ordensgemeinschaft der Essener zugeschrieben, deren Kloster nahe dem Qumran gelegen war. Einige Theologen rechnen Johannes den Täufer zu den Essenern, andere glauben, Jesus sei von ihnen ausgebildet worden.

Den mysteriösesten Fund aber machten Bibelarchäologen 1952 in einer Höhle nördlich des Essenerklosters: eine in zwei Teile zerbrochene Kupferrolle, die über und über mit hebräischen Schriftzeichen bedeckt war. Nach sorgfältigen chemischen Untersuchungen gelang es dem College of Technology in Manchester erst im Winter 1955/56, die Rolle zu öffnen. Sie enthielt den Hinweis auf einen echten verlorenen Schatz: den im Jahre 68 n. Chr. vor den anrükkenden Römern versteckten Tempelschatz der Juden. In der, offenbar zum Überdauern der Zeiten, aus Kupfer gefertigten Rolle sind vierundsechzig Orte aufgeführt, wo die Schätze des herodianischen Tempels verborgen wurden. Diese sind heute allerdings schwer zu lokalisieren, da die meisten angegebenen Ortschaften, wenn überhaupt, nur aus der Bibel bekannt sind. Aber auch die Tempelschätze sind von wahrhaft biblischer Bedeutung. Denn auf die ver-

Der Autor vor dem geheimnisvollsten Basaltfelsen Amerikas. Auf der glatten Gesteinsfläche ist eine Botschaft eingeritzt, die mindestens 2400 Jahre alt sein muß. Die Schriftzeichen bestehen aus kanaanäischen, phönizischen und griechischen Elementen, eine Schriftform, die 400 v. Chr. gebräuchlich war.

Der Autor im Gespräch mit dem Cambridge-Biochemiker Professor Rupert Sheldrake, Begründer der Theorie morphogenetischer Felder.

Der Autor mit dem weiblichen »Nostradamus des Marketing«, der amerikanischen Trend-Prophetin Faith Popcorn, in ihrem »Wolkenkratzer-Domizil« in New York.

schiedenen Verstecke wurden nicht nur 65 Tonnen Silber und 26 Tonnen Gold verteilt, auch die ausdrücklich aufgeführten Gewänder des Hohenpriesters, die Behältnisse für den Tempelweihrauch und die Bundeslade.

Eben diese Bundeslade ist eines der bedeutendsten und mysteriösesten Heiligtümer der Menschheit. Ihre Geschichte finden wir in der Bibel, im 2. Buch Mose, Kapitel 25: »Sie sollen mir ein Heiligtum errichten, und ich will in ihrer Mitte wohnen«, sprach Gott selber zu seinem Propheten. »Verfertige eine Lade aus Akazienholz, zweieinhalb Ellen lang, eineinhalb Ellen breit und eineinhalb Ellen hoch. Überziehe sie mit reinem Gold von innen und außen und befestige eine Leiste aus Gold ringsherum. Gieße für sie vier goldene Ringe und bringe sie an den vier Ecken an, und zwar zwei Ringe an ihrer einen Seitenwand und zwei an der anderen. Verfertige Stangen aus Akazienholz und überziehe sie mit Gold! Stecke die Stangen durch die Ringe an den Seitenwänden der Lade, daß man sie mit ihnen tragen kann ... In die Lade selbst sollst du das Gesetz legen, das ich dir geben werde! Verfertige sodann eine Deckplatte aus reinem Gold, zweieinhalb Ellen sei ihre Länge und eineinhalb Ellen ihre Breite. Stelle zwei Goldcherubim her: Als getriebene Arbeit sollst du sie an den beiden Enden der Deckplatte anfertigen. Und zwar sollst du den einen Cherub an dem einen Ende und den andern am anderen Ende anbringen. Die Cherubim sollen ihre Flügel nach oben hin ausbreiten, indem sie mit ihren Flügeln die Deckplatte überdachen; ihre Antlitze seien gegeneinander gekehrt; zur Deckplatte hin sollen die Gesichter der Cherubim ausgerichtet sein. Setze die Deckplatte auf die Lade und lege in die Lade das Gesetz, das ich dir geben werde. Dortselbst will ich mich dir offenbaren.«

Was auch immer mit diesem genauen Bauplan bezweckt war, wird wohl ein Rätsel bleiben. Auch waren sich die talmudischen Gelehrten über die Natur des »Gesetzes«, der Tafeln, die Moses von Gott selbst auf dem Gipfel des Berges Sinai erhielt, uneinig. Jedenfalls stimmt die jüdische Geheimlehre darin überein, daß die zehn Gebote keinesfalls in simple Steintafeln geschlagen waren. Im »Buch Zohar« der Kabbala heißt es, die »aus göttlichem Saphir, Schethya, bestehenden Tafeln habe der Höchste, nachdem er sie aus seinem Thron brach, in den Abgrund geschleudert, um sie zum Grundstein und Generator der Welten werden zu lassen«. Diese vom Atem Gottes erfüllten Steine würden in sich die Gebote Gottes tragen, die ein schwarzes Feuer stetig auf ihre Oberfläche schreibe. In einigen Texten werden die Tafeln als so klein beschrieben, daß sie sich im Handteller eines Mannes verbergen ließen. Es heißt, sie würden »alle Gesetze der sublunarischen (unter dem Mond befindlichen) Sphären« in sich tragen, und ihre Zweiheit symbolisiere die Dualität oder Polarität der Schöpfung. Sie werden auch mit dem Begriff »schechina« (wörtlich: »Gottes Anwesenheit unter den Menschen«) des Talmud und Midrasch gleichgesetzt. G. Scholem schreibt darüber 1952 in seiner Arbeit »Zur Entwicklung der kabbalistischen (geheimwissenschaftlichen) Konzeption der Schechina«: »Die Schechina ... selbst ist der Edelstein ... in jüdischen Legenden ist zudem festgehalten, daß der Glanz der Schechina alle, auf die er falle, von Krankheiten befreie und sich ihm weder Insekten noch Dämonen nähern könnten, um ihm zu schaden.« Eine Reihe von Literaturwissenschaftlern setzt die Schechina mit dem »Heiligen Gral« von Wolfram von Eschenbachs »Parzival« gleich. Sie ließe sich sogar mit den MEs der Sumerer identifizieren, die Henoch (Hermes Trismegistos) nach Ägypten brachte. Als adoptierter Pharaonensohn in die Mysterien der Tempelpriester eingeweiht, entwendete Moses diese. Verfolgte Pharao Ramses II. die Juden aus diesem Grund, nachdem sie bereits die Erlaubnis erhalten hatten, das Land zu verlassen? Und konnte Moses durch den Besitz dieser »magischen Steine« die Natur manipulieren – die Wasser des Roten Meeres dazu bringen, sich vor ihm zu teilen, das Heer des Pharaos jedoch zu verschlingen? Nach der »Jewish Encyclopedia« des Jahres 1925 jedenfalls soll die Bundeslade »die Wurzel allen Wissens« – die Weltformel – geborgen haben.

Tatsache ist, daß der Bundeslade in der Bibel große Kräfte zugeschrieben werden. Während der Eroberung Palästinas, da die Juden die Bundeslade vor sich hertrugen, waren sie fast unbesiegbar. Als es den Philistern aber einmal gelang, die Lade in ihren Besitz zu bringen, »schlug sie der Herr mit Geschwüren«.

König Salomon errichtete seinen Tempel als Wohnstatt für die Bundeslade. »Vor der Lade Gottes tanzend«, ließ bereits sein Vater David diese in die »Stadt der Jebusiter« bringen. Dabei wandte er sich um Beistand an König Hiram von Tyrus. Dieser schickte ihm nicht nur die nötigen Handwerker und auch Zedern aus dem Libanon, sondern auch seinen obersten Baumeister Chiram Abif. Dieser Nachkomme des legendären Hermes Trismegistos hatte bereits Imhotep-Asklepios, den Erbauer der ersten Pyramide in Sakkara, in Architektur, Medizin und Schrift unterwiesen. So heißt es auch über Chiram im »Buch der Könige«, Kapitel 7: »Dieser war der Sohn einer Witwe, sein Vater aus Tyrus; er aber war ein Erzschmied, voll Weisheit, Verstand und Kunst ...« Von den Bauhütten der Dome des Mittelalters wurde er als »Meister-Architekt« und später von den Freimaurern als ihr größter Ahnherr verehrt.

Die beiden Säulen »Boaz« und »Jachin« – nach freimaurerischer Legende Kopien der zwei Säulen des Hermes Trismegistos – wurden von Chiram als Symbol der Polarität der Schöpfung vor dem Tempel errichtet. Wie Lennhoff und Posner in ihrem »Internationalen Freimaurerlexikon« (Wien, 1932) erklären, wurde »auf diesen Säulen von Hermes Trismegistos die Weisheit der Urzeit des Menschengeschlechts eingegraben und auf diese Weise das von Gott selbst stammende verborgene Wissen über die Zeiten des Verderbens hinübergerettet und an die bevorzugten Erben weitergegeben«.

Der Legende nach wurde Chiram Abif von drei Männern ermordet, weil er sich weigerte, ihnen das geheime »Meisterwort« zu enthüllen. Erst nach Tagen wurde seine Grabstätte gefunden, ein Erdhaufen, auf dem – als geheimes Zeichen – ein Akazienzweig steckte. Man grub seinen Leichnam aus, hob ihn aus dem Grab und mußte feststellen, daß sich sein Fleisch bereits von den Knochen löste. Das Meisterwort und damit das geheime Wissen waren verloren. Aber der Akazienzweig auf Chirams Grab schlug aus, für Freimaurer ein Symbol für Chirams Weiterleben.

Eine andere Legende berichtet, daß beim Tempelbau übernatürliche Kräfte walteten. Danach soll König Salomon einen magischen Stein benutzt haben, den »Shamir«, der die Steine für den Tempel wie von selbst schnitt. Wie es im »Buch der Könige« 6,7 heißt, »wurden beim Bau keine Hämmer, Meißel oder sonstige eiserne Werkzeuge verwendet«. Mit Hilfe des Shamir rief König Salomon nach dem Dämonen Asmodi, der den Tempel nach Chirams Tod fertigstellen sollte. Interessanterweise ließ Bérenger Saunière, der Priester von Rennes-le-Château, am Eingang seiner Kirche eine Statue des Dämons aufstellen. Wollte er damit etwa darauf hinweisen, daß ihm ähnliche Kräfte bei der Restaurierung seines »Tempels«, der Kirche von Rennes, zur Verfügung standen, etwa bei der »Beschaffung« von Geldmitteln?

Sieben Jahre vergingen damals, bevor Salomons Tempel vollendet war und die Bundeslade ins Allerheiligste Einzug halten konnte. Der Bibel zufolge blieb sie dort bis zum Jahre 586 v. Chr., bis zum Zeitpunkt der Eroberung Jerusalems durch die Babylonier also, bis zur Zerstörung des Tempels und zur Gefangennahme der Juden am Euphrat. Vorher gelang es aber dem Propheten Jeremias, die Lade zu verstecken, wie es im 2. Buch der Makkabäer, Kapitel 2 heißt: »... und daß er dann zu dem Berg zog, den Moses bestiegen hat, um das Erbe Gottes zu betrachten. Dort angekommen, stieg er in eine geräumige Höhle. Dorthinein brachte er ... die Lade und den Räucheraltar, dann verstopften sie den Eingang. Von seinen Begleitern traten einige hinzu, um den Weg zu kennzeichnen, sie konnten ihn aber nicht finden. Als Jeremias davon erfuhr, schalt er sie und sprach: ›Der Ort soll unbekannt bleiben, bis Gott die Volksgemeinschaft wieder zusammenbringt und gnädig ist ...‹«

Seitdem verliert sich die Spur der geheimnisvollen Bundeslade im Nebel der Geschichte. Hat sie sich wiedergefunden? Wurde sie nach der Gefangenschaft im provisorisch errichteten Tempel erneut aufgestellt? Fand sie ihren Platz schließlich im zweiten Tempel – dem des Herodes, der im Jahre 70 n. Chr. zerstört wurde? Gelang es den Juden etwa abermals, die Bundeslade dem Zugriff von Unbefugten zu entziehen? Die »Inventarliste« der Kupferrolle deutet jedenfalls darauf hin.

Nun hat sich ein 62jähriger Amerikaner aus Sudan, Texas, in den Kopf gesetzt, die Spur der verschollenen Bundeslade aufzunehmen. Dieser Vendyl Jones ist Direktor des »Institute for Judaeo-Christian Research« und diente dem Hollywood-Regisseur Steven Spielberg als Vorbild für »Indiana Jones«, den Helden seines Welterfolges »Jäger des verlorenen Schatzes«. Außer der Überzeugung, in greifbarer Nähe der Bundeslade zu sein, haben der schillernde Abenteurer des Spielberg-Streifens und der seriöse ältere Herr wenig gemein. Auch wird Mr. Jones aus Texas nicht durch Nazis und Schlangengruben von der Entdeckung abgehalten, sondern durch starrköpfiges Verhalten amtlicher und kirchlicher Behörden. Denn allein die Vorstellung, daß ihr höchstes Heiligtum von einem christlichen Archäologen entdeckt und in einem Museum zur Schau gestellt werden könnte, löst bei gläubigen Juden (verständlicherweise) Alpträume aus.

Der einzig geeignete Ort zur Aufbewahrung der Bundeslade wäre ein neuer Tempel und der einzig denkbare Ort für dessen Bau der Tempelberg von Jerusalem. Das aber zöge schwerwiegende politische Konsequenzen nach sich, da der Tempelberg von Jerusalem fest in moslemischer Hand ist, denn dort steht der Felsendom, eines der größten Heiligtümer des Islam.

Es ist aber auch nicht auszuschließen, daß die Lade längst nicht mehr in Israel zu finden ist. So nahm der britische Journalist Graham Hancock einen Hinweis auf, der im Zusammenhang mit der Bundeslade jetzt nach Äthiopien führt:

Nach dem äthiopischen Nationalepos »Kebra Nagast« (»Ruhm den Königen«) wurde sie von Menelik, dem Sohn des ersten Königs von Äthiopien – Salomo – und der Königin von Saba, aus dem Tempel in Jerusalem entwendet. Als er seinen Vater in Jerusalem besuchte, versprach Salomo, ihm einen Wunsch zu erfüllen. Menelik bat um die Bundeslade, die Salomo ihm natürlich nicht schenken konnte. Statt dessen ließ er ein Replikat anfertigen. Nach der Legende soll Menelik selbst danach in den Tempel geschlichen sein und die Kopie gegen die echte Lade ausgetauscht haben. Letztere wurde dann, begleitet von jungen jüdischen Priestern, in allen Ehren nach Äthiopien gebracht, wo sie schließlich in der alten Königsstadt Axum aufgestellt wurde. (Noch der letzte äthiopische König, Haile Selassie, konnte seine Ahnenreihe bis auf Menelik und damit Salomo zurückführen.) Aber mit der Christianisierung des Landes geriet die Bundeslade in die Hände der koptischen Christen, die sie im Allerheiligsten der 372 n. Chr. erbauten Kirche der heiligen Maria von Zion aufbewahrten, bis Haile Selassie 1965 einen besonderen Schrein für die Lade anfertigen ließ. Dort wird sie von den Mönchen und Bürgern von Axum bis heute vor den Wirren des Bürgerkrieges und der einheimischen Militärregierung geschützt. Aber sehen darf sie nur einer: Gebra Mikail, der »Wächter der Lade«. Sein Leben lang wurde er auf diese Aufgabe vorbereitet. Er hat einen Eid abgelegt, den Schrein der Lade bis an sein Lebensende niemals zu verlassen. Immerhin konnte Hancock vor dem Schrein ein paar Fragen an ihn richten – der Zutritt indes wurde dem Journalisten strikt verwehrt. »Sie vollbringt Wunder und ist in sich selbst ... ein Wunder. Ein wahrgewordenes Wunder«, war alles, was sich der Mönch entlocken ließ. Aber ist es wirklich die echte Lade oder eben doch nur eine Kopie? Der Bibel zufolge war nämlich mit dem Einzug der Lade in den Tempel die Zeit der Wunder beendet. Die einst so vernichtende »Geheimwaffe« der Juden, deren Einsatz selbst die Mauern von Jericho so brüchig werden ließ, daß sie beim Schall der Posaunen einstürzten, war plötzlich nicht mehr in der Lage, das eigene Volk zu schützen. Der Tempel wurde zerstört, das Volk Israel in die Gefangenschaft geführt, ohne daß die Feinde vom »himmlischen Feuer« der Bundeslade vernichtet wurden. Statt dessen setzten nun die Wunder in Äthiopien ein – jedenfalls der Legende nach. So heißt es, die berühmten, zwischen 20 und 35 Meter hohen und zwischen 300 und 500 Tonnen schweren monolithischen Stelen von Axum seien nur »durch die Bundeslade und das himmlische Feuer« aufgerichtet worden. Auch der ruhmreiche Sieg des äthiopischen Königs Menelik II. im Jahre 1896 über die Italiener wurde dem Umstand zugeschrieben, daß »die Priester die Bundeslade ins Feld führten«.

Historiker bezeichneten den Sieg Meneliks II. in der Tat als »den bemerkenswertesten Sieg eines Afrikaners über eine europäische Armee seit den Tagen Hannibals«. Der Kommentar des Londoner Blattes »Spectator« vom 7. Mai 1896 lautete: »Die Italiener haben ein Desaster erlitten ... größer, als es vor ihnen je Weißen in Afrika zugestoßen ist.« Und das, obwohl damals 17700 mit modernen Waffen und schwerer Artillerie ausgerüstete Italiener auf die schlecht ausgebildete und ausgerüstete Armee des äthiopischen »Königs der Könige und Löwen von Juda« – so sein offizieller Titel – gestoßen sind. »Die Bundeslade ... ihre Arbeit ist großartig. Durch ihre Kraft lenkt sie das Auge auf sich, sie erstaunt den Geist ... Sie ist ein spirituelles Objekt, voller Licht, eine Verkörperung der Freiheit und ein Wohnsitz der Gottheit, deren Wohnstatt im Himmel ist und deren Bewegungen auf Erden stattfinden«, heißt es im Kebra Nagast.

Im religiösen Leben der äthiopischen Kopten der Tigray-Region nimmt die Bundeslade einen festen Platz ein. Einmal im Jahr findet zu ihren Ehren am 6. Januar, dem Dreikönigstag, das »Timkat«-Fest statt, zu dem Kopien der Gesetzestafeln des Moses – »Tabots« – in feierlichen Prozessionen auf den Köpfen der Priester durch die Städte und Dörfer getragen werden. Zum »Timkat«-Fest gehören archaische Rituale, die an Bibelstellen wie den Tanz Davids vor der Bundeslade erinnern, und die Musikinstrumente begleiten, welche schon im Alten Testament erwähnt werden. Aber nicht alle Verehrer der Bundeslade in Äthiopien sind koptische Christen; es zählen auch die Qemant dazu, ein »heidnischer« Stamm, dessen Religion starke Elemente eines frühen Judentums aus der Zeit vor der babylonischen Gefangenschaft und den Lehren des Talmud aufweist, also eines rein mosaischen Judentums. Diese Qemant behaupten, einst »aus dem Lande Kanaan« eingewandert zu sein. Auch die Falasha, die »anerkannten« »schwarzen Juden« Äthiopiens, die 1991 im Rahmen der »Operation Moses« fast vollständig vor dem äthiopischen Bürgerkrieg nach Israel evakuiert wurden, folgen einem archaischen, vortalmudischen Judentum, das einzig auf der Thora, den Büchern des Moses, beruht. Sie haben keine Synagogen und keine Rabbiner, dafür aber »Kahenat«, Priester, die Tieropfer nach Vorschrift der Bücher Mose darbringen, welche aber seit dem 7. Jahrhundert v. Chr. auf Befehl von König Josiah nur noch im Tempel von Jerusalem durchgeführt werden durften. Ein Beweis dafür, daß die Falasha ihre Heimat Israel vor dieser Zeit verlassen haben müssen. Sie glauben, in uralter Zeit in Äthiopien eingetroffen zu sein, lange vor den Christen, aber im Besitz der Lade, mit welcher der jüdische Glaube in Ostafrika Einzug hielt. Sie glauben weiter, daß ihre Vorfahren am Nil entlang durch Ägypten zogen, daß sie in Assuan und auf der Insel Moroe eine »Rast« einlegten.

Archäologen stießen tatsächlich auf Spuren einer jüdischen Kolonie aus dem 7. Jahrhundert v. Chr., in deren Zentrum, auf der Insel Elephantine, ein Tempel stand, der nicht nur dieselben Proportionen wie das Allerheiligste des Salomonischen Tempels in Jerusalem aufwies, sondern in dem auch Opfer dargebracht wurden. Stand die Bundeslade einst hier? Wurde sie nicht von Menelik, Salomos Sohn, sondern von Priestern, die sie vor der Blasphemie des abtrünnigen Königs Manassah retteten, der heidnische Idole im Tempel aufstellte und Israel, wie sie glaubten, dadurch dem Schutz Gottes entzog.

525 v. Chr. eroberten die Perser Ägypten. Sie zerstörten die Tempel der Ägypter, verschonten jedoch den Judentempel von Elephantine, wie sie auch die Juden aus der babylonischen Gefangenschaft zurückkehren und ihren Tempel wiedererrichten ließen. Damit jedoch zogen sich die Juden den Zorn der Ägypter zu. So wurde nach dem Sieg Alexanders über die Perser um 330 v. Chr. auch der Elephantine-Tempel zerstört. Überlieferungen der Falasha deuten darauf hin, daß die Juden nun weiter nach Süden zogen, nach Äthiopien, und die Bundeslade mit sich nahmen. Dennoch beantwortet diese von Graham Hancock in seinem Buch »The Sign and the Seal« vertretene These nicht alle Fragen, so auch nicht die wichtigste: Wenn sich die Bundeslade mindestens seit dem 7. Jahrhundert v. Chr. nicht mehr in Israel befindet, wie kommt sie dann auf die »Inventarliste« der »Kupferrolle«?

Da der Text der Kupferrolle bislang nicht veröffentlicht wurde – um zu vermeiden, daß der ohnehin schon »brodelnde« Nahe Osten in einen regelrechten Goldrausch verfällt und historisch wertvolle Artefakte in die Hände geldgieriger Grabräuber geraten –, läßt sich ohnehin nur vermuten, wo das Versteck der Bundeslade sein könnte. Zur Debatte steht das gesamte Gebiet zwischen Jerusalem und dem Toten Meer. So wollen Baigent und Leigh, die Autoren des umstrittenen Bestsellers »Verschlußsache Jesus«, sogar in Erfahrung gebracht haben, daß »die meisten dieser Verstecke … in Jerusalem sind, einige unter dem Tempel oder in seiner Nähe«. Ein potentieller Fundort wäre der »Seelenbrunnen« im Felsendom, der nach der Legende im Inneren des Tempelberges zu einem ganzen Labyrinth unterirdischer Gänge führen soll. Bereits Maimonides, ein jüdischer Thora-Gelehrter, der von 1135 bis 1204 in Córdoba im maurischen Spanien lebte und der sich auf einen noch früheren Schriftgelehrten namens Abaraita beruft, schreibt: »Als König Salomo den Tempel errichtete, sah er seine Zerstörung voraus und baute tief im Tempelberg eine geheime Höhle, in der Josiah die Bundeslade schließlich verstecken ließ.«

Diese jüdische Tradition motivierte einen jungen britischen Abenteurer zu einer der waghalsigsten Exkursionen dieses Jahrhunderts. Die Suche von Captain Montague Brownsley Parker, einem Sohn des Earls of Morley, begann in der Bibliothek des Topkapi-Museums in Istanbul. Denn ein finnischer Bibelforscher namens Valter H. Juvelius glaubte, in einem alten Manuskript des Buches Ezechiel auf einen »heiligen Code« gestoßen zu sein, der, so Juvelius, den exakten Aufbewahrungsort der Bundeslade in einem Tunnelsystem unterhalb des Tempelberges angab. In London begegnete der Finne Captain Parker. Fasziniert von Juvelius' Entdeckung begann dieser mit der Planung einer archäologischen Expedition und suchte Sponsoren. Zu seinen Gönnern zählten die Herzogin von Marlborough und der Chicagoer Armur-Clan, mit deren Hilfe er insgesamt 125 000 Dollar für die Suche nach der verschwundenen Lade zusammenbekam. Ein großer Teil davon wurde buchstäblich als Schmiergelder verwendet, die die Durchquerung des ottomanischen Reiches erst möglich machten. Im August 1909 konnte Parker schließlich sein Lager auf dem Ölberg errichten und versuchen, von Süden her die Eingänge zu den alten Gängen unter dem Tempelberg zu finden. Die Zeit verging, die ersten Gläubigen protestierten. Der osmanische Gouverneur von Jerusalem, Amzey Bey Pasha, forderte bei jeder noch so kleinen Unruhe neues Bestechungsgeld. Als die Regenzeit die Ausgrabungsstelle in ein einziges Schlammloch verwandelte, beschloß Parker, die Grabung erst im Sommer 1910 fortzusetzen. Doch auch dann war er wieder erfolglos. Der vermutete Tunneleingang blieb verborgen, und weder Juvelius noch ein von Parker hinzugezogenes irisches Medium konnten ihn ausfindig machen. Im Frühjahr 1911 stellte sich Parker ein neues Problem in Person des Barons Edmond de Rothschild. Als Mitglied der legendären Bankiersdynastie und überzeugter Zionist, der eine Entweihung des Tempelberges befürchtete, kaufte er das Umland der Grabungsstelle und verhinderte so eine Ausweitung der Grabungen. Den Zionisten zufolge ist Rothschilds Stammbaum bis auf König Salomo zurückzuverfolgen und er dazu berufen, den Bau des dritten Tempels zu finanzieren, sobald die Juden nach Palästina zurückgekehrt seien und ein neues Israel verwirklicht würde. Allein schon deswegen mußte alles getan werden, um einen christlichen Abenteurer daran zu hindern, in einem osmanisch besetzten Jerusalem die Bundeslade zu finden.

Im April 1911 spitzte sich die Situation zu. Der junge britische Aristokrat brach die Grabung ab, um andere Wege einzuschlagen. Er bestach Amzey Bey Pasha mit 25 000 Dollar und Sheikh Khalil, den Hüter des Felsendoms, mit einem etwas kleineren Betrag, ihm den Zugang zum Heiligen Bezirk auf dem Tempelberg zu ermöglichen und seine Suche mit zwei zugedrückten Augen zu akzeptieren.

Als Araber verkleidet, gruben nun Briten eine Woche lang im Schutze der Dunkelheit auf der Südseite des Tempelberges, unweit der Al-Aqsa-Moschee, wo laut Juvelius und dem irischen Medium die Bundeslade vergraben sein sollte. Erfolglos. In der Nacht vom 17. auf den 18. April setzte Parker dann alles auf eine Karte. Der einzige nach wie vor offene Zugang zu den sagenhaften Tunnelgängen unter dem Tempelberg war der »Bir al-Arweh«, der »Seelenbrunnen«, der sich zu Füßen des »Shetiyyah« befand – des sogenannten Grundsteines der Welt. Dieser riesige lohfarbene Felsen wird von der goldenen Kuppel des Felsendomes überspannt. Und hier soll – der Legende nach –

Abraham seinen Sohn Isaak geopfert haben, hier stellte Salomo die Bundeslade auf. Für die Moslems stieg hier der Prophet Mohammed auf seinem Hengst Borek in den Himmel auf. Der Baruk-Apokalypse aus dem 1. Jahrhundert zufolge soll sich hier »die Erde geöffnet und die Bundeslade verschlungen haben«, als die Babylonier nach Jerusalem einfielen. Nach Legenden der Einheimischen wird sie seitdem von »Geistern und Dämonen« bewacht.

Damals führte noch keine Leiter in den Seelenbrunnen hinab, und so ließen sich die wagemutigen Engländer an Seilen hinunter, die sie respektloserweise an der Shetiyyah selbst befestigten. Sie entzündeten Grubenlampen, ließen sich langsam auf den Boden der Grotte hinab. Dort stießen sie auf einen Eingang zu einem alten Tunnel, den sie mit ihren Spitzhacken aufbrachen. Doch ehe sie weitersuchen konnten, stürzte einer der Wächter der Moschee herbei. Er hatte auf dem Dach geschlafen, weil sein Haus voller Gäste war. Das aus dem Felsendom nach außen dringende Hämmern hatte ihn aufgeweckt. Er war in den Felsendom gestürzt und sah dort mit Entsetzen, wie Fremde mit Spitzhacken und Schaufeln dabei waren, den heiligen Grund zu verletzen. Schreiend rannte der schockierte Moscheenwächter in die Nacht, um die Gläubigen zusammenzutrommeln. Der hysterische Mob war bereit, die Frevler zu steinigen. Diese erkannten schlagartig, in welcher Gefahr sie schwebten. Hals über Kopf verließen sie die Stadt, ohne noch einmal zu ihrem Basislager auf dem Ölberg zurückzukehren. Wie von Furien gehetzt eilten sie nach Jaffa, denn dort lag für den Fall, daß die Lade gefunden würde, eine Motorjacht zur Flucht bereit. Irgendwie war es gelungen, die aufgebrachte Menge irrezuführen, die mittlerweile glaubte, die Engländer hätten die Bundeslade, den magischen Ring Salomos oder gar das Schwert des Propheten

Mohammed entdeckt. Da die Engländer wie vom Erdboden verschwunden waren, entlud sich der Volkszorn an Sheikh Khalil und Amzey Bey Pasha. Noch bevor die Sonne über Jerusalem aufging und die Kuppel des Felsendoms ihr Licht reflektierte, befand sich die Stadt in hellem Aufruhr. Inzwischen hatte der Gouverneur die Hafenpolizei in Jaffa telegraphisch beauftragt, die flüchtigen Tempelräuber um jeden Preis festzunehmen. Das gelang ohne Mühe. Als bei einer gründlichen Durchsuchung der Männer jedoch nichts gefunden wurde, durften sie sich auf ihr Schiff zurückziehen; Parker ließ die Anker lichten und nahm Kurs Richtung England.

Das unrühmliche Abenteuer hatte zur Folge, daß fortan jedwede archäologische Grabung im Gebiet des Tempelberges strikt untersagt war. Erst die Israelis erlaubten wieder Grabungen, wenn auch ausschließlich am Hang des Tempelberges, außerhalb des heiligen Bezirks. Warum auch diese Erlaubnis nur zögernd erteilt wurde und auf große Skepsis seitens der religiösen Autoritäten des Judentums stieß, demonstriert ein Zitat aus Meïr Ben-Dovs »In the Shadow of the Temple: The Discovery of Ancient Jerusalem«. Es gibt einen Dialog wieder, der sich 1967 zwischen Prof. Mazar vom Archäologischen Institut der Hebräischen Universität und den Oberrabbinern der Ashkenazi zugetragen hat, als der Professor mit den Rabbis die religiösen Konsequenzen neuerlicher Grabungen diskutierte: »›Was würde geschehen‹, sann Oberrabbiner Unterman laut, ›wenn Sie, als Ergebnis einer archäologischen Grabung, die Bundeslade fänden, die, wie die jüdische Tradition sagt, in den Tiefen der Erde verborgen ist?‹ – ›Das wäre wunderbar‹, antwortete Professor Mazar in aller Unschuld. Aber der ehrwürdige Rabbi erklärte dem gelehrten Professor, daß er eben gerade das befürchte. ›Denn da die Kinder Israels aus der Sicht der religiösen Gesetze des Judentums nicht ‚rein' sind, ist es ihnen verboten, die Bundeslade zu berühren. Darum ist es undenkbar auch nur zu erwägen, Ausgrabungen durchzuführen, bevor der Messias kommt.‹«

Dagegen fürchten die Moslems, daß Ausgrabungen unter dem Tempelberg nur ein Ziel haben: die Al-Aqsa-Moschee zum Einsturz zu bringen. Eine Behauptung, die irrational klingen mag, die aber durchaus ihre Berechtigung hat. Denn in Israel wird die Forderung der »Tempelberggläubigen«, einer Fraktion religiöser Fanatiker, immer lauter, Moschee und Felsendom zu zerstören und einen neuen, dritten Tempel zu errichten, da dies, wie die Fanatiker glauben, das Kommen des Messias beschleunigen würde.

So schwierig die Situation auch zu sein scheint, wurde es israelischen Archäologen in den letzten Jahren doch erlaubt, am Südrand des Tempelberges Grabungen durchzuführen. Dabei stießen sie auf einen Gang, der vermuten ließ, daß vor ihnen schon andere nach den verlorenen Tempelschätzen gesucht hatten. Wie Meïr Ben-Dov schreibt: »Der Tunnel führt über 30 Meter von der Südmauer in das Innere des Berges, bevor er mit Steinen und Geröll verschüttet ist. Wir wissen, daß er noch weiter reicht, aber wir haben es uns zur Regel gemacht, nicht innerhalb der Grenzen des moslemischen Bezirkes des Tempelberges zu graben, ohne zuerst die Genehmigung der zuständigen Moslem-Behörden einzuholen. In diesem Fall erlaubten sie uns nur, den bereits freigelegten Teil des Tunnels zu vermessen und zu fotografieren, nicht aber, ihn freizuräumen. Bis zur Fortsetzung dieser Arbeit … versiegelten wir den Tunnelausgang mit Steinen.« Die Archäologen identifizierten den Tunnel als ein Werk des 12. Jahrhunderts n. Chr., von den Templern gegraben, die hier offenbar als die ersten Bibelarchäologen tätig waren. Es ist nicht bekannt, was sie damals entdeckt haben. Könnte es die Bundeslade oder etwa ein Hinweis darauf gewesen sein?

III *Geheimnisträger der Zeiten*

Über ein Jahr lang hatten sich die christlichen Ritter des ersten Kreuzzuges ihren Weg nach Süden durch Nicaea und Antiochien erkämpft, ehe sie am 7. Juli 1099 vor den Toren Jerusalems standen. Dort wurden sie von den »Ausgestoßenen« empfangen – von jenen Christen, die der ägyptische Statthalter aus Jerusalem verbannen ließ, als ihm das nahende abendländische Heer gemeldet wurde. Da er den Christen mißtraute und zudem mit einer langen Belagerung rechnete, für die weder die Wasser- noch die Lebensmittelvorräte ausreichen würden, entledigte er sich auf diese Weise der unerwünschten Esser. Eine Entscheidung, die verheerende Folgen nach sich ziehen sollte. Denn den Kreuzrittern kamen die ortskundigen Christen wie gerufen, da diesen selbst die verborgensten Winkel der Heiligen Stadt und das gesamte Verteidigungssystem bestens vertraut waren. Zudem hatten sie die Kriegsvorbereitungen der Moslems beobachtet und wußten, daß alle Brunnen des Umlandes vergiftet sowie die Schafherden vertrieben worden waren, um die Versorgung der Belagerer zu erschweren.

Allerdings hatte niemand die Kreuzfahrer vor der Hitze im Heiligen Land gewarnt. Und da die karge Landschaft keinerlei Schutz vor der sengenden Sonne bot, konnte sie für einen Ritter in voller Rüstung zur Tortur werden. Die europäische Kriegstechnik ließ sich im Orient zudem nicht so leicht umsetzen, wie es sich die an weitläufige Waldgebiete und Flußlandschaften gewohnten Kreuzritter vorgestellt hatten. So mußte das Material zum Bau von Belagerungstürmen aus den Wäldern Samarias oder von der Küste herbeigeschafft werden; zum Transport eines einzigen Baumstammes wurden sechzig Kriegsgefangene benötigt. Die nächste für Mensch und Tier nutzbare Wasserstelle war zwanzig Kilometer entfernt. Nachdem man sich den Torturen dieser ungewohnten Situation sechs Wochen lang gänzlich unvorbereitet ausgesetzt hatte, kam die Nachricht, daß eine riesige Armee aus Ägypten unterwegs sei, um das belagerte Jerusalem zu befreien. Die Kreuzritter waren verzweifelt. Die Vision der Kreuzzüge – ihr Traum von der Eroberung der Heiligen Stadt für die Christenheit – schien wie eine Seifenblase zu zerplatzen. Angst und Ohnmacht erfüllten sie. Resignation und Agonie lagen wie dunkle Schatten über ihrem Lager. Hatte Gott sie vergessen? Hatte sie denn nicht Sein Wille veranlaßt, ihre heimatlichen Güter zu verlassen, um in das Land der Heiden zu ziehen, die jetzt an den Stätten wohnten, an denen Jesus Christus einst gewirkt hatte?

Doch dann schienen ihre Gebete erhört zu werden. Ein Priester stand auf und verkündete mit lauter Stimme, Gott habe ihm in einer Vision gezeigt, wie der Sieg zu erringen sei. Zuvor aber müßten sie sich aller Sünde und Selbstsucht sowie jedweden Streits untereinander entledigen. Dann müßten sie drei Tage lang fasten. Am dritten Tag sei dann die Heilige Stadt in demütiger Prozession barfuß zu umrunden. Wenn sie all diese Bedingungen erfüllten, so der Priester, würde Gott ihnen innerhalb von neun Tagen zum Sieg verhelfen. So schenkte der Priester den Rittern neuen Mut; dies in einer Stunde, in der sie alles verloren glaubten. Sie folgten seinen Anweisungen. Als sich die gesamte Armee nach dreitägigem Fasten ihres Schuhwerks entledigte, um »über Stock und Stein« rund um Jerusalem zu marschieren, brachen die belagerten Moslems auf den

Stadtzinnen in schallendes Gelächter aus. Sie bewarfen die Kreuzritter mit Kot und urinierten auf Kreuze.

Sie ahnten allerdings nicht, daß die Kreuzritter inzwischen drei Belagerungstürme fertiggestellt hatten. Noch ehe die Prozession beendet war, füllten Stoßtrupps unter den Steinwürfen der Belagerten und auf sie herabgeschütteten »griechischem Feuer« den Graben um die Stadt mit getrocknetem Schlamm. Trotz größter Opfer war die Armee am Abend des 14. Juli kurz davor, die drei Belagerungstürme in die gewünschte Position zu rollen. Raymond von Toulouse war der erste, der seinen Turm in Stellung bringen ließ, aber keinem seiner Männer gelang es, die Brücke zu überqueren und die Stadtmauer zu erreichen – zu stark war der feindliche Pfeilhagel. Erst dem von der Nordseite her angreifenden Gottfried von Bouillon gelang es nach Stunden, mit seinen Männern eine Stellung zu erobern. Andere rückten auf Sturmleitern nach, und es gelang ihnen schließlich nach erbitterten Kämpfen, das Nordtor zu öffnen, durch das nun das Kreuzfahrerheer in die Stadt strömte. Die Prophezeiung, daß Jerusalem am neunten Tag fallen werde, hatte sich erfüllt.

Doch mit der Eroberung schienen die Kreuzfahrer ihre guten Vorsätze vergessen zu haben. Denn was folgte, war ein Gemetzel, eines der größten Blutbäder der Geschichte. Jedes Haus, jedes Geschäft, jede Moschee wurde aufgebrochen. Männer, Frauen und Kinder wurden brutal erschlagen. In einem ihrer Berichte an den Papst brüsteten sich die Schlächter im Zeichen des Kreuzes: »Wenn Sie hören könnten, wie wir unsere Feinde in Jerusalem behandelt haben ... wüßten, daß unsere Männer am Tore Salomos und im Tempel bis zu den Knien unserer Pferde im unreinen Blut der Sarazenen ritten.« ...

Als das Gerücht umging, die Moslems hätten Gold und Juwelen verschluckt, um sie vor den Christen in Sicherheit zu bringen, schreckten die Kreuzritter in ihrer Habgier nicht einmal davor zurück, die Leichen ihrer Feinde auszuweiden. Um dem Massaker zu entgehen und zu zeigen, daß sie keine Moslems waren, versammelten sich die Juden Jerusalems in ihrer Synagoge. Aber die Kreuzritter setzten die Synagoge rücksichtslos in Brand, die Juden verbrannten in den Flammen oder erstickten.

In der Hoffnung, Respekt vor der heiligen Stätte könnte die Kreuzritter zur Vernunft bringen, flohen die Moslems auf den Tempelberg. Vergebens. Gnadenlos wüteten die christlichen Horden. Als Raymond von Aguilers durch die Berge verstümmelter Körper und Blutströme ritt, die schließlich das Tempelgebiet bedeckten, zitierte er gar noch frohlockend den 118. Psalm: »Das ist der Tag, den der Herr gemacht hat; wir sollen jubeln und seiner uns freuen!« Dieses Blutbad, das die Europäer in den Augen der Araber fortan als mordende Barbaren erscheinen ließ, wurde für die nächsten zweihundert Jahre zum Grundstein für das »Christliche Königreich Jerusalem«.

Unter den Eroberern von Jerusalem befand sich ein junger Ritter, den das Massaker mit Ekel erfüllte. Denn der damals 19jährige Hugo de Payens hatte ganz andere Ideale. Insgeheim bewunderte er die »Ungläubigen«, die Sarazenen, von deren bedeutender Wissenschaft und Kultur er wußte. Angewidert kehrte er nach Frankreich zurück, begab sich in die Dienste seines Onkels, des Grafen Hugo de Champagne, dessen Offizier und Vertrauter er wurde. Fünf Jahre später, 1104, fand im Schloß des Grafen eine mysteriöse Zusammenkunft statt. Einige Vertreter einflußreicher Familien – darunter Brienne, Joinville und Chaumont – sowie eine Reihe ehemaliger Kreuzritter versammelten sich, um einen Plan zu schmieden. Bald danach reiste Hugo de Champagne mit seinem Neffen ins Heilige Land, um dort fünf Jahre zu verweilen. Welchen Geschäften sie auch immer nachgegangen sein mögen, jedenfalls hatten sie bei ihrer Rückkehr uralte hebräische Texte bei sich, von denen einige vielleicht in den Häusern der Juden von Jerusalem, andere in den Höhlen am Toten Meer gefunden worden waren.

Wieder in Frankreich, suchten sie den Abt des sieben Jahre zuvor gegründeten Zisterzienserordens, Etienne Harding, auf. Der Orden nahm sich der hebräischen Texte an, zog sogar Rabbiner aus dem Hochburgund zu Rate – eine für das Hochmittelalter geradezu unfaßbare Tatsache. Aber allem Anschein nach fehlten wichtige Schriftrollen. Denn 1114 reisten Hugo de Champagne und sein Offizier erneut ins Heilige Land, und sie konnten den Zisterziensern bei der Heimkehr wiederum Dokumente überreichen. Zum Dank für das damit Geleistete machte Graf Hugo dem Orden den Wald von Bar-sur-Aube zum Geschenk und veranlaßte die Gründung der Abtei von Clairvaux. Eine Aufgabe, mit der Bernard de Fontaine beauftragt wurde, ein begabter junger Mönch mit großem Engagement, der sich später »Bernhard von Clairvaux« nannte. Bernhard leistete beim Aufbau der Abtei so ausgezeichnete Arbeit, daß er später zum Oberhaupt des Zisterzienserordens gewählt wurde. Zudem wurde er der engste Vertraute von Papst Honorius II., um schließlich zu einem der einflußreichsten Männer der Christenheit aufzusteigen.

Offenbar von Hugo de Champagne beauftragt, machte sich Hugo de Payens 1118 zu einer vierten Reise nach Palästina auf. Aber nicht allein: In seiner Begleitung befanden sich einige Ritter aus den besten französischen Familien, darunter Gottfried de St. Omer, André de Montbard – ein Onkel Bernhards –, Payens de Montdidier, Archembald de St. Amand, Gottfried Bisol sowie die beiden Zisterziensermönche Konrad und Gundemar. Sie suchten bei Balduin II., dem König von Jerusalem, um eine Audienz nach und legten vor ihm und dem Patriarchen von Jerusalem ein Gelübde als Laienbruderschaft ab. Sie gelobten, fortan »nach Kräften für die Sicherheit von Straßen und Wegen zu sorgen ... ganz besonders aber für den Schutz von Pilgern«. Offenbar verstanden es die Ritter, Vertrauen einzuflößen, denn alle Türen standen ihnen offen, und sie wurden freundlich aufgenommen. Dem gerade abgelegten Armutsgelübde zum Trotz, stellte ihnen Balduin II. sogar einen Flügel seines Palastes zur Verfügung. Dazu auch Räumlichkeiten der Al-Aqsa-Moschee, die der Legende nach auf den Grundmauern des alten Salomonischen Tempels errichtet worden war. Dieser neue Sitz aber brachte für die Ritter nicht nur einen Ordensnamen – sie nannten sich nunmehr »Arme Ritter Christi vom Salomonischen Tempel«, kurz »Templer« –, sondern auch eine neue Aufgabe. Fortan führten sie auf dem Jerusalemer Tempelberg umfangreiche Ausgrabungen durch, legten die Stallungen des Salomo frei und verbrachten mehr Zeit damit, zum Toten Meer zu reiten, zur Herodes-Festung Massada oder zu den Ruinen von Qumran, als die Pilger zu schützen. Im übrigen stand dem auch ihr Gelübde im Wege, für neun Jahre keine neuen Mitglieder in ihren Orden aufzunehmen. Aus diesem Grund sind die Taten der Templer in keiner zeitgenössischen Quelle erwähnt; waren sie doch an keiner der so entscheidenden Schlachten dieser Zeit beteiligt, obwohl sich das ägyptische Heer 1119 erneut den Franken stellte, eine Flotte gegen Tyrus segelte und eine türkische Armee Apamas bedrohte. Während Balduin II. bei der Schlacht von Tiberias den Sieg davontrug, unterlag er gegen die Türken. Er wurde 1123 gefangengenommen, wenig später durch die Armenier befreit, um dann gemeinsam mit den Beduinen 1124 Aleppo zu erobern und gegen das Emirat von Damaskus zu kämpfen. Doch in keiner Schlacht kamen ihm seine neun so sehr protegierten Ritter zu Hilfe. 1125 traf Hugo de Champagne im Heiligen Land ein und wurde – entgegen dem genannten Gelübde – sofort als zehnter Bruder in den »Orden vom Tempel« aufgenommen. Um sein Leben zukünftig voll und ganz seiner neuen Aufgabe widmen zu können, hatte er vor seiner Abreise in das Heilige Land Frau und Kind verstoßen.

Im Jahr 1127, neun Jahre nach Gründung des Ordens, kehrten Hugo de Payens und fünf seiner Ordensbrüder nach Europa zurück. Dort wurden sie wie Sieger empfangen. In Clairvaux berichteten sie Bernhard von ihren Erfolgen. Und in Rom erteilte ihnen der Papst seinen Segen und verkündete die Einberufung eines Konzils, ausgerechnet in Troyes, der Hauptstadt der Champagne. Er folgte damit einer Empfehlung des Bernhard de Clairvaux. Auf diesem Konzil wurde der Templerorden offiziell bestätigt und Hugo de Payens gleichzeitig zum Großmeister ernannt. Die für den neuen Orden gültige Regel der Rittermönche hatte Bernhard selbst verfaßt. Und obwohl der Orden erst jetzt offiziell als solcher existierte, heißt es in der Präambel:

»Mit Gottes und mit unserer und mit unseres Erlösers Jesu Christi Hilfe ist das Werk vollendet worden, denn er hat Seine Freunde aus der Heiligen Stadt Jerusalem nach Frankreich und Burgund zurückbeordert.« Der Templerorden war anerkannt. Doch welche Aufgabe hatte er nun? Denn die Pilgerwege im Heiligen Land jedenfalls waren noch ebenso unsicher wie vor Ankunft der neun Ritter.

Über die wirkliche Mission der ersten Templer gibt es eine Reihe von Spekulationen. Die wahrscheinlichste darunter besagt, daß sie nichts anderes suchten als das höchste Heiligtum des Salomonischen Tempels – die Bundeslade. Davon jedenfalls ist der französische Autor Louis Charpentier überzeugt. In seinem Buch »Macht und Geheimnis der

Templer« schreibt er: »Es gibt nur eine Erklärung für dieses Verhalten: Die neun Ritter sind nicht nur gekommen, um die Pilger zu schützen, sondern auch um etwas besonders Wichtiges zu finden, zu schützen und mitzunehmen, etwas besonders Heiliges, das sich im Tempel Salomons befand: die Bundeslade.« Ein von israelischen Archäologen entdeckter Gang aus dem 12. Jahrhundert bestätigt zumindest, daß die Templer nach der Lade gesucht hatten. Wenn aber »das Werk vollendet worden« ist, kann das eigentlich nur bedeuten, daß sie fündig wurden – daß die Lade entweder auf den Weg nach Frankreich geschickt wurde oder zumindest den Templern zugänglich war. Nun galt es, eine Organisation zu schaffen, die nicht nur den Schutz der Lade garantierte, sondern vor allem das aus dem Studium der in der Lade befindlichen Tafeln gewonnene Wissen in die europäische Zivilisation integrierte.

Der Orden verstand sich als geschlossene Bruderschaft, die ausschließlich Männern von adliger Herkunft vorbehalten war. Er bestand aus Rittern, Kaplänen und Feldwebeln, denen eine große Anzahl von Bewaffneten und Handwerkern untergeordnet war. Oberhaupt des Ordens war der Großmeister, im Rang gefolgt von seinem Stellvertreter, dem Seneschall, dann dem Marschall und dem Kommandanten. Der Orden war in Provinzen und Kommandanturen mit jeweils gleicher hierarchischer Ordnung aufgeteilt.

Wie auch seine Ordensregel verdeutlicht, war der Orden von Regierungen und Kirchenoberhäuptern praktisch unabhängig. Er war nicht nur von der Steuerpflicht befreit, sondern konnte sogar eigene Steuern oder Zölle erheben. Zudem genoß er juristische Immunität und war bevollmächtigt, auf Ordensland selbst Recht zu sprechen. Damit war er eine Art Staat im Staate. In seiner Beziehung zur Kirche war er lediglich dem Papst verantwortlich und durfte seinen eigenen Klerus bestellen. Ein Kandidat, der in den Orden aufgenommen werden wollte, mußte sich vor seiner Zulassung harten Prüfungen unterziehen: »Ihn erwartete eine lange Probezeit, in der er auf seine Aufrichtigkeit und Charakterstärke hin geprüft wurde«, schreibt der französische Templerexperte Gaëtan Delaforge.

Wie die Leviten der Juden, die Hüter der Bundeslade, trugen auch die Templer weiße Gewänder (nach der Ordensregel das Symbol für ein reines Leben), auf der Schulter mit einem roten, achteckigen Kreuz versehen. Ihre Losung lautete: »Non nobis Domine, non nobis sed Nomini Tuo da gloriam« – »Nicht uns, Herr, nicht uns, sondern Deinem Namen gib Ehre.«

In den folgenden Jahren eroberten die Templer Europa sozusagen »im Sturm«. Als Hugo de Payens Ende 1128 nach England reiste, wurde er nicht nur von König Heinrich I. »mit großer Verehrung« empfangen, sondern die jungen Adligen rissen sich geradezu darum, in den neuen Orden aufgenommen zu werden. Damit waren auch reiche Schenkungen an Geld, Gütern und Ländereien verbunden, wenn die Templer als Individuen auch Besitzlosigkeit geloben mußten. 1129 verfügte der Orden bereits über ausgedehnte Ländereien in Frankreich, England, Schottland, Flandern, Spanien und Portugal. Zehn Jahre später kamen Grund und Boden in Deutschland, Italien, Österreich und Ungarn hinzu. 1130 konnte Hugo de Payens jedenfalls mit einem stattlichen Gefolge von dreihundert Rittern und dreitausend Bewaffneten in das Heilige Land zurückkehren. Dort war es indes lediglich dem Mut der Templer zu verdanken, daß der schlecht vorbereitete zweite Kreuzzug nicht in einer Katastrophe endete. Bald schon eilte den Männern der Ruf voraus, fanatische, tollkühne Kämpfer von fast übermenschlicher Disziplin – und Arroganz – zu sein. Im Gegensatz zu den anderen Kreuzfahrern, bei denen es verpönt war, mit den »Ungläubigen« Umgang zu pflegen, suchten die Templer den Dialog mit den Sarazenen. Ja, selbst zu der gefürchteten Sekte der Assassinen – »Haschischesser«, im wahrsten Sinne des Wortes – nahmen sie Kontakt auf; zu diesen frühen Guerillas, deren Name bald zum Synonym für »Meuchelmörder« wurde. Sie erlaubten den Moslems, wieder in der Al-Aqsa-Moschee zu beten, machten es aber zur Bedingung, dort das Kreuz hängen zu lassen. Darüber hinaus entwickelte sich ein angeregter Dialog mit islamischen und jüdischen Gelehrten. Sie waren die Lehrmeister der Templer in der Kartographie, im Vermessungswesen sowie in der Medizin; außerdem übernahmen sie von ihnen den Kompaß.

Gleichzeitig überzogen sie Europa mit einem Netz von Kommandanturen: fünfhundert Komtureien, die oft mit eigenen Mühlen und Marktplätzen versehen und durch ein fast modernes Straßennetz verbunden waren und die jeweils genau eine Tagereise voneinander entfernt lagen. Gleichzeitig waren die Templer auch die ersten europäischen Bankiers: Da ihre eigenen Schätze ohnehin ständig bewacht werden mußten, nahmen sie auch die Güter anderer unter ihre Obhut. Selbst von Königen wurde diese »Dienstleistung« in Anspruch genommen, und so hüteten die Templer zum Beispiel die britischen Kronjuwelen. Darüber hinaus fungierten die Rittermönche als Geldeintreiber, auch verliehen oder deponierten sie Geld gegen Zinsen. Und sie erfanden den Scheck: Wer bei ihnen Geld oder Gold deponierte, erhielt einen »Wertbrief«, den er bei jeder Templerkommandantur einlösen konnte. In einer Zeit, in der reisende Kaufleute und Edelleute ihr Eigentum von angeheuerten Bewaffneten gegen Straßenräuber schützen lassen mußten, bot dieses System eine gewaltige Erleichterung des Geldverkehrs. Schon damals dienten Codeworte und -nummern zur Identifikation des Empfängers.

Aber die größte Leistung der Templer, ihr wirklicher Beitrag zur europäischen Kulturgeschichte, war die Begründung der Gotik.

»Während die Romanik, vom römischen und byzantinischen Stil ausgehend, vielfacher Verbesserungen bedurfte, um die ihr eigentümliche reife Gestalt zu erreichen, erscheint die Gotik auf einen Schlag fertig und vollkommen, und dies im ganzen Abendland«, schreibt der französische Kulturhistoriker Louis Charpentier, »die Gotik brachte mehr als neue technische Lösungen architektonischer Probleme. Sie war Tempelbaukunst; Tempel aber sind die Vorhöfe zum Reich Gottes. Eine höhere Wissenschaft wurde aufgeboten, die mehr vermochte, als Kraft und Widerstand zu berechnen. Sie forderte die Kenntnis der Zahlengesetze, der Gesetze des Stoffes und des Geistes und – damit sie auf den Menschen angewendet werden kann – der Gesetze des psychophysischen Zusammenhangs.«

Zumindest ist Louis Charpentier der Überzeugung, daß die Bundeslade einen kosmischen Code enthielt – die Weltformel –, Grundlage der Architektur der alten Ägypter, des Islams und der Gotik. Zweifellos ereignete sich nach der Einnahme von Jerusalem sowohl in der islamischen als auch in der abendländischen Welt ein Zivilisationssprung. Bevor die Araber Jerusalem einnahmen, waren sie ein simples Hirten- und Nomadenvolk. Innerhalb weniger Generationen wurden sie dann nicht nur zu den großen Eroberern, sondern auch zu den Kulturbringern des Mittelmeerraums, zu Meistern der Landwirtschaft, der Architektur, Mathematik, Astronomie und Alchemie. Auch die abendländische Zivilisation blühte auf – nach Jahrhunderten des »dunklen« (Früh-)Mittelalters – nach dem ersten Kreuzzug. Gleichzeitig starb die arabische Zivilisation langsam ab; die Araber wurden zu Vasallen der Türken und trauerten noch lange der einstigen Größe nach. Nach dem Untergang des Templerordens, im Jahre 1314, verdorrte auch die europäische Zivilisation für die folgenden Jahrhunderte. Aber welcher Faktor hatte die kulturelle Blüte bewirkt?

»Es ist durchaus möglich, daß in den von Moses vergrabenen Büchern der geheimnisvolle Schlüssel für das Verständnis der Gesetzestafeln verborgen war«, schreibt Louis Charpentier. »Die kabbalistischen Juden glauben, die Methode der Übertragung der Moses-Bücher in Zahlen zu kennen. Heute würde man statt Zahlen ›Formeln‹ sagen. Die Muselmanen der großen Epoche beschützten die ›wissenden‹ Juden nicht nur aus purer Nächstenliebe. Ebensowenig beschützten die Päpste, die Benediktiner und Zisterzienser ›ihre Juden‹ nicht nur aus Herzensgüte. Sie benötigten ihr Wissen!« Und weiter führt Charpentier aus: »Die Tafeln des Gesetzes sind die Tafeln des Logos, des Wortes, der Vernunft, des Maßes, des Verhältnisses, der Zahl. ›Du hast alles geordnet mit Maß, Zahl und Gewicht‹, sagt die ›Weisheit Salomos‹ von Gott, das heißt, das Gesetz Gottes setzt ein die Ordnung von Maß, Zahl und Gewicht. In der Sprache unserer Zeit hieße das: Die Gesetzestafeln enthalten die Weltformel. Wer also im Besitz dieser Tafeln ist, hat Zugang zur Erkenntnis des Großen Einheitsgesetzes, von dem das Universum gesteuert wird, und damit die Macht, in das Schicksal einzugreifen.«

Nach Charpentier codierte Moses diese Formel, um ihren Mißbrauch durch Uneingeweihte zu verhindern. Der Schlüssel dazu war die von ihm erfundene hebräische Schrift – korrespondierend mit einem Zahlensystem, das später Kabbala genannt wurde. Charpentier ist der Ansicht, daß, wenn die Kommentare des Moses – seine heiligen Bücher – verschlüsselt waren, kein Tüpfelchen des Gesetzes verändert werden durfte, da sonst die Geheimschrift unentzifferbar geworden wäre. Es ist also begreiflich, warum der Abt von Cîteau, Etienne Harding – der heilige Etienne –, seit der Eroberung von Jerusalem in seiner Abtei mit solchem Eifer hebräische Texte studieren ließ und aus Oberburgund gelehrte Rabbiner dazu berief. Die hebräischen Schriften der Kabbala waren das Lehrbuch für die Entzifferung der Steinernen Tafeln; die Juden aber hatten dieses Lehrbuch in Verwahrung.

Was auch immer die Grundlage dieses Wissens war – Tatsache ist, daß Westeuropa im 12. Jahrhundert von reger Bautätigkeit erfaßt wurde. Überall entstanden prächtige Kathedralen, Tempel Gottes, die das Geheimnis von »Maß, Zahl und Gewicht« in sich trugen. In den folgenden zweihundert Jahren wurden in Frankreich alle wichtigen Kathedralen, Kirchen und Abteien gebaut. Demgegenüber sind in Frankreich seit dem 14. Jahrhundert, also in sechshundert Jahren, nur etwa fünfzig architektonisch gelungene Bauten errichtet worden, noch dazu vorwiegend Schlösser! Die Bauaktivitäten unterstanden letztlich dem Templerorden, der die Bauleute in seine Obhut nahm, sie unterwies und ausbildete. So waren die meisten gotischen Kathedralen »Notre Dame« geweiht, »Unserer Lieben Frau«, der die besondere Verehrung der Templer und Zisterzienser galt. Interessanterweise sind die Notre-Dame-Kathedralen des Pariser Beckens so plaziert, daß die Verbindungslinien zwischen ihnen das Sternbild der Jungfrau darstellen.

Dazu gehört auch die Kathedrale von Chartres, eines der schönsten Exemplare französischer Gotik. Nach der Zerstörung ihrer Vorläuferin durch eine Feuersbrunst, wurde sie in der Blütezeit des Templerordens und seiner Bauhütten in nur sechsundzwanzig Jahren, zwischen 1194 und 1220, erbaut. Allein die kurze Bauzeit war schon ein Wunder. Zudem bleibt im dunkeln, wie es möglich war, den Bauplan, die Baustoffe, die Arbeitskräfte und die Finanzierung so schnell zu beschaffen. Jedenfalls muß es eine Organisation gegeben haben, die sehr viel effektiver arbeitete als ein hochmittelalterlicher Verwaltungsapparat.

Eine Zehntausend-Einwohner-Stadt wie Chartres wäre mit der Alleinfinanzierung und Organisation eines solch gigantischen Bauvorhabens offensichtlich weit überfordert gewesen. Andere, gleich große Städte, wie Reims und Amiens, die wenige Jahre nach Chartres mit der Errichtung ihrer Kathedralen begannen, standen nicht besser da; wenn auch der Zeitpunkt günstiger war. Erst das sich dank der von den Templern geschaffenen Infrastruktur ausbreitende Klima des wirtschaftlichen Aufschwungs ermöglichte die kulturelle Blüte des Abendlandes. Der Handel war nun sicherer, und durch das Templer-Bankensystem wurde der Geldverkehr angekurbelt. Während die blühende Wirtschaft den Landesherren hohe Steuern einbrachte, flossen großzügige Spenden an die Kirche und den Orden, der bald so reich war, daß er an Könige Geld verleihen konnte. Warum aber häuften die anfänglich Armut gelobenden Templer plötzlich irdische Reichtümer an? Benötigten sie nun Geld für die Erfüllung ihrer neuen Aufgaben – für die Errichtung von Tempeln und Heiligtümern –, um die kosmischen Gesetze in Stein zum Ausdruck zu bringen? Sollte deren Majestät und Harmonie das Instrument sein zu einer neuen Bewußtseinsbildung des Menschen? Heute ist nicht mehr feststellbar, wie hoch der finanzielle Anteil des Ordens am Kathedralenbau war. Eines steht jedenfalls fest: Durch ihn wurde erst der Boden für dieses ganz unter seiner Aufsicht stehende Vorhaben bereitet.

Worin lag das Geheimnis der gotischen Kathedralen? »Drei Tafeln haben den Gral getragen: eine runde, eine quadratische und eine rechteckige Tafel. Alle drei haben denselben Flächeninhalt: Ihre Zahl ist 21«, heißt es in einem alten Merkspruch der »Compagnons«, der Bauhütten im alten Frankreich. Welche Bedeutung ist damit verbunden? Zunächst ist die »21« als Proportion der »rechteckigen Tafel« zu verstehen, als Verhältnis 2:1 – ihre Länge entspricht der doppelten Breite. Diese Proportion 2:1 lag den ägyptischen und griechischen Tempeln zugrunde, war Pythagoras bekannt und fand auch im Tempel Salomos ihre Anwendung. Denn diese geometrische Figur besitzt einige interessante Eigenschaften. Das Rechteck mit den Seitenverhältnissen 2:1 hat die Diagonale $\sqrt{5}$. Wird diese Diagonale um die Breite 1 des Rechtecks verlängert, diese neue Strecke durch 2 geteilt, so ergibt sich eine Strecke, deren Zahlenwert – auf 1 bezogen – den Goldenen Schnitt ergibt, den Grenzwert der Reihe von Fibonacci:

$$(\sqrt{5} + 1) : 2 = (1{,}618 \ldots) : 1$$

Die Zahl des Goldenen Schnittes steht für ein Verhältnis, dessen Teile immer auf das Ganze bezogen bleiben. Sie weist eine Reihe von Eigentümlichkeiten auf:

$$\frac{1{,}618 \ldots}{(1{,}618 \ldots) .- 1} = (1{,}618 \ldots) + 1 = (1{,}618 \ldots)^2 = 2{,}618 \ldots$$

oder

$$\frac{1{,}618 \ldots}{0{,}618 \ldots} = (1{,}618 \ldots) \times (1{,}618 \ldots) = 2{,}618 \ldots$$

Weiter:

$$(2{,}618 \ldots) \frac{6}{5} = 3{,}146 \ldots = \pi$$

π (Pi) aber ist die Konstante, mit deren Hilfe Umfang und Fläche eines Kreises ermittelt werden können, dessen Durchmesser bekannt ist. 6/5 ist in der Musik das Intervall der Kleinen Terz, das Intervall zwischen den Grundtönen zusammengehöriger Dur- und Molltonleitern (z.B. C-Dur und a-Moll), das wir verschlüsselt im Aufriß der Kathedrale von Chartres wiederfinden.

Wichtig ist, daß die rechteckige Tafel mit dem Seitenverhältnis 2:1 den Schlüssel zur Verwandlung einer rechteckigen Oberfläche in eine Kreisfläche enthält. So ist es möglich, die runde Tafel von der rechteckigen abzuleiten. Frei ausgedrückt, bedeutet das eine baugeometrische Quadratur des Kreises. Auch die Ableitung der quadratischen »Tafel« mit gleichem Flächeninhalt wie die rechteckige Tafel ist einfach nachvollziehbar. Die Mittelachse des Rechtecks wird dabei zur Diagonale des Quadrats, die unmittelbar die zweite Begrenzung, die Breite des Kirchenraums bestimmt. In Chartres mißt die Quadratseite 23,19 Meter – erstaunlicherweise genau ein Zehntel der Grundseite der Cheopspyramide.

Am Nil gibt es noch einen weiteren Hinweis auf das »Monument des Wissens«: den seitlichen Neigungswinkel der Pyramide mit 51° 25′ – dem charakteristischen Winkel des Siebensterns. Der aber ist das zentrale Strukturelement der Kathedrale. Von ihrer Mittelachse ausgehend, weist sein oberster Zacken auf den Altar, die beiden unteren auf die beiden Türme des Domes, zwei weitere verlaufen zum Querschiff, und die zwei übrigen zeigen auf den Beginn der Apsis. Auch die drei Tafeln sind in der Kathedrale von Chartres zu finden. Zuerst die runde, durch ein Bodenmosaik in Form eines runden Labyrinthes gekennzeichnete; die quadratische Tafel, deren Diagonale auf der Kathedralenachse liegt, sowie die rechteckige, dem Chor zugrundeliegende Tafel. Interessanterweise basiert die Kathedrale

Professor Frank Drake mit dem Autor im NASA-S.E.T.I. Institute in Mountain View bei San Franzisko. Der Direktor des S.E.T.I.-Projekts glaubt an den Empfang von Botschaften extraterrestrischer Zivilisationen noch vor der Jahrtausendwende.

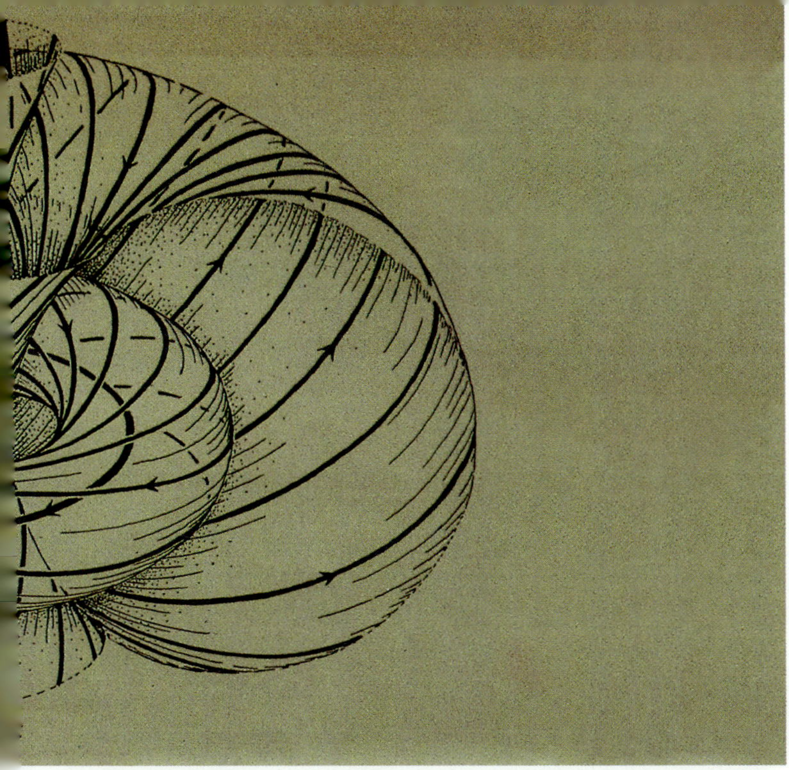

Professor Roger Penrose, Mathematiker und Physiker an der Universität Oxford, England, versucht dem Geheimnis des Ursprungs des Universums theoretischer Studien höherdimensionierter Modelle auf die Spur zu kommen.
Oben: ein Penrose-Diagramm.
Unten: Professor Penrose im Gespräch mit dem Autor in seinem Arbeitszimmer in Oxford.

Professor Steven Weinberg, dem Nobelpreisträger für Physik, ist der erste Schritt auf dem Weg zu einer Weltformel durch Vereinheitlichung der elektromagnetischen Kraft und der schwachen Wechselwirkung gelungen.
Als ihn der Autor an der Universität Austin in Texas aufsuchte, stellte der Nobelpreisträger fest: »Leben ist das Resultat einer Kette historischer Unfälle.«

von Chartres auf einer eigenen Maßeinheit, der sogenannten »Elle von Chartres« mit 0,738 m. Danach ergeben sich folgende Abmessungen:

Chorbreite: 20 Ellen,
Chorlänge: 50 Ellen,
Länge des Schiffes: 100 Ellen,
Länge des Querschiffes: 90 Ellen,
Höhe des Gewölbes: 50 Ellen.

Aber was hatte es mit dieser Elle auf sich? »Sie ist gleich dem Hunderttausendstel der Breite von Chartres«, schreibt Louis Charpentier. Genauer gesagt, der Abstand zweier Meridiane für die geographische Breite von Chartres (etwa 48° 26′), der tatsächlich 73,8 km beträgt. Die Anwendung solcher Globalmaße aber setzt ein Wissen um die genaue Kugelform der Erde voraus. Bei dem 49° 14′ nördlicher Breite gelegenen Reims liegt der Kilometerwert bei 71. Somit beträgt die Grundeinheit 0,71 m; dagegen bei Amiens (49° 52′, 70 km) = 0,70 m. »Man muß sich also fragen, ob nicht die Erbauer von Chartres die Erde und ihre Kugelgestalt so genau gekannt haben, daß sie imstande waren, für den Bau der Kathedrale das passende, der Länge des Platzes entsprechende Maß zu finden, das Maß, in welchem die Harmonie des Bauwerks zusammenklingen konnte mit dem Gesetz des irdischen Ortes, auf dem es errichtet wurde«, schreibt Charpentier.

Bei der Kathedrale von Chartres handelt es sich um eine ganz besondere Kirche. Ist sie doch der früheste gotische Kathedralenbau, quasi der Prototyp einer ganzen Epoche, der die vielleicht fruchtbarsten zwei Jahrhunderte des Tempelbaus in der Geschichte der Menschheit verkörpert. Hunderte von Statuetten und biblischen Szenen schmükken ihre Außenwände. Eine Figurengruppe stellt König Salomo und die Königin von Saba dar; eine andere zeigt

Melchisedek, den Ur-Priester von Jerusalem, mit dem Heiligen Gral; ein Relief am Nordportal der Kathedrale von Chartres stellt die Bundeslade dar. Ganz unbiblisch auf Rädern, verkündet eine Inschrift: »Hic amititur Archa Cederis.« Wird »amititur« als »amittitur« gelesen, kann das soviel bedeuten wie: »Hier wird sie gezogen, die Lade, die du übergeben hast«, aber auch (als »amicitur«): »Hier ist die Arche verborgen, die du übergeben hast.«

Hat sie in der Kathedrale von Chartres einen neuen Tempel gefunden? »Wenn die Gesetzestafeln (der Bundeslade), wie ich annehme, eine ›Formel des Universums‹ enthalten, und wenn sich diese Tafeln, die aus Ägypten kamen, in den Händen der Baumeister der Kathedralen befanden, scheint es gar nicht mehr so verwunderlich, daß – genau wie die Pyramiden eine wissenschaftliche, kosmische ›Formel‹ ausdrücken – auch die Proportionen der Kathedrale von Chartres eine Kenntnis der Erdkugel verraten, wie sie in keinem Schriftwerk der Epoche zu finden ist«, schreibt Carpentier. Stellt die Kathedrale von Chartres ein Monument des »Gesetzes Gottes« dar, jener Ordnung von »Maß, Zahl und Gewicht«, deren Schlüssel – die Weltformel – der Inhalt der Bundeslade war? Wir wissen nicht, ob die Templer die Bundeslade wirklich entdeckten, nach Europa brachten oder im Heiligen Land beließen; aber aller Wahrscheinlichkeit nach haben sie *etwas* gefunden, das ihnen verlorengeglaubtes Wissen wieder zugänglich machte.

IV *Die Wächter von Eden*

In der Nacht zum Freitag, dem 13. Oktober 1307, öffneten hunderte Seneschalle in ganz Frankreich das Siegel eines Befehls, den ihnen ein Bote des Königs am Vorabend überbracht hatte. Trotz seiner eindeutigen, knappen Formulierung klang der Befehl jedoch so unglaublich, daß viele von ihnen zögerten, die vom König befohlenen Maßnahmen ohne Verzug in Angriff zu nehmen. Aber Befehl war schließlich Befehl, noch dazu trug dieser das königliche Siegel von Philipp IV., »dem Schönen«, dem sie bedingungslosen Gehorsam geschworen hatten. Er lautete, bei Morgengrauen im ganzen Land die der Häresie – der Ketzerei – schuldig gewordenen Templer zu verhaften.

Dieser Befehl sollte schließlich mit solcher Gründlichkeit ausgeführt werden, daß deswegen »Freitag, der dreizehnte« bis heute abergläubisch als Unglückstag betrachtet wird. Am Morgen dieses »schwarzen Freitags« fielen Philipps Truppen in sämtliche Templer-Kommandanturen und Komtureien Frankreichs ein, um insgesamt über 15 000 der Rittermönche in Ketten abzuführen und in die Kerker zu werfen. Gleichzeitig beschlagnahmten sie die Schätze der Templer, die Philipp dringend brauchte, um die leere Staatskasse zu füllen und den ihm selbst drohenden Bankrott abzuwenden. Die Herolde des Königs verlasen im ganzen Land die offizielle Begründung für diese »Nacht-und-Nebel-Aktion«. Es wurde behauptet, die Templer seien Ketzer, sie hätten Christus verhöhnt, als Teil ihres Ritus das Kreuz bespuckt oder getreten, und sich zudem der Sodomie (damalige Bezeichnung für Homosexualität) schuldig gemacht. Für jeden Novizen, der in den Orden aufgenommen werden sollte, seien »obszöne Küsse« Pflicht gewesen. Nicht zuletzt hätten sie dem Dämon Baphomet gehuldigt, einem geheimnisvollen Kopfidol. So unerhört waren die Vorwürfe gegen den Orden, daß die Bevölkerung bald Verständnis für die Aktion zeigte. Nur Papst Clemens V. war empört. Auf Drängen Philipps, dem er den Papstthron verdankte, hatte er zwar eine Untersuchung der Vorwürfe gegen den Orden genehmigt, nicht aber eine Massenverhaftung. Und da der Templerorden dem Heiligen Stuhl direkt unterstellt war, konnte nur er über die Mönchsritter urteilen.

Aber Philipp der Schöne beantwortete die Rüge aus Rom auf seine höchst persönliche Art. Er »beehrte« die Heilige Stadt mit einer kleinen Armee, unterstellte Clemens, die Schätze der Templer zu begehren und die Feinde Christi zu decken. Unter dem Druck des Königs verfaßte der Papst am 22. November die Bulle »Pastoralis Preeminentae«. Philipp wurde darin zum »Bewahrer des Glaubens« erklärt, die Templer verurteilt und alle Könige der Christenheit aufgefordert, die Templer in ihren Ländern zu verhaften und nach allen Regeln der »heiligen Inquisition« zu verhören. Das hieß, den Beklagten bis an die äußerste Schmerzgrenze zu foltern, um seinen Willen zu brechen und ihm ein Geständnis abzuringen. Diese Grenze wurde zweifellos nicht selten überschritten, denn Berichten zufolge kamen schon in den ersten Tagen der Verhöre 36 Templer ums Leben. Die Zeit zwischen den Verhören verbrachten sie zu Hunderten in dunklen, feuchten Kerkern, in denen die Luft förmlich stand und es mangels sanitärer Anlagen schon nach wenigen Tagen bestialisch stank. Die Folterknechte wandten unvorstellbar grausame Methoden an. Sie bearbeiteten die Opfer mit heißen Eisen,

Feuerbetten, Daumenschrauben und Klammern, die das Bein vom Fuß bis zum Oberschenkel Stück für Stück zermalmten. Zähne und Fingernägel wurden mit Zangen ausgerissen. Andere Templer hängte man an den Armen auf, ließ sie mit eingeölten Füßen über einem Feuer schmoren, wobei ihnen das Fleisch langsam bis auf die Knochen verbrannte. Von dieser Pein wurde nur derjenige erlöst, der ein »Geständnis« ablegte, also dem Inquisitor das sagte, was dieser hören wollte. Unter Zwang hatten die Templer zu »bekennen«, daß sie Gott, Jesus und die Jungfrau Maria leugneten, die Genitalien ihres Priors zu küssen hatten, auf Kreuze spuckten oder urinierten, die Hostie entweihten und Idole anbeteten. Sechsundfünfzig Templer, die diese »Geständnisse« später widerriefen, wurden als »rückfällige Häretiker« auf dem Scheiterhaufen verbrannt. Während die Bischöfe Portugals, Spaniens und Englands aufgrund weniger hochnotpeinlicher Gerichtsverfahren und Verhöre zu dem Ergebnis kamen, daß die Templer unschuldig waren, sorgten Philipps Schergen dafür, daß aus französischen Folterkammern immer unglaublichere Bekenntnisse an die Öffentlichkeit gelangten. Mit seiner Bulle »Vox in Excelso« löste Papst Clemens V. den Orden schließlich am 3. April 1312 offiziell auf – ohne ihn jedoch für schuldig zu erklären. Offiziell ging das Vermögen der Templer an den Hospitaliterorden über. Den »christlichen Monarchen« wurde allerdings gestattet, »Unkosten« dafür einzubehalten, daß sie die Templer verhört, gefangengehalten, ernährt und fünf Jahre lang deren Vermögen verwaltet hatten. In Frankreich veranschlagte Philipp der Schöne dafür eine geradezu astronomische Summe!

Als sich der erste Sturm der Entrüstung über die »Ketzerei« der Templer gelegt hatte, wurden jedoch immer häufiger Stimmen laut, die die Rechtmäßigkeit der Aktion anzweifelten. Selbst Bischöfe und Könige äußerten ihre Zweifel und erklärten, sie hielten die Rittermönche für unschuldig. Sie verwiesen immer wieder auf die Ordensregel, derzufolge nicht nur die Verehrung Christi und der Jungfrau Maria betont, sondern auch alle sexuellen Handlungen strikt verboten waren. Nie, so hieß es in der Ordensregel, durften die Mönche ihre Schafswoll-Unterkleider ablegen, nie durften sie sich jemandem – und ausdrücklich keinem Ordensbruder – nackt zeigen. In ihren Schlafräumen brannten selbst nachts die Lampen, um auch nur die Versuchung homosexueller Annäherung im Keim zu ersticken. Philipp blieb nur eine Möglichkeit, der immer lauter werdenden Kritik an seinem Vorgehen entgegenzutreten: Jacques de Molay, der verhaftete Großmeister der Templer, der unter Androhung der Folter seine Schuld eingestanden hatte, mußte öffentlich aussagen. Also lud der König zum 14. März 1314 den Adel, Vertreter der Kirche und ausländische Gesandte nach Paris ein. Dort ließ er vor der Kathedrale von Notre-Dame eine Plattform errichten, auf der de Molay seine Schandc und Schuld gestehen sollte. Doch der in Begleitung des Großpräzeptors der Normandie, Geoffrei de Charney und zweier weiterer Offiziere vorgeführte alte Großmeister widerstand der Versuchung, auf das Angebot des Königs einzugehen, ihn begnadigen zu lassen. Er betete, faßte Mut und erklärte dann mit lauter Stimme:

»Ich denke, es ist nur gerecht, in einem so ernsten Augenblick, wissend, daß mein Leben bald vorüber sein wird, den Betrug zu offenbaren, der hier geschah, und der Wahrheit zu ihrem Recht zu verhelfen. Vor dem Himmel und der Erde und ihnen allen hier als meine Zeugen gestehe ich, daß ich der größten Sünde schuldig bin. Aber diese Sünde war, daß ich gelogen habe, als ich die ekelhaften Anschuldigungen gestand, die gegen den Orden ausgesprochen wurden. Ich erkläre hiermit, und ich muß erklären, daß der Orden unschuldig ist. Seine Reinheit und Heiligkeit steht außer jeder Frage. Ja, ich habe gestanden, daß der Orden schuldig sei. Aber dies tat ich nur, um mich vor den furchtbaren Foltern zu retten, indem ich das sagte, was meine Feinde von mir verlangten, daß ich sage. Andere Ritter, die ihre Schuldbekenntnisse widerriefen, wurden auf den Scheiterhaufen geführt. Doch der Gedanke zu sterben ist nicht so schrecklich, als daß ich widerwärtige Verbrechen gestehe, die nie begangen wurden. Mir wurde das Leben angeboten, aber um den Preis der Infamie. Einen solchen Preis ist das Leben nicht wert. Es grämt mich nicht, sterben zu müssen, wenn Leben nur durch die Anhäufung von Lügen erkauft werden kann.«

Ein Tumult brach aus, als auch die anderen drei Templer-Offiziere ihre Unschuld beteuerten, und ein vor Wut rasender Philipp IV. ordnete ihre sofortige Hinrichtung an. Noch am selben Abend wurden die vier Tempelherren auf einer kleinen Insel in der Seine auf dem Scheiterhaufen verbrannt. Um die Qual zu steigern, wurde sehr trockenes Holz ausgewählt, das, zusammen mit Holzkohle, eine intensive Hitze erzeugte und die Ritter buchstäblich zu Tode röstete. Doch noch auf dem Scheiterhaufen bekannte de Molay seine Unschuld und verfluchte König Philipp und Papst Clemens zum Tod – innerhalb eines Jahres. Der Papst starb tatsächlich einen Monat später und Philipp der Schöne im November desselben Jahres!

Die Zerschlagung des Templerordens warf eine Reihe von Fragen auf. So war der Verhaftungswelle am 13. Oktober 1307 eine rege Aktivität der Ordensritter vorausgegangen: Geheime Dokumente wurden verbrannt, Schätze von einem Ort an einen anderen verlagert, und die in der französischen Hafenstadt La Rochelle stationierte große Templerflotte war bereits ausgelaufen, als der Befehl Philipps seine Seneschalle erreichte. Waren die Templer gewarnt worden, hatten sie ihre größten Schätze vorher in Sicherheit gebracht? Aber wohin? Etwa nach Schottland? Möglicherweise. Denn die Verfolgung der Templer wurde auf den Britischen Inseln sehr nachlässig betrieben. Nur wenige Templer wurden verhaftet, es gab keine Verhöre, und die »Häftlinge« wurden nach kurzer Zeit zu mehrjährigen »Bußaufenthalten« in Klöster und Abteien anderer Orden geschickt, wo sie ein beschauliches Leben erwartete.

Abgesehen davon wurde die päpstliche Bulle in Schottland nie verkündet. Das Land befand sich gerade im Krieg mit England, und so kam jeder tapfere Kämpfer gerade recht. Im Jahr 1314 sollen Templer an der Seite des schottischen Königs Robert Bruce gegen England gekämpft, und Gerüchten zufolge soll der Orden in den Highlands bis ins 17. Jahrhundert fortbestanden haben. Als die Anhänger des schottischen Königs aus dem Hause Stuart 1689 gegen Wilhelm von Oranien kämpften, fiel John Claverhouse, Viscount of Dundee, in der Schlacht von Killiecrankie. Nachdem seine Leiche geborgen worden war, stellte sich heraus, daß er das Großkreuz des Templerordens trug. Das südöstlich von Edinburgh gelegene Schloß Rosslyn, Stammsitz der Sinclairs, könnte somit Zentrum dieses geheimen Templerordens gewesen sein. In der Tat waren die Sinclairs mit dem Templerorden seit seiner Gründung eng verbunden. Hugo de Payens, der Begründer des Ordens, war mit einer Sinclair verheiratet gewesen, bevor er seine Familie verließ und Ehelosigkeit gelobte. Als er dann 1128 nach England reiste, um junge britische Adlige für den Orden zu gewinnen, waren Sinclairs unter den ersten, die ihm folgten.

Die ursprünglich als Seitenflügel einer Kathedrale geplante, 1446 errichtete Kapelle von Rosslyn gilt als das vollkommenste Beispiel gotischer Architektur in Großbritannien und enthält zahlreiche Symbole und Ornamente, die sonst nur aus französischen Kathedralen bekannt sind. Nicht zuletzt sind die Grabsteine der Sinclairs aus dem 15. und 16. Jahrhundert mit Templerkreuzen und -schwertern geschmückt und zeugen so von einer Fortsetzung der Templertradition.

Um 1395 brach Sir Henry Sinclair, Earl of Orkney, mit dem venezianischen Seefahrer Antonio Zeno nach Westen auf. Dort trafen sie auf ein weites Land mit wilden, halbnackten Ureinwohnern. Entdeckten sie Amerika? Erst eine in Westford, im nordöstlichen US-Bundesstaat Massachusetts gefundene Felsritz-Zeichnung bestätigte diese These. Sie zeigt nämlich einen Ritter des 14. Jahrhunderts mit Helm, Schwert und Schild. Auf dem Schild ist ein Wappen erkennbar – ein Schiff mit einem Stern. Es ist das Wappen eines schottischen Clans: das der Gunns von Caithness.

Auch in Portugal überlebte der Templerorden, wenngleich er 1318 in »Christusorden« umbenannt wurde. Er widmete sich insbesondere der Seefahrt. Vasco da Gama, der als erster Afrika umsegelte, war ein Ritter Christi und Prinz Heinrich der Seefahrer ein Großmeister des Ordens. Da Christoph Kolumbus mit der Tochter eines ehemaligen Ritters des Christusordens verheiratet war, gingen dessen Seekarten und Logbücher in seinen Besitz über, und um keinen Irrtum aufkommen zu lassen, waren die Segel der drei Schiffe, mit denen Kolumbus gen Westen aufbrach – Nina, Pina und Santa Maria – mit dem roten achtzackigen Kreuz der Templer geschmückt.

Waren die Templer – zumindest nach den Wikingern – die wahren Entdecker Amerikas? Dem Templerexperten Louis Charpentier zufolge steht das Geheimnis für den Reichtum der Templer und die Finanzierung des Kathedralenbaus in Europa in engem Zusammenhang mit der Entdeckung Amerikas durch den Orden und die Ausbeutung der mexikanischen Silberminen. Im ausgehenden Mittelalter war Silbergeld die gängige Münzwährung. Aber woher kam das Silber? In Europa gab es nur wenige Silberminen, und die in Deutschland vorhandenen waren zu diesem Zeitpunkt noch nicht erschlossen. Auch die russischen Silberminen wurden erst später entdeckt. Die meisten aber liegen in Mexiko und Nordamerika ... Vor dem 12. Jahrhundert war Europa arm. Geld war rar. Doch zwischen dem 12. und 14. Jahrhundert änderte sich die Situation mit zunehmendem Wohlstand und ermöglichte außergewöhnliche Unternehmungen wie die Seefahrt. Ausgangshafen für diese frühen Transatlantikfahrten war La Rochelle, der Heimathafen der Templerflotte. Aus allen Teilen des Landes führten sechs der wichtigsten Straßen Frankreichs nach La Rochelle.

In den Legenden Mexikos und insbesondere des Yucatán, wo die Silberminen liegen, wird davon berichtet, daß im 11. oder 12. Jahrhundert an der Ostküste des Landes ein Fremder landete. Die Maya nannten ihn »Kukulkan« (»die gefiederte Schlange«), bei den Azteken hieß er Quetzalcoatl. Wurden damit die normannischen Drachenboote umschrieben? Jene, wahrscheinlich von den Templern wegen ihrer ausgezeichneten Hochseetüchtigkeit benutzten Schiffe mit dem Schlangen-(Drachen-)Kopf und Rudern (»Federn«) an der Seite? So wußten die Maya, daß Kukulkan ein weißes Gewand trug, von weißer Hautfarbe war, blaue Augen und einen Bart hatte.

Er schaffte das rituelle Menschenopfer ab und lehrte den Glauben an den einen Gott, bevor er in seinem »Schlangenboot« wieder gen Osten verschwand. Als die Spanier im 16. Jahrhundert in Mexiko landeten, wurden sie als Abgesandte Kukulkans begrüßt. Zu ihrer Verwunderung fanden sie an den Wänden der Tempelpyramiden der Maya das gleichseitige Kreuz der Templer vor.

Aber woher wußten die Tempelritter von den Ländern westlich des Atlantiks? Vielleicht waren sie im Heiligen Land in den Besitz uralter Karten gelangt. Jener Karten, die später auch arabischen Kartographen, wie 1513 dem Seeadmiral Piri Reis und 1559 Hadji Ahmed, als Vorbild dienten. Die Piri-Reis-Karte wurde 1929 bei Katalogisierungsarbeiten im Topkapi-Palast der osmanischen Herrscher in Istanbul entdeckt. Darauf sind nicht nur die Küsten Afrikas und Europas in unglaublicher Präzision dargestellt, sondern auch Mittel- und Südamerika einschließlich der Anden, die »offiziell« erst 1530 durch Francisco Pizarro »entdeckt« wurden. Die »Neue Welt« erscheint allerdings auf eine Weise verzerrt, als sei sie aus großer Höhe »aufgenommen« worden. Als der amerikanische Geophysiker Charles Hapgood sie mit modernen Karten in »azimutal-äquidistanter Projektion« verglich, kam er zu einer unglaublichen Schlußfolgerung: Die Piri-Reis-Karte zeigt die Welt so, wie sie etwa von einem Satelliten hoch über Kairo – oder besser gesagt, über der Cheopspyramide – gesehen würde. Sie enthält auch einen Schlüssel, der auf ihr Alter schließen läßt. Denn unterhalb von Feuerland ist die Nordküste der Antarktis, die seit 11000 Jahren unter ewigem Eis liegt, mit äußerster Präzision festgehalten. Erst 1957/58 wurden im Rahmen des »Internationalen Geophysikalischen Jahres« gründliche Vermessungen des Südatlantiks und Sonarortungen unter dem »ewigen Eis« durchgeführt, um die Genauigkeit der Piri-Reis-Karte zu beweisen.

Die Weltkarte des Hadji Ahmed aus dem Jahre 1559 ist allerdings noch präziser, da sie den amerikanischen Kontinent und die Antarktis nicht nur exakt wie moderne Karten wiedergibt, sondern auch eine Landbrücke zwischen

Alaska und Sibirien zeigt. Diese gab es tatsächlich einmal, nämlich vor 11000 Jahren. Um 1559 verfügten nicht einmal die Spanier über derart genaue Karten der von ihnen aufs neue entdeckten Länder. Es dauerte ein gutes Jahrhundert, bis ein Europäer die amerikanische Westküste auch nur annähernd so genau kartographierte wie Hadji Ahmed.

Es hat sich gezeigt, daß die Templer über ausgezeichnetes Kartenmaterial verfügten. So weisen die sogenannten »Portolan-Karten« aus dem 13. Jahrhundert, Seekarten, auf denen die wichtigsten Häfen Europas und Nordafrikas verzeichnet sind, keinerlei Abweichungen von der Wirklichkeit auf, die über ein Grad hinausgehen. Damit sind sie aber genauer als moderne Straßenkarten. Die verborgenen Daten in der Kathedrale von Chartres beweisen, daß die Templer von der Kugelgestalt der Erde wußten und ihren Umfang recht präzise berechnen konnten. Woher aber stammte all ihr Wissen?

Die Ankläger des Templerordens hatten dazu ihre eigene Version, derzufolge die Templer ein Idol verehrten, das ihnen Fragen beantwortete und geheimes Wissen vermittelte. So hieß es in der Anklageschrift gegen den Tempelherrenorden unter anderem: »... sie besaßen in allen Provinzen Götzenbilder – das heißt Köpfe –, die teils drei, teils aber auch nur ein einziges Gesicht hatten ...; daß sie in den Versammlungen, vor allem in den großen Kapiteln, dieses Bildnis wie einen Gott, wie ihren Erlöser verehrten und behaupteten, dieser Kopf könne sie erretten. Er gewähre dem Orden alle Reichtümer, bringe die Bäume zum Blühen und die Pflanzen der Erde zum Sprießen.« Dieses Idol wird als »Kopf aus Kupfer« beschrieben, »der in Orakelform Fragen beantwortete«. »In den Augenhöhlen leuchteten Karfunkelaugen wie die Helle des Himmels.« Seine Oberfläche

»glänzte wie vergoldetes Silber«. Er ist »ein Freund Gottes, der mit Gott spricht, wann er will«, sein Name lautet »baffometi«, »Baphomet« –, und über diesen Namen ist seither viel gerätselt worden. Die wohl sinnvollste Deutung wäre, darin eine Verballhornung des arabischen Wortes »abu fihamet« (»Vater der Weisheit«) zu sehen, das im maurischen Spanien wie »bufimihat« ausgesprochen wurde. Vielleicht ist es aber auch nur eine Verstümmelung des Namens »Mahomet«, also »Mohammed«. So wurden im französischen Languedoc die Moscheen »baphomeries« genannt.

Im Mittelalter waren solche »Köpfe des Mahomet« bekannt, computerartige Automaten, die Fragen beantworteten. So wird von Papst Sylvester II. berichtet, er habe einen solchen Kopf, der imstande war, Fragen mit »ja« oder »nein« zu beantworten, aus dem maurischen Spanien nach Rom mitgebracht. Nach dem Geheimnis befragt, erklärte der Papst, der Kopf sei keineswegs ein Teufelswerk, sondern eine Art Automat, der (wie ein binärer Computer) nach einem Rechensystem mit zwei Zahlen arbeite. Auch Albertus Magnus (oder Albert von Köln) soll einen »ehernen Kopf« besessen haben, »welcher habe reden, und von dem er verborgene Dinge, und alles, was er zu wissen verlangte, habe erfahren können«. Er verbarg ihn im Dominikanerkloster zu Köln in einer Ecke seiner Zelle hinter einem Vorhang. Eines Tages betrat sein Schüler Thomas von Aquin die Zelle, als der Meister gerade nicht da war. Obwohl Albertus es strikt verboten hatte, schaute er neugierig hinter den Vorhang. Da stand der metallene Kopf auf einer Säule und begann unvermutet in einer fremden Sprache zu »reden«. Thomas erschrak, glaubte an ein Teufelswerk, griff nach einem Stock und zerschlug das Bildnis. In diesem Augenblick kam Albertus Magnus zurück und sah, was sein Schüler angerichtet hatte. »O Thomas, du hast mir ein Werk zerbrochen, daran ich dreißig Jahre gearbeitet habe«, schrie er ihn an.

Natürlich war dieser Kopf keine Erfindung des Albertus Magnus. Diese »sprechenden Köpfe« gab es vielmehr schon in biblischer Zeit, wo sie »Teraphim« genannt wurden – »zum Leben erweckter Geist«. Ein Wort, dessen Wurzel das sumerische »Tirhu« ist, wörtlich »Gerät für magische Zwecke«. Teraphim waren Orakel-Idole, Köpfe aus Stein (Edelstein, Kristall?), die Fragen beantworteten. Der Orakelpriester Terah, Abrahams Vater, soll solche Teraphim hergestellt haben, und es ist anzunehmen, daß sein Sohn auf seiner Wanderung nach Palästina einige Teraphim bei sich trug. Schließlich berichtet das jüdische »Buch der Jubeljahre« über Abraham: »Er wuchs auf und lebte unter den Chaldäern. Sein Vater lehrte ihn das Wissen der Chaldäer, die Praxis der Divination beziehungsweise Befragung der Götter und die Astrologie nach den Zeichen der Himmel.« Jedenfalls erwähnt Genesis 31, daß Jakob, der Enkel Abrahams, beschuldigt wurde, die Teraphim seines Onkels Laban gestohlen zu haben; tatsächlich aber hatte Labans Tochter Rachel die »Hausgötzen« in der Satteltasche ihres Kamels versteckt. Später vergrub Jakob die Teraphim in Sichem, einem heiligen Ort im Lande Kanaan; von dort aus wurden sie möglicherweise (durch Joseph) nach Ägypten gebracht.

Wahrscheinlich gelang es erst Moses, sie wieder in den Besitz des Volkes Israel zu bringen. Sicher ist, daß Archäologen im Nahen Osten auf Dutzende sogenannter »Augenidole« stießen, kopfförmige Statuen mit leeren »Augenhöhlen«, die einst für heilige »Orakelsteine« vorgesehen waren. Diese Steine aber belebten das Idol – ermöglichten den Kontakt zu den Göttern. Wie die mosaischen Orakelsteine »Urim und Thummim« konnten sie ebenfalls auf der

Brustplatte des Hohenpriester-Gewandes getragen werden. Auch dort funktionierten sie durch eine Art von binärem Code. Leuchtete Urim bei einer Frage auf, bedeutete dies »Nein«; blinkte Thummim, hieß das »Ja«. Diesen Orakelsteinen wurde so große Bedeutung zugeschrieben, daß Josua sie vor jeder strategischen Entscheidung befragte. Der Hinweis des Flavius Josephus (1. Jahrhundert): Die Steine strahlten »ein Licht aus ..., das sogar noch aus großer Entfernung gesehen werden konnte«, beweist, daß es sich um keine »normalen« Edelsteine handelte. Das wiederum ergibt gewissermaßen einen Zusammenhang mit den sumerischen »MEs«, den »Steinen des Schicksals«. So trug die Göttin Ishtar ein »ME« auf der Brustplatte ihres Gewandes, das den Namen »Komm, komm« trug – heute möglicherweise in: »Roger, bitte melden« zu übersetzen. Offensichtlich ging es um Kommunikationsgeräte. »Das ME ist vollkommen, seine Worte sind huldvolle Orakel, die dazu da sind, gesprochen zu werden«, wußten die Sumerer. Irdische MEs wurden unter anderem in der DIR.GA – in der »dunklen, glühenden Kammer« auf der Spitze der Zigurat, der Stufenpyramide von Nippur, aufbewahrt, jener Stadt zwischen Euphrat und Tigris im Zweistromland, um von dort aus die DUR.AN.KI (»Verbindung Himmel–Erde«) aufrechtzuerhalten. Aus dem zum Königreich von »Ur in Chaldäa« gehörenden Nippur stammte auch Abraham, von den Moslems »Ibrahim« genannt, auf den das Volk der »Ibri« (Hebräer) zurückgeht. Der Ursprung des Wortes »Ibri« aber ist die sumerische Bezeichnung NI.IB.RI, »Abkömmling von Nippur«. Nippurs Hauptgott aber war der sumerische Himmelsgott EN.LIL oder »ili« beziehungsweise »ilulu« in der Volkssprache der Akkadier, und Abrahams Vater war dessen Priester. Abraham nannte seinen Gott »EL«, Mohammed den seinen »Allah«. Auch der jüdische Kalender hat seinen Ursprung in Nippur.

Im Jahr 3761 v. Chr., dem »Jahr 0« der Juden, wurde in Nippur der Kalender eingeführt und mit der Zählung der Jahre begonnen. Der Ursprung der jüdischen Kultur liegt also im uralten Land Sumer zwischen Euphrat und Tigris. Von dort brachte Abraham die Teraphim mit, die den Juden fortan Zugang zu geheimem Wissen ermöglichten. Während seines vierzigjährigen Wüstenaufenthalts gelangten sie in den Besitz von Moses, der durch sie mit seinem Gott kommunizierte. (War der »brennende Dornbusch« etwa in Wirklichkeit ein »leuchtender Stein«?). Zum Schutz der Teraphim fertigte Moses die Bundeslade an; und das ihnen entnommene Wissen verschlüsselte er in den Texten der Kabbala. Später kamen westliche Mönche hinter das Geheimnis, möglicherweise Papst Sylvester I., der Visionär der Kreuzzüge. Eine Elitetruppe beschloß dann, die Teraphim zu suchen, zu finden und zu hüten. So entstand schließlich der Templerorden.

Mit Hilfe weiser Rabbiner übersetzten die Zisterziensermönche die alten kabbalistischen »Gebrauchsanweisungen«. Daß den Rabbinern die Kunst der Anfertigung eines Teraphim noch zu Beginn der Neuzeit bekannt war, beweist die Geschichte vom Rabbi Jehuda ben Bezalel, alias Rabbi Löw aus Prag. Er konstruierte den »Golem«, einen künstlichen Menschen, und »belebte« ihn mit einem Zauberspruch oder -stein, den er ihm in den Mund schob. Aber woher stammte das Wissen um diese Vorzeit-Computer? Und mit wem fand die Kommunikation statt?

»Wenn die geformte Statue vom Licht der Sterne erfüllt sei, würde es sie mit den Intelligenzen dieser fernen Sterne und Planeten in Kontakt bringen, da sie die Sterne als Instrument benutzten«, behaupteten die Verehrer der Teraphim. »Auf diese Weise lehrten die Teraphim die Menschen viele nützliche Künste und Wissenschaft«, wußte noch der jüdische Philosoph Maimonides (12. Jahrhundert), ein Zeitgenosse der ersten Templer, zu berichten. Dienten die Teraphim der Kontaktaufnahme mit außerirdischen Intelligenzen? Die Geschichte von Sumer, der Heimat Abrahams, gibt darüber Aufschluß. Den Schlüssel dazu zeigt uns die Bibel, wo es in 1. Mos. 10,8–10 heißt: »Und Kusch zeugte Nimrod. Dieser war der erste Gewaltherrscher auf Erden ... Am Anfang seiner Königsherrschaft war Babel, Erech, Akkad und Kalne im Lande Sinear.«

1840 wurde der Engländer Henry Austen Layard vom Britischen Museum in London beauftragt, am Tigris einen Hügel zu untersuchen, den die Einheimischen »Birs Nimrud« nannten. War hier die biblische Stadt Nimrod verborgen? Im Verlauf seiner Grabung stieß Layard wirklich auf die Überreste einer riesigen antiken Stadt. Aber es war nicht Nimruds Stadt, sondern Kalhu, ein assyrisches Militärzentrum. Bei einer zweiten Grabung im Nordirak, nahe der Stadt Mossul, entdeckte Layard Ninive, die in der Bibel erwähnte Königsstadt der Assyrer. Sie verdankte ihren Glanz König Sanherib, der – wie die Bibel berichtet – nach der Belagerung von Jerusalem durch einen Engel des Herrn zur Rückkehr in seine Heimat gezwungen wurde. Doch Layard entdeckte noch weitaus Wichtigeres als die Überreste einer riesigen antiken Stadt, nämlich 25 000 Täfelchen aus gebranntem Ton – die Bibliothek eines anderen Assyrerkönigs, die des Assurbanipal. Dieser hochgebildete Herrscher des 7. vorchristlichen Jahrhunderts hatte seine Schriftgelehrten beauftragt, alle überlieferten Texte aus der Vorzeit zusammenzutragen, zu übersetzen und zu kopieren. Einige davon trugen den Vermerk: »Übersetzt aus der Sprache von Schumer.« Als die Orientalisten in den folgenden Jahren Tafel für Tafel in mühsamer Kleinarbeit entzifferten, wagten sie ihren Augen kaum zu trauen: Es waren nicht nur die Namen einer ganzen Reihe biblischer Herrscher und Städte festgehalten, darunter Akkad und Erech, das in Wirklichkeit Uruk hieß, sondern auch »Legenden«, die sich als direkte Urtexte biblischer Berichte erwiesen; beispielsweise jene von der Erschaffung des Menschen, die vom Turmbau zu Babel und von der Sintflut. Das aber bedeutet, daß es sich beim 1. Buch Moses nicht etwa um eine literarische Fiktion handelt, sondern um die korrekte Überlieferung der Mythen und Chroniken einer untergegangenen Zivilisation, deren Ursprung »in den Tagen vor der Flut liegt« – wie es in den Tafeln des Assurbanipal heißt. Selbst der biblische Nimrod konnte als historische Persönlichkeit identifiziert werden. Denn er war kein Geringerer als Sargon von Akkad, der um 2400 v. Chr., dank der Gnade seines Gottes und der Stärke seiner Truppen, die sumerischen Stadtstaaten der Reihe nach eroberte, darunter Uruk und auch Ur, die Stadt Abrahams. Dieser Nimrod war ohne jeden Zweifel der erste Eroberer und »Gewaltherrscher auf Erden«.

Durch die sensationellen Entdeckungen ermutigt, setzten die Archäologen ihre Grabungen fort. Nach und nach fanden sie die Städte des biblischen Königs – eine nach der anderen: Südöstlich von Akkad stießen sie auf Kisch, noch südöstlicher, bei Warka, fanden sie die Überreste von Uruk. Aber je weiter sie in Richtung Südosten vorstießen, um so älter wurden die Städte, deren Mauern aus Lehmziegeln unter gewaltigen Schutthügeln begraben waren. Noch weiter im Süden, dort, wo einst die Küste des Persischen Golfs verlief, wurde schließlich Ur, die Stadt Abrahams, entdeckt. Der beeindruckendste Fund aber war eine mächtige Tempelpyramide aus Lehmziegeln, »Ziggurat« genannt, deren Grundmauern über fünftausend Jahre alt waren und die ältesten Funde in Ägypten übertrafen. Das Land Schumer oder Sumer, die älteste Kultur auf Erden, hat es also tatsächlich gegeben.

In den folgenden Jahrzehnten waren die Archäologen mit der Auswertung Abertausender aufgefundener Lehmtafeln und mit weiteren Ausgrabungsfunden beschäftigt. Sie kamen zu verblüffenden Ergebnissen über die Sumerer. Denn allem Anschein nach dürfte diese älteste Hochkultur auf Erden gegen 3800 v. Chr. aus dem Nichts aufgetaucht sein. Ohne Vorstufen, ohne einen erkennbaren Prozeß der Kultivierung, verfügten sie plötzlich über alles, was eine Zivilisation ausmacht. Sie hatten ein ausgeklügeltes Bewässerungssystem für die Landwirtschaft, eine hochentwickelte Seefahrtkultur, Schulen und Universitäten, auf deren Lehrplan Astronomie, Astrologie und Mathematik, Geographie und Botanik, Mineralogie und Architektur, Literaturwissenschaften und Theologie, Medizin und Politologie standen; Krankenhäuser, Vergnügungsviertel, Kneipen, in denen über 60 verschiedene Sorten Bier ausgeschenkt wurden, und das erste Zweikammerparlament. Die Sumerer waren Erfinder der ersten, aus Piktogrammen bestehenden Schrift. Ihre Mathematik basierte auf dem Sexagesimalsystem, sie teilten den Kreis in 360 Grad ein, den Tag in zweimal zwölf, also 24 Stunden und das Jahr in 365,24 Tage und zwölf Monate. Ihre Chroniken reichen bis ins Jahr 426000 v. Chr. zurück. Die Chirurgen der Sumerer führten komplizierte Gehirnoperationen durch und desinfizierten mit »kuhlu«, wie sie den Alkohol nannten. Ihre Sternenkarten verzeichneten zehn statt der uns bekannten neun Planeten. Sie wußten von der Größe Jupiters und Saturns, bezeichneten Uranus und Neptun treffend als »grünlich-blaue Zwillingsplaneten«. Doch wem verdankten die Sumerer, das Volk, das aus dem dunkeln kam, ihr unglaubliches Wissen? Was ist in ihren Chroniken über ihren Ursprung festgehalten?

So heißt es beispielsweise in der sumerischen Genesis: »Als das himmlische Königtum vor der Flut auf die Erde kam, entfaltete es sich zuerst in Eridu. Der Herr der Wassertiefe, Enki, erbaute sein Haus, in Eridu erbaute er das Haus der Erde im Wasser.« Enki, der »Herr der Erde«, war der erste der sumerischen Götter, die »vom Himmel herabstiegen«, von einem Planeten »in der Himmelsmitte« namens NI.BI.RU (»Planet der Durchquerung«), der, wie ich in »Adams Planet« nachwies, einst zwischen Mars und Jupiter kreiste, dort, wo heute die Asteroiden ihre Bahn ziehen. Enki war der Oberbefehlshaber der mit ihm auf der Erde gelandeten »Anunakki«, wörtlich: »jene, die vom Himmel (Anu) zur Erde (ki) kamen«. Fortan kolonisierten sie den Planeten, legten die Sümpfe an der Mündung von Euphrat und Tigris trocken und erbauten auf künstlich aufgeschüttetem Boden Eridu, die erste Stadt auf Erden. Die Stadt, von der unser Planet seinen Namen erhielt. »E.RI.DU« heißt wörtlich »Fern erbautes Haus«, und das Wort Erde hat darin seinen Ursprung. Im Aramäischen heißt es »Ereds«, auf Kurdisch »Erd« oder »Ertz« und »Eretz« auf Hebräisch. Im sumerischen »Mythos von Enki und der Ordnung des Landes« berichtet Enki selbst von der Kolonisierung der Erde:

»Als ich mich ihren grünen Wiesen näherte,
wurden auf meinen Befehl
Haufen und Hügel aufgetürmt.
Ich baute mein Haus an einem sauberen Ort.
Sein Schatten erstreckt sich über den Schlangensumpf ...
Der Karpfen wedelt darin mit dem Schwanz
zwischen den kleinen Gräsern.«

Weiter heißt es:

»Er bezeichnete das Sumpfland,
setzte Karpfen und andere Fische hinein,
bezeichnete das Schilfdickicht,

setzte Röhricht und grüne Gräser hinein.
Enbilulu, dem Aufseher der Kanäle,
übertrug er die Verantwortung für die Sumpfländer ...
Enkimdu, demjenigen der Gräben und Deiche,
übertrug Enki die Verantwortung über diese.
Ihm, dessen Wissen die Form bestimmt,
Kulla, dem Ziegelmacher des Landes,
übertrug Enki die Verantwortung für Form und Ziegel.«

Das Land, das er so kultivierte, nannte er E.DIN, »Heim der Gerechten«. Hier errichteten die Anunnaki die ersten Städte. »Die Anunnaki arbeiteten. Axt und Tragekörbe, mit denen sie die Fundamente der Städte legten, hielten sie in den Händen.« So entstand ein ganzes Netz von Städten, von denen jede ihre eigene Funktion hatte. BAD.TIBIRA (»Heller Ort, an dem die Erze verarbeitet wurden«) war die Eisenhüttenstadt des Landes Edin, das Zentrum der Metallverarbeitung; bei LA.RA.AK (»Den glänzenden Schein sehen«) handelte es sich um eine Art Leuchtfeuer mit Radarstation; SIPPAR (»Vogelstadt«) war der Raumflughafen; SHU.RUP.PAK (»Ort des höchsten Wohlbefindens«) stellte das medizinische Zentrum dar.

Während Enki nach wie vor in Eridu residierte, errichtete EN.LIL (»Herr über das Wort«), der die Raumflüge zwischen Nibiru und Erde koordinierte, die Stadt NIBRU.KI (»Nibirus Platz auf der Erde«) zu seiner Repräsentanz. Ihre Ziggurat trug eine DIR.GA (»Dunkle, glühende Kammer«) auf der Spitze, in der die »Embleme der Sterne«, aber auch ein ME aufbewahrt wurden. Dank ihm konnte die (Verbindung Himmel – Erde) DUR.AN.KI aufrechterhalten werden. NIBRU.KI freilich ist nichts anderes als Nippur – die Stadt von Abrahams Vater Terah. »Von Anu kommend, seine Anweisung befolgend, setzte er dreihundert Anunnaki am Himmel als Wächter ein, um vom Himmel aus die Wege der Erde zu ergründen; und auf der Erde ließ er sechshundert wohnen. Nachdem Enlil alle Anunnaki des Himmels und der Erde mit Anweisungen versehen hatte, verteilte er die Ämter.«

Als den Anunnaki »die Arbeit zu schwer wurde«, so heißt es in der sumerischen Schöpfungsgeschichte, beschlossen sie, einen »lulu amelu« zu schaffen, einen »primitiven Arbeiter«. Dazu mischten sie genetisches Material der »Götter« mit dem der bereits auf der Erde lebenden »Vormenschen« und veredelten das »Produkt« durch weitere genetische Manipulation. Den ersten »lulu« nannten sie »adamu« – »Von der Erde«. Nach einiger Zeit siedelten sie auch im Umfeld ihrer Städte »adamus« an, so im Lande E.DIN, aus dem inzwischen ein regelrechter Garten geworden war.

Nach der erfolgreichen Züchtung einer genügenden Anzahl von »lulus« mußten diese den »Garten der Götter« wieder verlassen, um in die Bergwerksregion im Sagros-Gebirge, »östlich von Eden«, umgesiedelt zu werden. Erst nach der Sintflut stiegen sie von den Bergen wieder hinab in das Tal der Götter, errichteten nach deren Vorgaben neue Zikkurate, während der Raumflughafen auf die Halbinsel Sinai und die Plattform von Baalbek im Libanon verlegt wurde. Fortan nannten die Menschen dieses Land »Schumer« – das »Land der Wächter«. Jetzt errichteten sie den Göttern Ziggurate, Tempelpyramiden, auf deren Spitze das »Haus« des jeweiligen Stadtgottes lag, etwa vergleichbar einem Penthouse unserer Tage. Ein frisches Bett, Nahrung, Bier oder Wein und ein Mädchen warteten darauf, daß der Gott in seinem »Himmelsboot« oder »Mu« (»Das, was sich kerzengerade erhebt«), auf der Plattform vor dem »Haus der Götter« landete. Wenn er die Stadt besuchte, setzte er Könige ein oder unterwies die Priester-Gelehrten. Damit »sein« Volk jederzeit mit ihm Verbindung aufnehmen konnte, hinterließ er die »Teraphim«, sprechende Köpfe, die nicht nur mit einer Art Mikrochip – einem ME – versehen waren, sondern die es ihm auch ermöglichten, wie über ein Sprechfunkgerät zu kommunizieren.

Abraham verließ das »Land der Wächter« gerade noch rechtzeitig vor dem Untergang der sumerischen Kultur, als wilde Bergvölker über das reiche Land zwischen Euphrat und Tigris herfielen und die »Götter« miterleben mußten, wie ihr Erbe einem Feuersturm der Vernichtung zum Opfer fiel. War der Gott, der Abraham in das Land Kanaan führte, einer der »Wächter von Eden«, mit denen der Patriarch – wie bereits sein Vater – durch die Teraphim sprechen konnte?

V *Die heilige Geometrie*

Hatten die Väter des Templerordens von der Existenz und dem Versteck der Bundeslade erfahren? Waren ihnen Informationen über die MEs zugespielt worden? Brachen sie nach Jerusalem auf, um in den Höhlen unter dem Salomonischen Tempel danach zu suchen? In einer der bekanntesten Dichtungen des Mittelalters wird berichtet, daß sich die Kunde vom »Stein der Weisen« vom maurischen Spanien aus in Europa verbreitete. Unbehelligt von den toleranten Arabern, entwickelten sich dort, besonders in Toledo und Córdoba, fruchtbare jüdische Enklaven, in denen die Kabbala, die jüdische Geheimlehre, unterrichtet wurde. Ihr bekanntester Vertreter war Maimonides (1135 bis 1204), der nicht nur von der Funktion der Teraphim wußte, sondern auch vom Versteck der Bundeslade »in einer geheimen Höhle tief im Tempelberg«. Da auch Sylvester II., der dem Benediktinerorden angehörende Papst des Jahres 1000, einen »sprechenden Kopf« aus Spanien mitgebracht hatte, ist anzunehmen, daß es einen regen Austausch zwischen der mittelalterlichen Ordenselite und den weisen Rabbinern des maurischen Spanien gab. In Toledo nahm auch die Geschichte vom Heiligen Gral ihren Anfang. So berichtet Wolfram von Eschenbach (1170–1220) im »Parzival«:

»Kyot, der wohlbekannte Meister,
fand zu Toledo verworfen

in heidnischer Schrift
die Urfassung der Aventüre.
Den Sinn des Alphabets
mußte er zuerst lernen,
und außerdem die Schwarze Kunst.
Es half ihm, daß er getauft war,
andernfalls wäre diese Märe noch heute unvernommen.
Keine heidnische List würde uns dazu verhelfen,
von des Grales Art zu künden,
wie man seiner Geheimnisse inneward.«

Also erfuhr »Kyot der Provenzal« vom Heiligen Gral. Heute ist bekannt, wer »Kyot« war – nämlich Guiot de Provins, ein Mönch und Troubadour, der in der Provence lebte und Liebeslieder, Schmähschriften gegen die Kirche, Lobpreisungen auf den Templerorden und satirische Verse verfaßte. Anläßlich der von Friedrich I. (Barbarossa) 1184 zu Ehren seiner Söhne veranstalteten pfingstlichen Ritterspiele weilte Guiot in Mainz, wo er wahrscheinlich Wolfram traf. Er muß in dem deutschen Minnesänger eine verwandte Seele vermutet haben, denn er beschloß, ihm eine Geschichte anzuvertrauen, die er vor Jahren bereits Chrétien de Troyes offenbart hatte, der sie aber verfälscht wiedergegeben habe. Chrétien (etwa 1140–1190) verfaßte um 1174 den »Perceval«, die erste Version des Gralsepos. Bis 1173 lebte er am Hofe von Graf Henri de Champagne, dem Enkel von Hugo de Champagne und Mitbegründer des Templerordens. In welcher Hinsicht hatte er das Gralsepos nun verfälscht? Der schwerwiegendste Unterschied zwischen der Gralssage von Chrétien de Troyes und Wolfram von Eschenbach betrifft den Gral. Chrétiens Gral ist ein edelsteingeschmückter Kelch, der Eschenbachsche aber ein Stein »von ganz reiner Art ... Er heißt Lapsit exillis. Der Stein wird auch Gral genannt«.

In Toledo, so Wolfram von Eschenbach, war Guiot de Provins in den Besitz einer uralten Niederschrift gelangt, die vom Ursprung dieses »Zaubersteines« berichtete:

»Ein Heide, Flegetanis,
einst hochberühmt durch seine Künste,
dieser Kenner der physischen Natur,
war geboren zur Zeit Salomos*
aus israelischer Sippe
in alter Zeit, bevor unser Schild
die Taufe wurde gegen das Höllenfeuer.
Der schrieb von der Aventüre des Grals.
Väterlicherseits war er ein Heide,
Flegetanis, der ein Kalb
anbetete, als wäre es sein Gott ...
Flegetanis, der Heide,
konnte uns wohl erklären,
wie jeglicher Stern untergeht
und wieder aufgeht,
wie lange er entlangzieht,
ehe er wieder an seiner Stätte steht.
Mit dem Umlauf der Sterne
wird auch bestimmt aller Menschen Art,
Flegetanis, der Heide, sah,
– davon sprach er nur mit Scheu –
in den Sternen mit seinen Augen
geheimnisvoll Verborgenes.
Er sagte, es hieße ein Ding ›der Gral‹,
dessen Namen er deutlich gelesen hatte.

* Wörtlich: »was geborn von Sélmòn«; da wir aber später erfahren, daß Flegetanis' Vater ein Heide war, der – wie die Phönizier – ein Kalb anbetete, kann der Hinweis auf Salomo nur eine Zeitangabe sein.

Eine Schar ihn auf der Erde ließ,
die fuhr auf hoch über die Sterne,
weil ihre Unschuld sie zurück zog.
Seither pflegt ihn getaufte Frucht,
mit Keuschheit und in reiner Zucht.
Die Menschen sind es immer wert,
die sich der Gral zum Dienst begehrt.«

Wer war dieser Flegetanis, der Naturforscher und Astrologe aus der Zeit Salomos; der Sohn einer Jüdin und eines Heiden, der »ein Kalb«, also den Gott Baal anbetete? Der Überlieferung nach gibt es nur einen, auf den diese Beschreibung zutrifft: Hiram Abif, den Nachkommen des Hermes Trismegistos und Architekten vom Tempel des Salomo. Er war der Sohn eines Phöniziers und einer Jüdin aus dem Stamm Naphtali, der »Sohn der Witwe« der freimaurerischen Legenden, mit dem das geheime Meisterwort verlorenging.

Wie bereits erwähnt, dienten die Teraphim, laut Maimonides, der Kommunikation »mit den Intelligenzen der entfernten Sterne und Planeten«. Zudem wird auch hier eine »Schar« erwähnt, die »zu den Sternen zurückkehrte«. Allem Anschein nach handelt es sich also in diesem Zusammenhang um ein und dasselbe: um den Gral beziehungsweise um ein von den »Wächtern von Eden« zurückgelassenes ME, Träger der Weltformel. Als Gar-El, »Stein Gottes« deutet auch Louis Charpentier das Wort »Gral«. Doch Guiot de Provins recherchierte weiter:

»So schrieb davon Flegetanis.
Kyot, der weise Meister,
begann nach dieser Überlieferung zu suchen,
in lateinischen Büchern,
wo gewesen wäre
ein dazu geborenes Volk,

daß es sich annähme des Grales Pflege
und redlich genug dazu sei …
zu Anschouwe fand er die Überlieferung.«

»Anschouwe« – damit war Anjou in Frankreich gemeint. Allerdings wurde Graf Fulko von Anjou 1120 in Jerusalem »ehrenhalber« zum zehnten Mitglied des Templerordens ernannt, ohne das Mönchsgelübde ablegen zu müssen. Er heiratete 1129 Melisande von Jerusalem, die Tochter Balduins II., und wurde zwei Jahre später selbst zum König von Jerusalem gekrönt. Zufall? Guiot de Provins hielt sich um das Jahr 1160 in Jerusalem auf, traf Chrétien de Troyes um 1170 am Hofe des Grafen de Champagne in Troyes, verkehrte also in den Kreisen der Templerelite und war ein glühender Verehrer des Ordens. Auch Wolfram von Eschenbach läßt keinen Zweifel über die Templer als Hüter des Grals aufkommen:

»Es ist mir wohl bekannt,
daß manch wahrhafte Hand wohnt
zu Munsalvaeche bei dem Gral.
Auf Abenteuer geht es oft,
wenn sie, wie so oft, ausreiten;
die selben Templeisen,
wo immer sie Niederlage oder Sieg erjagen,
tun sie es für ihre Sünden.«

Wo aber wurde der Gral von den Templern versteckt? Was geschah mit ihm, als der Orden zerschlagen wurde? Dem »Parzival« zufolge lag die Gralsburg der Templer im »Wald des Orients«. Und wahrhaftig existiert ein »Wald des Orients«, nämlich in der Nähe von Troyes, der Hauptstadt der Champagne und Sitz des Konzils von 1127, auf dem der Templerorden offiziell gegründet wurde. Zudem trägt ein Teil dieses Waldes den Namen »Templerforst« (Forêt du Temple). Dieser »Wald des Orients« ist eine Besonderheit: Er wird von zwanzig Templerhäusern nebst der Kommandantur von Bonlieu umringt, während inmitten des Waldes die Ruinen von drei weiteren Templerhäusern liegen. Sicher ist das kein Zufall, denn selbst der »Wald des Orients« besteht als künstlich angelegte Landschaft aus einem Labyrinth von Weihern, Bächen und Wegen, die oft genug in Sackgassen münden, in morastige Niederungen oder an das Ufer der Bäche und Seen führen. Ein verworrenes Labyrinth, ein verzauberter Wald, wie geschaffen dafür, den Uneingeweihten in die Irre zu führen, abzulenken. Ein perfektes Versteck. War es der Wald des Parzival?

Als Parzival das Walddickicht betrat, war er auf den Rat eines alten Einsiedlers angewiesen, der ihm den richtigen Weg wies. Auch am Rande des »Templerwaldes« liegt eine Einsiedelei, die jeder passieren muß, der von Vandeuvre-sur-Barse herkommt. Im Parzival-Wald gab es einen »Schmerzensberg«; und nur »der beste Ritter der Welt« konnte sein Pferd auf dessen Gipfel anpflocken, nachdem er unter der »Eiche mit den hundert Lichtern« vorbeigekommen war. Die höchste Erhebung des Templerwaldes ist die Anhöhe von Eperon, mit einem Ort zu Füßen, der »die Eiche von Eperon« genannt wird. Das viereckige, wie eine Templerburg von Türmen flankierte Gralsschloß lag an einer verborgenen Stelle des Waldes – bewacht von Amfortas, dem Fischerkönig. Wen aber wundert es noch, in diesem Wald der 40(!) Seen einen Fischerkönig zu finden? Im Herzen des Waldes liegt auf dem »Tempelberg« eine Templerruine verborgen. Die Gralsburg? Der Gral? Der Legende nach soll der »Wald des Orients« von einem ganzen Netz unterirdischer Gänge durchzogen sein. – Die Templer waren Meister des Tunnelbaus.

Der französische Abenteurer und Archäologe Roger Llomoy entdeckte 1946 unter der Templerburg Gisor ein unterirdisches Gewölbe, das in den Brunnenschacht der Burg mündet. Er zwängte sich durch den Gang, stieß an eine Mauer, die er durchbrach, und gelangte in eine Kammer, die sich als unterirdische Kapelle erwies. Llomoy glaubte seinen Augen nicht trauen zu dürfen, als er nicht nur die lebensgroßen Statuen von Jesus und den zwölf Aposteln sowie neunzehn schwere Steinsarkophage stehen sah, sondern außerdem noch dreißig Truhen aus Eisen, jede 1,80 Meter lang und 1,60 Meter breit. Llomoy meldete den Fund umgehend. Doch niemand interessierte sich für seine Entdeckung. Im Gegenteil. Die Stadt Gisor ließ den Brunnen unverzüglich zuschütten.

Llomoy bemühte sich in den nächsten Jahren, Mäzene für eine Ausgrabung in Gisor zu gewinnen. Leider vergeblich, denn die Auflagen der Stadt waren zu streng. 1959 lernte er Gérard de Sède kennen, einen Redakteur der französischen Nachrichtenagentur »Agence France Presse«. Der Journalist witterte eine Sensation, begann in alten Plänen und Urkunden nachzuforschen und fand tatsächlich in einer mittelalterlichen Zeichnung eine Andeutung der von Llomoy beschriebenen unterirdischen Kapelle. Zwei Jahre später begannen sich auch offizielle Stellen für die Entdekkung zu interessieren. Eine Kommission, die offiziell alte Fresken untersuchen sollte, legte dreimal den Brunnen frei und schüttete ihn jedesmal umgehend wieder zu. Im Februar 1964 wurde das gesamte Gelände um die Burg Gisor vom Verteidigungsministerium zum »militärischen Sperrgebiet« erklärt – weil das Ministerium die Ausgrabungen selbst fortsetzen lassen wollte. Bis zum Abschluß der Grabungen war es jedem Außenstehenden, ob Wissenschaftler oder Journalist, strikt untersagt, das Gelände der Templerburg zu betreten. Bis zum heutigen Tag gibt es keine Veröffentlichung über die Untersuchungsergebnisse. Was immer die Militärs in den Katakomben von Gisor entdeckt haben mögen – es ist ein Geheimnis geblieben. War es der Gral?

Als dritte Alternative für den Ort des Grals ist die Katharerburg Montségur zu nennen, die viele Forscher für das wahre Vorbild der Gralsburg Montsalvatsch halten. Auch das Gebiet von Montségur ist von Höhlen durchzogen. Sowohl eine von Himmlers SS im Zweiten Weltkrieg durchgeführte Expedition als auch der französische Geheimdienst suchten nach dem Gral – offenbar erfolglos. Nichtsdestotrotz gehörte Otto Rahns »Kreuzzug gegen den Gral – Die Geschichte der Albigenser (Katharer)« zu den Büchern, die Himmler jedem SS-Mann ausdrücklich zur Lektüre empfahl. Die Katharer (»Die Reinen«) waren eine urchristliche Sekte, die sich im 12. Jahrhundert im Pyrenäenvorland Frankreichs ausbreitete. Ihr enger Kontakt zum Templerorden ist unbestritten, und auch Bernhard von Clairvaux lobte sie: »Es gibt bestimmt keine christlicheren Predigten als die ihren, und ihre Sitten waren rein.« Doch die immer lauter werdende Kritik der Katharer an den ganz unheiligen Vertretern der römischen Kirche ließ sie, zumindest beim Papsttum, bald in Ungnade fallen. Wie später die Templer, wurden sie der Häresie beschuldigt; im Jahre 1200 fand sogar ein regelrechter Kreuzzug gegen sie statt. Unter dem Kommando des Erzabtes von Cîteaux eroberten zwanzigtausend Ritter und über hunderttausend Söldner eine Katharerstadt nach der anderen. Nach dem Motto ihres Heerführers – Tötet alle! – metzelten sie tausende »Ketzer« und Nicht-Katharer nieder. »Der Herr wird die Seinen schon erkennen.« Doch vor der »uneinnehmbaren« Felsenfestung Montségur mußte das Riesenheer kapitulieren. Erst beim zweiten »Katharer-Kreuzzug« 1243/44 fiel die »Gralsburg« nach einjähriger Belagerung durch den

Vor der »Biosphäre 2« unweit von Tucson in Arizona, USA.
»Terraforming« ist das Zauberwort für die Besiedelung neuer Welten.

Folgende Doppelseite: Der gigantische Kalenderbau Stonehenge, das steingewordene Rätsel auf der Hochebene von Salesbury, England.

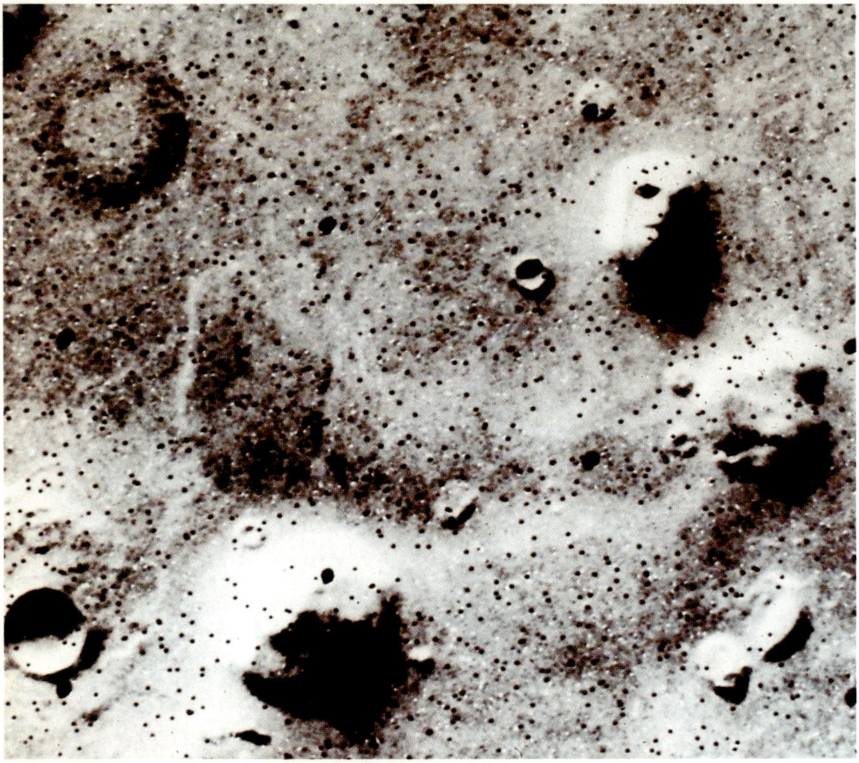

Oben: Das vieldiskutierte Marsgesicht in der Cydonia-Region. Künstlich geschaffen oder eine Laune der Natur?

Links: Der gigantische Canyon »Valles Marineris« in der Nähe des Marsäquators.

Verrat von Hirten, die den Belagerern einen von der Burg aus nicht einzusehenden Pfad den Felsen hinauf zeigten.

Die Folge war ein Blutbad, das Ende des Katharertums. Die Überlebenden, immerhin zweihundertfünf Männer und Frauen, wurden zu Füßen der Festung auf Scheiterhaufen verbrannt.

Unweit von Montségur befindet sich der vielleicht verheißungsvollste Ort für die Gralssuche, nämlich Rennes-le-Château. Hat Bérenger Saunière Hinweise auf das Versteck des Grals gefunden? Es wäre zumindest möglich, daß er dem Geheimnis der Templer und Gralsritter auf die Spur gekommen war. Oder haben die Templer den Gral gar nach Amerika geschafft? Eine These, die der kanadische Autor Michael Bradley in seinem Buch »Holy Grail Across the Atlantic« vertritt. Vermutlich aber dürfte der Heilige Gral überall dort zu finden sein, wo die Templer und Gralssucher aller Zeiten sein Geheimnis – die Weltformel – verewigt haben. Sie fand in der heiligen Geometrie ihren Ausdruck – im Bau gotischer Kathedralen ebenso wie in der Planung vollständiger »heiliger Landschaften«. Nur so ergibt sich aus dem Meisterwort der Compagnons, der Meister der mittelalterlichen Bauhütten, ein Sinn: »Drei Tafeln haben den Gral getragen: eine runde Tafel, eine quadratische Tafel und eine rechteckige Tafel. Alle drei haben denselben Flächeninhalt: Ihre Zahl ist 21« – oder 2 : 1, das Zahlenverhältnis, das zum Goldenen Schnitt und zur Zahl π führt, wie bereits bekannt ist.

Die Worte des heiligen Bernhard de Clairvaux haben nur für denjenigen einen Sinn, der die Gesetze der heiligen Geometrie kennt. Als der heilige Bernhard nämlich gefragt wurde: »Was ist Gott?«, gab er die verblüffende Antwort: »Er ist Länge, Weite, Höhe und Tiefe.« Den Erbauern der gotischen Kathedralen gab er den Rat: »Sie brauchen keine

Dekorationen, nur Proportionen.« Die Wissenschaft der heiligen Geometrie geht bis auf die sumerischen und ägyptischen Tempelbauherren zurück. Philo, der große jüdische Philosoph aus dem 1. Jahrhundert n. Chr., schrieb, es seien die Ägypter gewesen, die Moses »Arithmetik, Geometrie, Metrik, Rhythmik und Harmonie lehrten. Weiterhin unterrichteten sie ihn in der Philosophie, die sich in den sogenannten heiligen Inschriften nur in Symbolen ausdrückt.«

Die Cheopspyramide in Gizeh ist das Monument der heiligen Geometrie. »Surid (Hermes), einer der ersten Könige Ägyptens vor der Sintflut, erbaute die beiden größeren Pyramiden. Er hatte den Priestern befohlen, ihr gesamtes arithmetisches und geometrisches Wissen einzubringen«, wußte noch der arabische Schriftsteller Masaudi im zehnten nachchristlichen Jahrhundert zu berichten. Der »Sarkophag« in der Königskammer im Herzen der Großen Pyramide scheint eher ein Schrein als die Begräbnisstätte eines Königs gewesen zu sein. Wurden hier unter Umständen zeitweilig MEs aufbewahrt, wie später in der Bundeslade? Vieles deutet darauf hin. Die zur Kathedrale von Chartres bestehenden Parallelen wurden bereits erwähnt. Wenn die gotischen Kathedralen »Gralstempel« verkörpern – »Monumente des Gesetzes Gottes« –, dann trifft dies auch auf die Pyramiden zu.

Nach wie vor ist mit den Pyramiden so manches ungelöste Rätsel verbunden. Sie liegen fast genau auf dem 30. Breitengrad, die Cheopspyramide mit einer Abweichung von 1/60stel Grad, während die der Chephrenpyramide sogar nur 13/3600stel Grad beträgt. Beide sind präzise nach den Himmelsrichtungen ausgerichtet. Ihre Seiten ragen im »vollkommenen« Winkel von 51°51′ empor. Das Verhältnis zwischen Höhe und Umfang entspricht dabei dem Verhältnis zwischen einem Kreisradius und dem Umfang des Kreises. Die quadratische Grundfläche bildet eine Plattform. Ihre Erbauer waren sicherlich große Mathematiker und ausgezeichnete Astronomen. Am Anfang war die Cheopspyramide nämlich 146,6 Meter hoch: Sie besaß eine Spitze dort, wo wir heute nur noch eine gekappte Fläche sehen. Diese ursprüngliche Höhe gibt die mittlere Entfernung zwischen Sonne und Erde an, wenn sie mit 1000000000 multipliziert wird. Die Cheopspyramide enthält, so die Experten, nicht nur diese verschlüsselte Botschaft, sondern eine Art umfassender »Weltformel«. Wir finden ähnliche »kosmische Botschaften« auch in Castel del Monte und der Kathedrale von Chartres.

Zunächst einmal müssen wir davon ausgehen, daß der Ort, an dem die Cheopspyramide gebaut wurde, eine Art »Erdenmitte« darstellte, selbstverständlich nicht in bezug auf unsere heutigen geographischen Kenntnisse. Vielmehr galt der Bauplatz als magischer Ort, an dem Kraftlinien der Erde und des Kosmos zusammenliefen.

Die Diagonale der Cheopspyramide entspricht in ihrer Länge einer halben »Längenminute« des Erdumfangs, gemessen am Äquator.

Die durch die doppelte Höhe dividierte Grundfläche der Pyramide ergibt die Zahl $\pi = 3{,}1416$, welche das Verhältnis von Kreisumfang zum Kreisdurchmesser angibt.

Der Abstand der Pyramide vom Mittelpunkt der Erde ist genauso groß wie die Entfernung von der Pyramide zum Nordpol.

Mit Maßzahlen, die sich an und in der Pyramide »ablesen« lassen, kann man offensichtlich Formeln finden zur Berechnung des Inhalts von Kugeln und der Flächen von Kreisen.

Werden die drei äußersten Punkte des »Apfelmännchen-« oder »Mandelbrot-Diagramms« (das sind zauberhafte geometrische Muster aus der modernen Chaosforschung) miteinander verbunden, ergibt sich ein Dreieck mit dem exakten Winkel, der sich zwischen den Seitenkanten und der Pyramidenspitze bildet.

Wir finden also in der kleinsten Einheit der sogenannten Fraktale, die der Cambridge-Mathematiker Benoit Mandelbrot zum Ausgangspunkt seiner revolutionären Theorie einer verborgenen Ordnung im scheinbaren Chaos der Natur machte, zur großen Überraschung Maßzahlen, die bereits von den Architekten der Cheopspyramide verwendet wurden. Sie ist in der Tat ein Symbol kosmischer Ordnung!

Zudem bildet sie den Kern der »grundlegenden Figur der heiligen Geometrie und Architektur, die als ›Vesica Piscis‹ oder ›Fischblase‹ bekannt ist«, schreibt der Kulturphilosoph John Michell. »Die Figur der Vesica wird durch die Überschneidung von zwei Kreisen gleicher Größe gebildet, wobei die Kreislinie eines jeden Kreises das Zentrum des anderen durchschneidet. Es geht hier nicht nur um eine Figur der abstrakten Geometrie, die sich in vielen Mustern der Natur zeigt. Sie repräsentiert vielmehr einen Zustand perfekten Gleichgewichts zwischen zwei gleich starken Kräften. Im symbolischen Vokabular der alten Geometer war sie ein Bild für die sich gegenseitig durchdringenden Welten von Himmel und Erde, Geist und Materie und anderen ähnlich komplementären Elementen.«

Das Wissen um die heilige Geometrie gelangte erstmals durch Pythagoras von Samos (569–497 v. Chr.) nach Europa. Seinem Biographen Jamblichos zufolge studierte er zweiundzwanzig Jahre lang an den Priesterschulen Ägyptens. »Der ganze Himmel ist Harmonie und Zahl«, lehrte Pythagoras an seiner Mysterienschule in Krotona/Süditalien. »Die gesamte Schöpfung ist ein gewaltiges Schwingungsfeld, aber es läßt sich Wesentliches nicht in Worten aussagen, sondern nur in Zahlen und Proportionen.«

»Das Ziel des menschlichen Lebens ist das Erreichen der Übereinstimmung mit dem göttlichen Willen und seinem Werk, der göttlichen Weltordnung. Diese ist Harmonie und Zahl, und ihr Wesen kann durch das Erforschen der Geheimnisse der Zahlen, welche Arithmetik, Astronomie und Musik eng miteinander verbinden, erkannt werden«, faßt Hans Schavernoch die Lehre des Pythagoras zusammen. »Kosmos« – ein von Pythagoras eingeführter Begriff – hat die Bedeutung von »Ordnung«, »Mathesis« die von »Wissen«. Im pythagoreischen Sinn ist Mathematik das »Wissen um die Weltordnung«. »Der Weise von Samos« wies seine Schüler an, die Gesetze der Musik und das Wesen der Zahlen zu erforschen – nach der Harmonie zu suchen, welche Himmel und Erde, Sterne und Seele durch den unbeschreiblichen Wohllaut ihres Einklangs vereint.

»Bei dem, der unserer Seele die Tetraktys (Vierheit) übergeben hat, eine Quelle, welche die Wurzeln der ewigen Natur enthält«, mußte jeder schwören, der in seine Schule aufgenommen wurde. Die Tetraktys war die pythagoreische Weltformel. Pythagoras leitete diese »Vierheit« von den Zahlen 6, 8, 9 und 12 ab, die den vier Seiten der Lyra zugeordnet waren. Die erste grundlegende Tetraktys ergab sich für Pythagoras aus der Addition der Zahlen 1, 2, 3, 4 = 10. Dies war für ihn das »göttliche Maß« – die »Weltzahl«. Sicherlich ist es kein Zufall, daß Pythagoras auch auf einem Relief an der Kathedrale von Chartres dargestellt ist.

Seit den Zeiten des Pythagoras wurden in Europa immer wieder Tempel und Kathedralen nach den Gesetzen der »heiligen Geometrie« – den »Gesetzen der Zahlenharmonie« errichtet. So der Heratempel von Paestum, das Pantheon in Rom, der Dom zu Aachen, die gotischen Kathedralen, die Westminster Abbey in London – und das Castel del Monte des Stauferkaisers Friedrich II. in Apulien.

Castel del Monte ist eines der mysteriösesten Bauwerke Europas. Ernst Kantorowicz, Autor einer geradezu klassischen Friedrich-Biographie, beschreibt es als »wohl von ihm selbst entworfen, wie ein Monolith wirkend, an jeder der acht Kanten ein achteckiger in Mauerhöhe abgeplatteter Turm, acht gleich große trapezförmige Räume in jedem der beiden gleich hohen Geschosse, ein achteckiger Innenhof, in dessen Mitte ein großes achteckiges Marmorbassin, das als Bad diente«. Fürwahr ein Monument der Achtheit. Wenn Kantorowicz nachfolgend allerdings von einem »Grundriß ohne Vorbild« spricht, so irrt der sonst so sachkundige Autor. Ist doch das Labyrinth der Kathedrale von Reims ein Achteck, und die Stützpfeiler von Chartres sind Oktogone, ebenso wie das Taufbecken der Stiftskirche Santa Maria in Visso.

Die Passagen in Horst Sterns Friedrich-Biographie »Mann von Apulien« sind zwar originell, wenn es in einem fiktiven Streitgespräch zwischen dem Kaiser, Franz von Assisi und Fahr ad-Din, dem arabischen Berater des Kaisers, um das Phänomen »Acht« geht. Aber auch Stern läßt sich auf keinerlei Deutungen ein und hält das Jagdschloß von del Monte lediglich für einen »hübschen architektonischen Einfall ... des baufreudigen homo apuliae«. Dabei wies der deutsche Kunsthistoriker Heinz Goetze bereits 1984 nach, daß der Staufer ein großer Gelehrter war und der arabischen Sprache mächtig; daß er der Astronomie, Astrologie sowie der Mathematik kundig war und mit dem Bauwerk der Nachwelt eine Botschaft hinterlassen wollte. Goetze sieht in dem aus zwei Quadraten und einem Kreis entwickelten Oktogon ein Symbol der sowohl weltlichen als auch geistlichen Herrschaft, die der Staufer für sich in Anspruch nahm. Aber sollte das etwa alles gewesen sein? In einer Veröffentlichung aus dem Jahre 1988 gingen drei italienische Forscher noch weiter. Denn in ihren Augen war nicht nur Friedrich ein Eingeweihter, sondern gibt es auch auffallende Parallelen zwischen Gizeh, Chartres und Apulien, die sich nur durch einen Umstand erklären lassen: Die Konstrukteure der Pyramide, der Kathedrale und des Castels hatten Zugang zu ein und demselben Geheimnis. Möglicherweise zur Bundeslade? So mißt die Diagonale durch ein Quadrat in Castel del Monte 74 Meter, und das entspricht der Länge des Schiffes von Chartres. Die Elle von Chartres beträgt 0,74 Meter – ganz genau 0,738 Meter. Die Höhe der Cheopspyramide beträgt etwa zweihundert dieser Chartres-Ellen, die Königskammer liegt 74 Meter über der untersten Kammer – der sogenannten Höhle –, die tief in das Gestein des Gizeh-Plateaus geschlagen wurde. Ein um das Kastell gezogener Kreis hat einen Umfang von 232,92 Metern; die seitliche Basislinie der Cheopspyramide war 231,90 Meter lang. Die Reihe der Übereinstimmungen ließe sich beliebig fortsetzen.

Doch warum gerade Friedrich II. (1194–1250)? Warum Castel del Monte? Zweifellos war Kaiser Friedrich II. eine der erstaunlichsten Persönlichkeiten des Mittelalters, von seinen Zeitgenossen »stupor mundi et immutator mirabilis«, »das Staunen der Welt und ihr wunderbarer Wandler« genannt. Er beherrschte sechs Sprachen, von denen er Griechisch, Latein und Arabisch fließend sprach. Er stand in engem Kontakt zu den führenden Naturwissenschaftlern seiner Zeit, so zu dem Mathematiker Fibonacci und dem aus der toledanischen Übersetzerschule stammenden schottischen Astrologen Michael Scotus, einem Sammler alter philosophischer Schriften. Wahrscheinlich traf Friedrich II. auch Albertus Magnus, der einen »sprechenden Kopf« besaß. Er kannte den von der Existenz des »Steines der Weisen« fest überzeugten englischen Alchemisten Roger Bacon und, nicht zu vergessen, den heiligen Franz von Assisi. Als er 1227 am zweiten Kreuzzug teilnahm, mußte er wegen einer Fieberkrankheit unterbrechen, wurde dafür aber vom Papst mit dem Kirchenbann belegt. Doch ein Jahr später lieferte ihm der ägyptische Sultan Jerusalem kampflos für zehn Jahre aus.

Die Selbstkrönung von Friedrich II. zum König von Jerusalem erboste den Papst derartig, daß er gegen den Kaiser zu Felde zog. Trotz der Aufhebung des Kirchenbannes nach einem Friedensschluß zwischen Kirche und Kaiser, sah sich der Papst durch Friedrichs Kriegszüge gegen italienische Städte 1237/38 erneut zu einem Bannspruch veranlaßt. Damit nicht genug, erklärte die römische »Propaganda« den Staufer sogar zum Antichristen, zum Tier der Apokalypse. Auf dem Lyoner Konzil von 1245 wurde er offiziell abgesetzt und seine Untertanen ihres Treueeids zum Kaiser enthoben. In diese Zeit fällt der Bau von Castel del Monte. In den folgenden fünf Jahren überlebte der Staufer drei vom Papst angestiftete Attentate, bevor er 1250 an Darmkrebs verstarb.

Friedrichs enge Kontakte zum Zisterzienserorden, dem Schwesterorden der Templer, sind bekannt. Sie begleiteten ihn zeit seines Lebens, bis hin zu dem Wunsch, im Gewande der Zisterzienser beigesetzt zu werden. Der Orden schien den Bannfluch des Papstes gegen den »Ketzerkaiser« allen Ernstes ignoriert zu haben. Auch Friedrichs Bewunderung für die Katharer ist kein Geheimnis geblieben; und der extreme Durchhaltewillen der Verteidiger von Montségur beruhte nicht zuletzt auf ihrer Hoffnung, daß »Friedrich zu ihrer Befreiung kommen würde«. Weiterhin ist die Tatsache von Interesse, daß die Sarazenen ihm Jerusalem für zehn Jahre kampflos übergaben. All diese Verbindungen zu Eingeweihten, die um den Gral wußten, geben die wohl sinnvollste Erklärung für die scheinbar so »geheimnisvolle« Oktogon-Konstruktion von Castel del Monte: Vorbild war hier der achteckige Felsendom von Jerusalem, der im Mittelalter zumindest als Kopie des ursprünglichen Salomonischen Tempels galt. Auch die Kapellen der Templerkomtureien waren achteckig, und das Templerkreuz selbst hatte acht Zacken.

Aber warum ausgerechnet die Acht?

Bei den Sumerern galt 8 als die Zahl »des vollkommenen Kosmos«. Pythagoras nannte sie die »Zahl der Harmonie und Gerechtigkeit«, weil sie in zwei gleiche Teile, nämlich 4, geteilt werden kann; und wiederholte Teilung führt wieder zu einem durchaus gleichen Quotienten. Nach den Büchern Moses trugen die Priester acht Ornamente. Die 8 gilt auch als Zahl der Glückseligkeit, denn laut Matthäus (5,3–10) lehrte Christus acht Grade der Glückseligkeit, Buddha dagegen den achtgliedrigen Pfad zum Nirwana. Das chinesische T Bing besteht aus 8×8 Figuren, während die 8 sowohl in Japan als auch in Griechenland als Symbol der Unendlichkeit galt. So wie das Quadrat die Erde symbolisiert, versinnbildlicht der Kreis in seiner absoluten Formvollendung und den unzähligen Symmetrieachsen die Unermeßlichkeit des Himmels.

Das Achteck verkörpert auch die Zwischenstufe vom Reich der Erde hin zur Unendlichkeit des Himmels und der Unsterblichkeit.

Die 8 war die Zahl des Übergangs vom Himmel zur Erde, aber auch die der himmlischen Ordnung auf Erden und damit des Königtums. Die römische Kaiserkrone war achteckig, ebenso die Krone der Karolinger und das Oktogon des Aachener Doms. In der kabbalistischen Numerologie war 888 der Zahlenwert Jesu, den die Gnostiker auch »Ogdoad« nannten. Die 8 ist auch arithmetisch eine interessante Zahl. Jede ins Quadrat erhobene ungerade Zahl über Eins ergibt ein Vielfaches von Acht und einen Rest von Eins. Zudem unterscheiden sich alle Quadrate ungerader Zahlen über Eins jeweils um ein Vielfaches von Acht: $9^2 - 7^2 = 81 - 49 = 32 = 4 \times 8$. »Mit acht Nischen erhebt sich der Tempel zu heiligem Brauch. Oktogonal ist der Brunnen gefaßt, würdig der heiligen Gabe. In der Achtzahl mußte das Haus der heiligen Taufe entstehen«, schrieb der heilige Ambrosius (339–397 n. Chr.). In dem von Friedrichs II. Großvater, Friedrich I. »Barbarossa« gestifteten Barbarossa-Leuchter lautet die Weiheinschrift: »Friedrich, des römischen Reiches katholischer Kaiser gelobte – mit dem Geheiß zu beachten, daß Zahl und Gestalt sich mit den Maßen des erhabenen Tempels einend ergänzen ...« Und in der Weiheinschrift des Aachener Domes heißt es: »Sind die lebendigen Steine zur Einheit friedlich verbunden, stimmen in jeglichem Teil Zahl und Maß überein, so wird leuchtend das Werk des Herrn, der die Halle geschaffen.«

Wollte Friedrich II. mit Castel del Monte einen Tempel errichten, wenn nicht für den Gral oder den Stein der Weisen selbst, so doch zumindest für das Wissen, das sie verkörperten? Allem Anschein nach ist der Standort des Castels gut gewählt. Wollte der Kaiser – selbst ein Mittler zwischen Orient und Okzident – auf einer Zwischenstation des »Gralsweges« von Jerusalem nach Chartres eine Gralsburg errichten, einen Hort des alten Wissens?

Da Castel del Monte nicht als einziger Ort auf der Verbindungslinie Chartres – Gizeh angesiedelt ist, kann es sich auch keineswegs um eine Zufallsposition handeln. Das Verständnis des Kosmos schlug sich in den Proportionen heiliger Bauten nieder, wurde von den frühen »Gestaltern Europas« auch in großflächigen Landschaftsanlagen versinnbildlicht. Dabei folgte man dem uralten »göttlichen« Vorbild der »Wächter von Eden«, die ihre ersten Kolonien und Städte auf der Erde planmäßig anlegten und wohl Urheber der ältesten »heiligen Linien« sein dürften, die Orakel- und Tempelstätten untereinander verbanden.

So entdeckte der Karlsruher Mikrobiologe und Kulturforscher Dr. Jens M. Möller im Raum Karlsruhe eine Anzahl von Kirchen in historischen Ortschaften, die im genauen Muster eines Fünfsterns oder Pentagramms angeordnet sind, nämlich die Kirchen in Eggenstein, Kleinsteinbach, Bismarckstein, St. Wendelin und Büchelberg. Auf einer dieser Fünfstern-Verbindungslinien liegt das Dorf Knielingen – im Ortswappen trägt es ausgerechnet ein Pentagramm!

In ganz Europa gibt es dazu nur eine einzige Parallele, und zwar im Gebiet um Rennes-le-Château. Dort bilden die alle auf Hügeln liegenden Orte Serre de Lauzet – Rezu-la-Soulane – Blanchefort – Le Bezu und Rennes-le-Château ein Pentagramm. Eine Landschaft, die in Urzeiten planvoll angelegt worden sein könnte.

Doch der Rätsel nicht genug: Der Engländer David Wood, Autor des Buches »Genesis«, stellte fest, daß ein nichtmarkiertes Zentrum von einem Kreis umgeben wird, auf dessen Radius sich außer Rennes-le-Château auch noch die Orte Coustaussa, Cassaignon, Serres, Bugarach und St-Just-et-le-Bezu befinden. Dieser Kreis wiederum schließt ein Pentagramm ein, mit einer nördlich von Blanchefort gelegenen Spitze. Der Radius dieses Kreises betrug etwa 180000 Zoll. Bei einem Näherungswert von 3 für die Zahl π betrüge der Umfang 1080000 Zoll. Damit wäre aber wieder die »magische« Zahl 1080 im Spiel. Nun weist

Wood nach, daß diese Zahlen – in Zoll gerechnet – den in Zoll angegebenen Abmessungen der Bundeslade entsprechen. Danach ist die Lade 45 Zoll lang und je 27 Zoll hoch und breit. Die Seiten der Lade haben also folgende Werte:

$$4 \times 45 = 180,$$
$$4 \times 27 = 108,$$
$$4 \times 27 = 108.$$

»Verfertige sodann eine Deckplatte aus reinem Gold, zweieinhalb Ellen sei ihre Länge und eineinhalb Ellen ihre Breite«, beschreibt das Buch Exodus den »Gnadensitz«, einen Aufsatz der Lade, der an anderer Stelle mit »einer Elle« Höhe angegeben wird. Er hatte also die Maße von:

4 Längen à 45 = 180
4 Breiten à 27 = 108,
4 Höhen à 18 = 72.

Der dritte im Buch Exodus der Bibel beschriebene Gegenstand ist der »Schaubrottisch«: »Fertige auch einen Tisch aus Akazienholz, zwei Ellen lang, eine Elle breit und eineinhalb Ellen hoch. Umhülle ihn mit reinem Gold …«:

$$4 \times 36 = 144,$$
$$4 \times 18 = 72,$$
$$4 \times 27 = 108.$$

Zusammengerechnet ergeben die Zahlenwerte der drei Heiligtümer:

Bundeslade: 396,
Gnadensitz: 360,
Schaubrottisch: 324

wieder den Wert der »heiligen Zahl« 1080.

Die Zahlenwerte der Bundeslade in der Landschaft von Rennes-le-Château – sind sie Zufall? Auch die »Zahl des Tieres«, die 666, ist dort zu finden: Die perpendikuläre Höhe des Pentagramms beträgt 6,66 Meilen – und den Zahlenwert 66 unterstellt Wood auch dem achtzackigen Stern – kabbalistischer Tradition folgend.

Darüber hinaus identifizierte Wood noch einen dritten Stern, einen sechszackigen Davidstern mit den Endpunkten Rennes-le-Château, Pech de Luc, Rennes-les-Bains, Montredon und »The Severed Right Hand« (Die abgeschlagene Hand) als linke und rechte Eckpunkte, wobei die gemeinsame Achse von Rennes-le-Château und »The Severed Right Hand« genau nach Westen zeigt – dorthin, wo alte Legenden die sagenhafte Insel Atlantis, die Urheimat aller Geheimwissenschaften, vermuten. Stammte ursprünglich das Wissen um die »heiligen Zahlen«, die Weltformel, von dort?

VI *Das Mars-Rätsel*

Am 16. September 1992 schickte die amerikanische Raumfahrtbehörde NASA erstmals nach der spektakulären Viking-Mission im Jahre 1976 wieder eine Sonde auf die 720-Millionen-Kilometer-Reise zum Planeten Mars. Das »Mars-Observer« genannte, 515 Millionen Dollar teure Projekt soll konkretere Daten über den roten Planeten gewinnen helfen; Daten über die Zusammensetzung seiner Wolken, Daten über seine Atmosphäre, seine Mineralien, über sein Magnetfeld und vieles andere mehr. Und Fotografien, Tausende von Aufnahmen der Marsoberfläche mit einer um das Fünfzigfache besseren Kamera als die der Viking-Sonde. Nach Verlautbarungen der NASA soll diese vom California Institute for Technology entwickelte »Mars Observer Camera« (MOC) aus der Aufnahmeentfernung eine Auflösung von anderthalb Metern ermöglichen und wäre somit in der Lage, selbst Objekte von der Größe eines Kaffeetisches noch scharf aufzunehmen. Die an der Sonde befestigte Kamera kann allerdings nur jene Gebiete fotografieren, die der Mars-Observer unmittelbar überfliegt. Beginnend mit seiner Ankunft im Mars-Orbit, am 19. August 1993, hat er 687 Tage Zeit, um, wie die NASA es formulierte, »Bilder von extrem hoher Auflösung von ausgewählten Gebieten auf dem Mars aufzunehmen«, die dann ab Dezember 1993 die Erde erreichen – vorausgesetzt, es kommt nicht zu unvorhergesehenen technischen Störungen. Aus dem »Jet Propulsion Laboratory« (JPL) der NASA im kalifornischen Pasadena verfolgen einhundertundsechs

Wissenschaftler die Mission Tag und Nacht und steuern die Arbeit der Sonde.

»Es ist unser Ziel, die Ausgaben durch möglichst viele wissenschaftliche Daten zu rechtfertigen«, erklärte der NASA-Projekt-Wissenschaftler Ed Danielson.

Glücklicherweise konnte sich die NASA dazu durchringen, auch jenes Marsgebiet erneut unter die Lupe zu nehmen, aus dem während der Viking-Mission die interessantesten Bilder zur Erde gefunkt worden waren: die Cydonia-Region, ein Gebiet auf der nördlichen Marshalbkugel, mit den Koordinaten 41° nördlicher Breite, 9° westlicher Länge – der Ort des mysteriösen Marsgesichts.

Erinnern wir uns: Am 20. Juli 1976, um 13 Uhr 12 MEZ, setzte die erste der beiden vollautomatischen Landekapseln der Viking-Mission auf der sandigen Marsoberfläche auf. Genau 45 Tage später erreichte Viking II das Zielgebiet. Während die beiden »Lander« Bodenproben nach Spuren organischen Lebens untersuchten, umkreisten die Viking-»Orbiter« den Planeten in rund 2200 Kilometern Höhe und fotografierten systematisch seine Oberfläche. Der Bordcomputer zerlegte jede einzelne Aufnahme der Orbiterkameras in Bildpunkte, sogenannte »Pixels«, die er zur Erde funkte. Dort wurden sie von den Parabolantennen des Jet Propulsion Laboratory in Pasadena eingefangen und im National Space Science Data Center auf Computerbändern gespeichert. In einem recht aufwendigen Bildverarbeitungsverfahren wurden dann von den über 300000 zur Erde gesendeten Marsfotos bisher 60000 ausgewertet.

Toby Owen, ein Mitglied des Bildauswertungsteams der NASA, untersuchte eines Nachmittags im August 1976 die ersten der zur Erde gefunkten Aufnahmen des Viking-I-Orbiters nach einer geeigneten Landestelle für den Viking-II-Lander. Eines der auszuwertenden Fotos trug die Bildnummer 35A72. Es war also bei der fünfunddreißigsten Umrundung des Planeten aufgenommen worden. Als Owen die auf der Aufnahme erkennbaren Felsstrukturen mit der Lupe untersuchte, traute er seinen Augen nicht. Denn eines der Gebilde, ein aus einer von Bergen umgebenen Tiefebene emporragender Tafelberg, sah eindeutig aus wie ein menschliches Gesicht. »Meine Güte, sieh dir das an!« murmelte der NASA-Mann verblüfft. Ein Haarkranz schien das Gesicht zu umrahmen. »Das darf doch nicht wahr sein! Sowas kann's nicht geben!« dachte sich Owen. Schließlich war es unfaßlich, auf einem so unwirtlichen Planeten wie dem Mars das Bild eines menschlichen Gesichts zu sehen.

Ein paar Tage später präsentierte der NASA-Sprecher Gerry Soffer das Foto mit einem Schmunzeln den Journalisten aus aller Welt, gelegentlich einer überfüllten Pressekonferenz des »Jet Propulsion Laboratory«. »Ist es nicht seltsam, was Licht und Schatten alles bewirken können?« fragte er. »Als wir das ein paar Stunden später noch einmal aufgenommen hatten, war alles weg; es war nur ein Lichteffekt, der spezielle Lichteinfall.« Lautes Gelächter erfüllte den Saal. Das Marsgesicht war so schnell vom Tisch, wie es aufgekommen war.

Es dauerte bis 1979, als Vincent DiPietro, ein Elektronik-Ingenieur mit vierzehnjähriger Erfahrung in digitaler Elektronik und Bildauswertung, die NASA-Bildarchive des National Space Science Data Center im Goddard Space Flight Center, Greenbelt, Maryland, sichtete. Dabei stieß er auch auf das Foto eines menschenähnlichen Antlitzes vor dem Hintergrund der Marslandschaft. Ebenso verblüfft wie irritiert suchte er nach den NASA-Untersuchungsergebnissen des Bildes. Doch er wurde nicht fündig. Die NASA hatte die Aufnahme mit der lakonischen Beschreibung abgetan:

»Seltsames Spiel von Licht und Schatten«; eine NASA-Studie des Marsgesichts gab es nicht. DiPietro berichtete seinem Freund und Kollegen Gregory Molenaar von *seiner* erstaunlichen Entdeckung. Die beiden Computerwissenschaftler und Fotoexperten beschlossen nun, dem Geheimnis gemeinsam nachzugehen.

Sie besorgten sich einen Originalausdruck und machten sich daran, aus der Aufnahme herauszuholen, was es herauszuholen gab. Mit Hilfe der Digital-Computertechnik und modernsten Bildauswertungsverfahren wie der Rand-Hervorhebung, Verstärkung der Grauschattierung und dem »Treppenstufeneffekt«, also der Abstufung der Pixels, gelang es den Forschern, Einzelheiten auszumachen, die auf der Originalaufnahme nur zu erahnen waren. Darüber hinaus entwickelten sie eine neue Methode, die es ermöglichte, die ursprünglichen Pixels in jeweils neun kleinere Einheiten aufzuteilen. Diese Methode nannten sie »SPIT« – »Starburst Pixel Interleaving Technique«. Damit ließ sich nicht nur eine wesentlich bessere Bildauflösung erreichen, sondern es konnten auch Übertragungsfehler zwischen dem Viking-Orbiter und der Erde eliminiert, Lichtzonen vertieft, Schatten aufgehellt und Kontraste verstärkt werden. So konnten DiPietro und Molenaar immer eindeutiger nachweisen, daß die auf der im Sonnenlicht liegenden Seite des Marskopfes erkennbaren Einzelheiten – der pagenkopfartige Haaransatz, die Augenhöhle, der Nasenrücken sowie Mund- und Kinnpartie – auf der Schattenseite weiterverlaufen, sich zu einem völlig symmetrischen Gesicht zusammenfügen. Das festigte in den Forschern die Überzeugung, es mit einer künstlich geschaffenen Monumentalstruktur zu tun zu haben. Also wandten sie sich mit ihren Ergebnissen an die Presse. Die erste Reaktion der Fachwelt waren Hohn und Spott, nach dem Motto: Daß nicht sein kann, was nicht sein darf! Selbstverständlich war das Marsgesicht nur eine durch das Licht- und Schattenspiel an einer natürlichen Felsformation hervorgerufene optische Täuschung. Darauf hatte die NASA bereits einige Stunden nach der Funkübertragung dieses Bildes zur Erde unter Hinweis auf ein zweites Bild mit ganz anders aussehenden Strukturen hingewiesen. Doch dieses Bild existierte offenbar nicht. Abgesehen davon, daß die Aufnahme 35A72 am späten Nachmittag, nach örtlicher Zeit gegen 18 Uhr, gemacht wurde, wäre es »wenige Stunden später« Nacht gewesen und für weitere Aufnahmen zu spät. Auch von den darauffolgenden Tagen gab es kein von der Cydonia-Region aufgenommenes Bild. Das einzige weitere der 60000 von der NASA ausgewerteten Fotos der Cydonia-Region wurde volle 35 Tage später, bei der 70. Umrundung des Planeten, aufgenommen und trug die Bildnummer 70A13. Auch hier war das Marsgesicht ganz deutlich zu erkennen. Diesmal stand die Sonne allerdings höher am Himmel, beleuchtete Gebiete, die auf dem ersten Bild noch im tiefen Schatten lagen. So erhielten DiPietro und Molenaar die Bestätigung eines symmetrischen Marsgesichts.

Außerdem entdeckten die Wissenschaftler etwa 15 Kilometer westlich sechs riesige Pyramiden mit symmetrischen Außenkanten und Ecken. Wie die ägyptischen Pyramiden, waren sie offenbar auch astronomisch ausgerichtet, parallel zur Achse des Planeten.

Am Rande der Pyramidenstadt entdeckten die Wissenschaftler eine viereckige Struktur von erstaunlichem Gleichmaß, die sie »Das Fort« tauften. Durch die anscheinend eingestürzte Decke war ein quadratischer Innenraum hinter mächtigen Mauern zu sehen. In der Mitte der Pyramidenstadt – von den Forschern »Mars-City« getauft – gab es im Viereck angeordnete kugel- beziehungsweise kuppelförmige Strukturen. Knapp 20 Kilometer südlich des steinernen Gesichts ragte eine riesige fünfkantige Pyramide in den Marshimmel auf. Kritisch zogen DiPietro und Molenaar alle Möglichkeiten in Erwägung, ob etwa geologische und meteorologische Ereignisse diese sonderbaren Strukturen in der Marslandschaft verursacht haben könnten. Doch weder Winde noch tektonische Bewegungen hätten es vermocht, rechteckige und fünfeckige Gebilde mit solcher Genauigkeit aus den Felsen des roten Planeten zu gestalten.

Als DiPietro und Molenaar im Juli 1981 ihre Ergebnisse am Rande einer Marskonferenz der Universität von Colorado in Boulder präsentierten, begegneten sie einem Mann, der es gewohnt war, in ungewöhnlichen Bahnen zu denken: Richard C. Hoagland, ein Wissenschaftsjournalist und Raumfahrtexperte von internationalem Ruf. Er hatte Astronomie, Biologie und Physik studiert und war bereits mit 19 Jahren Kurator des Wissenschaftsmuseums von Springfield, Massachusetts, gewesen – der jüngste seines Landes. 1968 wurde er als 22jähriger zum stellvertretenden Direktor des gerade eingerichteten, Millionen Dollar teuren Gengras Science Centers nebst Planetariums in West Hartford, Connecticut, ernannt. Gemeinsam mit Eric Burgess entwarf er 1971 die Pioneer-Plakette, die erste Botschaft der Menschheit an außerirdische Wesen, die in den Weiten des Weltraums eines Tages auf die treibende Sonde stoßen könnten. Zwischen 1974 und 1975 betätigte er sich in New York als Projektleiter und Öffentlichkeitskoordinator des berühmten Hayden-Planetariums des Amerikanischen Museums für Naturgeschichte. Danach war er fünf Jahre lang am Goddard Spaceflight Center der NASA, in Greenbelt, Maryland, als Berater tätig und organisierte verschiedene internationale Satelliten-Live-Schaltungen zum 200. Gründungstag der Vereinigten Staaten im Jahr 1976. Gleichzeitig wurde er Chefredakteur des »Star & Sky«-Magazins; und 1981 schließlich wurde er Wissenschaftsberater des Nachrichtensenders CNN, wo er vor der Kamera den Vorbeiflug der Voyager-2-Sonde am Saturn kommentierte.

Hoagland hatte die Präsentation von DiPietro und Molenaar aufmerksam verfolgt und war von den Ergebnissen fasziniert, noch mehr aber von der Gründlichkeit der beiden Forscher. Als Hoagland ein paar Wochen später gerade mit der Auswertung der Voyager-Saturn-Bilder beschäftigt war, rief er DiPietro und Molenaar an, um sie zu bitten, mit dem von ihnen entwickelten Verfahren auch die Saturn-Aufnahmen unter die Lupe zu nehmen. Gleichzeitig bat er um weiteres Material über ihre Marsforschung. Als wenige Tage später die 135 Seiten umfassende Arbeit »Unusual Mars Surface Features« auf Hoaglands Schreibtisch lag, ließ das Marsrätsel den Wissenschaftsjournalisten nicht mehr los. Denn so gut DiPietros und Molenaars Bildauswertung auch war, handelte es sich doch nur um eine Methode, der Sache auf den Grund zu gehen. Aber es mußte noch andere Möglichkeiten geben, die Frage zu beantworten, ob die Strukturen künstlichen oder natürlichen Ursprungs waren. »Intelligentes Leben auf der Erde offenbart sich zuerst durch die geometrische Regelmäßigkeit seiner Konstruktionen«, hatte der Astrophysiker Carl Sagan in einer Arbeit über die Möglichkeiten, außerirdischem Leben auf die Spur zu kommen, erklärt. Der Schlüssel war also die Geometrie.

Hoagland ließ sich von DiPietro und Molenaar großformatige Hochglanzabzüge der beiden Marsfotos schicken und begann, die Strukturen zu vermessen. Und sie waren wahrlich nach einer erstaunlichen Geometrie angeordnet. Alle Marsstrukturen waren aufeinander ausgerichtet: die Mars-City in einer geraden Linie auf das Marsgesicht, und bei Verlängerung dieser Linie stieß man auf eine weitere mysteriöse Struktur – das »Cliff«; ein längliches Gebilde, ebenfalls in Form eines Gesichts, mit zwei Augen, einer Nase und einem Mund. Dahinter befand sich ein riesiger, kraterähnlicher Ring mit zwei kleineren pyramidenartigen Gebilden auf dem Rande. Hoagland errechnete, daß die Längsachse, nach dem diese Ausrichtung vorgenommen war, den Sonnenaufgang zur Mars-Sommersonnenwende vor 500000(!) Jahren betraf; und die Abstände zwischen dem Westrand der Pyramidenstadt, dem von den Kugeln gebildeten Quadrat in ihrer geometrischen Mitte, ihrem Ostrand, dem Marsgesicht und dem gesichtförmigen Cliff im Verhältnis 1:2:4:8 zueinander standen. Zudem wies die Spitze der fünfseitigen Pyramide im Südwesten der Anlage – von Hoagland nach DiPietro und Molenaar »D und M«-Pyramide getauft – genau auf das Marsgesicht. Ihre nordwestliche »Zacke« zeigte dagegen in der Verlängerung präzise auf das Stadtzentrum mit dem »Kugelquadrat«; ihre östliche Zacke aber auf einen kreisrunden Hügel südlich des Cliffs. All das nur Zufall? So unbequem die Schlußfolgerung auch sein mochte, stand Hoagland doch vor der Alternative, entweder zu glauben, daß eine teuflisch kluge geologische Umgebung sich geradezu verschworen hatte, verschiedene »irdische« Objekte unterschiedlicher Morphologie an derselben Stelle auf dem Mars zu erschaffen und sie in einer verblüffenden Geometrie mit mathematischer Präzision anzuordnen ... oder daß tatsächlich ein – allerdings ehrfurchtgebietender – architektonischer Entwurf die Erklärung dieser Tatsachen war. »Und so unglaublich es mir auch zuerst erschien«, sagt Hoagland, »die Hypothese einer intelligenten Planung erschien mir mehr und mehr als die logischere Erklärung.«

Am erstaunlichsten waren für Hoagland jedoch die Parallelen zwischen der Cydonia-Geometrie und der »heiligen

Geometrie« irdischer Tempelstädte. So erinnerte das Marsgesicht zweifellos an den Sphingenkopf von Gizeh, die Pyramiden an Ägypten, das Fort an altperuanische Tempelplattformen, eine Doppelpyramide an die Tempelpyramiden Mexikos, der von Hoagland als »mound« bezeichnete Rundhügel südlich des Cliffs an jungsteinzeitliche Tumuli (Hügelgräber) in Westeuropa. Aber was konnte prähistorische Marsbesucher veranlaßt haben, ein steinernes Gesicht von 1500 Metern Länge zu gestalten? Etwa das Verlangen, der Nachwelt eine Botschaft zu hinterlassen? Welcher Nachwelt? Oder uns, den Nachkommen jener hominiden Gattungen, die vor 500 000 Jahren die Erde bevölkerten? Wenn es aber eine Botschaft sein sollte, welches Geheimnis birgt sie dann für uns?

Ein gutes Jahrzehnt verging, bevor Hoagland auf des Rätsels Lösung kam. Es stellte sich nämlich heraus, daß das Geheimnis dieser Region nicht im Marsgesicht zu suchen war – das möglicherweise nur dem Zweck diente, die (unsere) Aufmerksamkeit auf die Cydonia-Region zu lenken –, sondern in der fünfseitigen »D und M«-Pyramide. Hoagland war durch einen Leser seines Buches auf die »D und M«-Pyramide aufmerksam gemacht worden. Durch Erol Torun nämlich, einem Mitarbeiter der Defense Mapping Agency des US-Verteidigungsministeriums, der auf die Auswertung von Aufnahmen amerikanischer Spionagesatelliten spezialisiert war. Als Torun die Pyramide sah, war er fasziniert. Aufgrund seiner jahrelangen Erfahrung in der Kartographie, Geomorphologie und Geologie war er sich dessen sicher, daß solch ein Gebilde einfach nicht natürlichen Ursprungs sein konnte. Trotzdem versuchte er, Hoagland zu widerlegen. Dabei stieß er auf Symmetrien, die Hoagland nie aufgefallen wären, und entdeckte in der »D und M«-Geometrie fundamentale, verschlüsselte mathematische Konstanten. Die »D und M«-Pyramide ist eine gigantische, fast 1000 Meter hohe Struktur, die eine Fläche von etwa 1500 x 2500 Metern einnimmt. Torun zufolge verfügt sie über eine zu 99 Prozent perfekte Symmetrie. Ihre Längs- und Querseiten stehen im Verhältnis 1 : 1,6 zueinander. Also im »Goldenen Schnitt«, den Leonardo da Vinci in seiner berühmten Zeichnung zur menschlichen Proportionslehre durch einen mit ausgestreckten Armen und Beinen stehenden Menschen dargestellt hat. Bei einer Projektion dieser Zeichnung auf die »D und M«-Pyramide zeigt der Kopf des Leonardoschen »vollkommenen Menschen« – oder eben die Spitze des Pentagons – genau auf das Marsgesicht. In der fünfeckigen Pyramide ist aber auch das Pentagramm enthalten, eines der ältesten »heiligen Symbole« der Menschheit.

Doch damit nicht genug. Torun stieß in den Winkeln der »D und M«-Pyramide immer wieder auf Zahlenwerte, die der Zahl π (Verhältnis des Kreisumfanges zum Kreisdurchmesser) oder der Eulerschen Zahl *e*, der Basis aller natürlichen Algorithmen, entsprechen. Diese mathematischen Konstanten wurden unentwegt in allen möglichen Varianten innerhalb der Strukturen der Cydonia-Region wiederholt.

Der durch die Spitze der »D und M«-Pyramide verlaufende Breitengrad des Mars beträgt 40.868 Grad Nord. Das aber heißt, daß die Pyramide ihre eigene Position auf dem Mars in ihrer internen Geometrie ausdrückt. Der Wert der Konstanten *e* (2.71828) aber entspricht annähernd dem Verhältnis der Oberfläche einer anderen geometrischen Figur, des Tetraeders, zu ihrem Umfang, das bei 2.72060 liegt. Und genau dieses Verhältnis $e : \pi$ betrachtet Hoagland als Weltformel.

Ein Tetraeder ist eine vierseitige, viereckige Pyramide. Werden aus einem Stück Pappe vier gleichschenklige Drei-

»Horchposten« ins All. Radioteleskop-Verbund bei Socorro in Neu-Mexiko, der dazu beiträgt, tausend Sterne im Umkreis von achtzig Lichtjahren nach Signalen fremder Zivilisationen abzuhören.

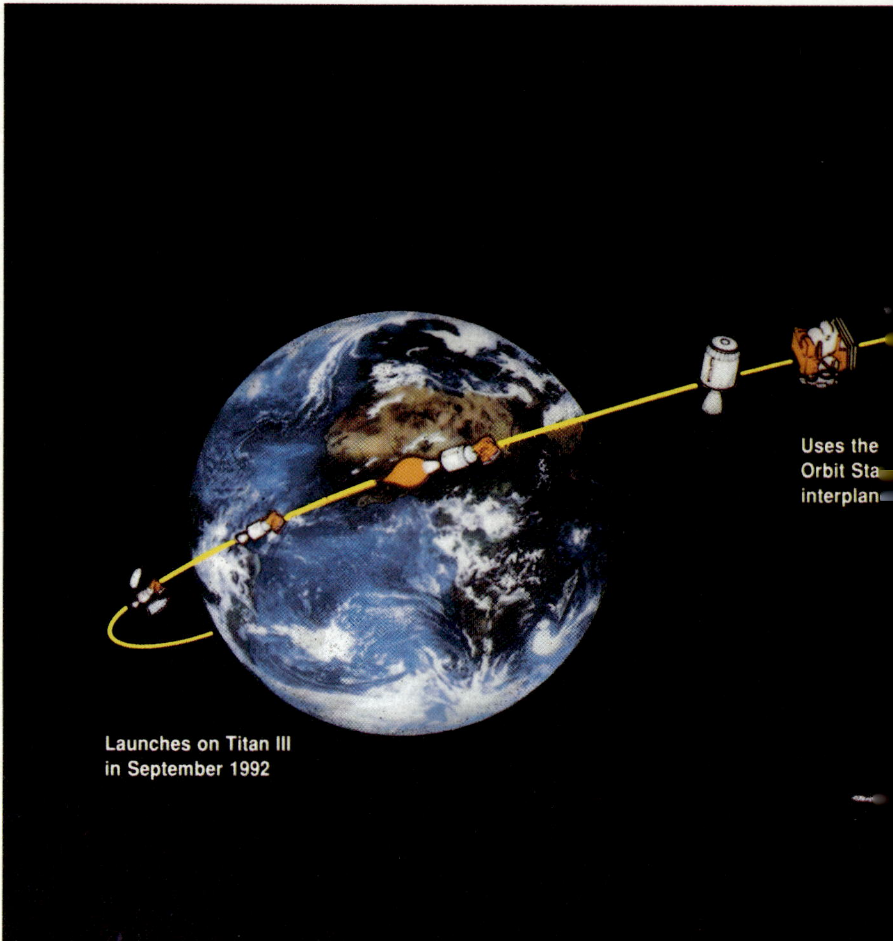
Uses the
Orbit Sta
interplan
Launches on Titan III
in September 1992

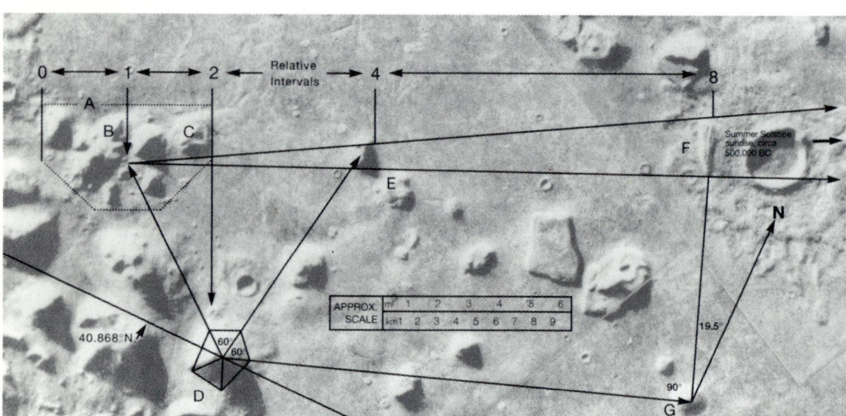
0
1
2
Relative
Intervals
4
8
A
B
C
E
F
Summer Solstice
sunrise, circa
500,000 BC
N
APPROX. SCALE
mi 1 2 3 4 5 6
km 1 2 3 4 5 6 7 8 9
40.868°N
60°
60°
D
19.5°
90°
G

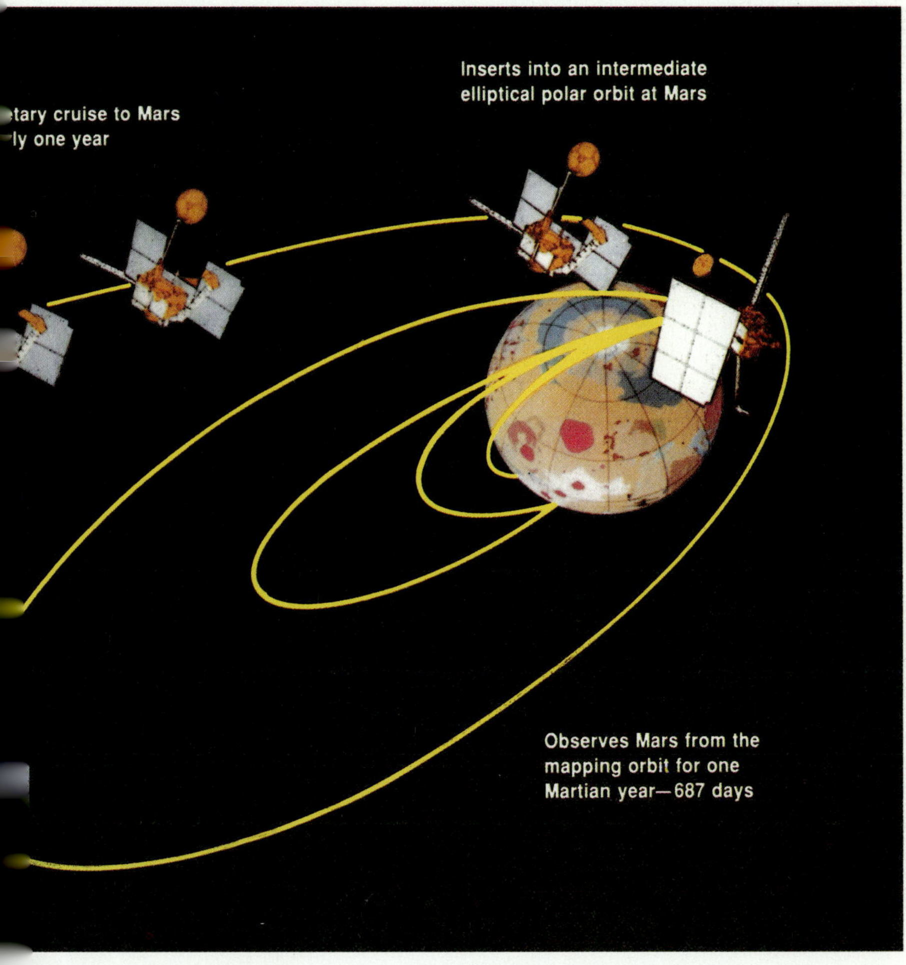

Oben: Die Mars-Observer-Mission, durchgeführt vom Jet Propulsion Laboratory in Pasadena, Kalifornien, deren Aufgabe es ist, mit Hilfe der Sonde die Atmosphäre, Gravitation und das Magnetfeld des Planeten genau zu untersuchen sowie die Oberfläche zu fotografieren.

Unten: Die verblüffende geometrische Ausrichtung der Marsmonumente, die den Sonneneinfallswinkel zur Zeit der Mars-Sommer-Sonnenwende vor rund 500000 Jahren aufzeigt.

Folgende Seite: Das sogenannte Siebengestirn, die Plejaden.

ecke ausgeschnitten und zusammengefügt, wird daraus der einfachstmögliche geometrische Körper, eben das Tetraeder. Angenommen, wir haben ein solches Tetraeder gefertigt und eine Kugel zur Hand, deren Durchmesser dem einer um das Tetraeder herumgedachten Kugel entspricht. Drehen wir diese Kugel, können wir ihre Rotationsachse und ihren »Nord-« und »Südpol« bestimmen. Wird das Tetraeder mit seiner Spitze auf einen dieser Pole gestellt, stoßen seine drei anderen Ecken bei 19,5° mit Winkeln von 120° an die Kugel. Bis hierhin ist das noch recht einfache Geometrie. Aber die 19,5° sind auch als direkter Winkel bei der »D und M«-Pyramide zu finden: nämlich als Winkel zwischen den Mars-Breitengraden 40.893° – der die Spitze des fünfeckigen Grundrisses der »D und M«-Pyramide durchkreuzt – und einer Pyramidenseite; jedoch auch als der Winkel zwischen dem die Pyramidenmitte durchkreuzenden Breitengrad 40.868° und einer Pyramidenseite. Aber warum ausgerechnet 19,5 Grad? Eine interessante Frage in Verbindung mit der Feststellung, daß fast alle Planeten unseres Sonnensystems zwischen 19,5 und 21 Grad nördlicher oder südlicher Breite ihren größten Wirbel oder Vulkan, jedenfalls also jenen Punkt erreichen, an dem sich die Energie aus dem Planeteninneren ihren Weg nach außen sucht:

Sonne:	Die Hauptregion der Sonnenflecken	20° N 20° S
Venus:	Die Schildvulkane der Venus	20° N 20° S
Erde:	Hawaiianische Vulkane, die größten und aktivsten des Planeten	19,5° N
Mond:	Krater Tsiolkovski, einst der größte Mondvulkan	19,6° S

Mars:	Olympus Mons, der größte bekannte Vulkan des Sonnensystems	19,3°	N
Jupiter:	Großer roter Fleck	21°	S
Saturn:	Nördlicher Äquatorgürtel	20°	N
	Südlicher Äquatorgürtel	20°	S
Uranus:	Temperaturabfall, wahrscheinlich hervorgerufen durch Wirbel in den Wolkenschichten	20°	N
Neptun:	Großer dunkler Fleck	20°	S

War das die Botschaft von Cydonia? Der Fingerzeig auf ein noch unbekanntes Naturgesetz? »An diesem Punkt war uns klar, daß wir hier auf etwas hingewiesen wurden, was noch niemand vor uns bemerkt hatte. Wir waren durch die geometrischen Muster von Cydonia darauf gestoßen«, erklärte Hoagland.

Die Cydonia-Region befindet sich rund 120° östlich des gewaltigen Marsvulkans Olympus Mons. Dieser größte Vulkan des Sonnensystems ragt 25 000 Meter auf und hat einen Durchmesser von 480 Kilometern. Dazu liegt er bei 19,3° N direkt auf dem »magischen« Breitengrad. Mit anderen Worten: Die Marsoberfläche wird im Gebiet des Olympus Mons von einer Tetraederspitze berührt, während sich die zweite 20 Längengrade südlich von Cydonia befindet. Wieder ein Zufall?

Aber was hat das für uns zu bedeuten? Ging es um einen Hinweis, wie sich Energie von rotierenden astronomischen Körpern übertragen oder gewinnen ließ? Oder ging es um Energieerzeugung schlechthin? Als die NASA-Sonden die äußeren Planeten unseres Sonnensystems passierten, stießen die Astronomen auf eine Reihe unerklärlicher Phänomene, zum Beispiel bei Neptun. Dieser riesige Planet hat einen Durchmesser von 49560 Kilometern, verfügt über die siebzehnfache Masse der Erde und ist 4,5 Milliarden Kilometer von der Sonne entfernt. Aber am interessantesten ist die Tatsache, daß Neptun fast dreimal soviel Energie ausstrahlt, als er von der Sonne aufnimmt.

Aber welchen Ursprungs ist dann die am äußeren Rand des Sonnensystems vorhandene Energie, wo die von der Sonne abgestrahlte nur noch den 350. Teil der zur Erde gelangenden Energiemenge beträgt? Jedenfalls herrschen auf dem Planeten hochinteressante, nahezu bizarre meteorologische Bedingungen. So sind seine mit einer Geschwindigkeit von 2000 Stundenkilometern dahinrasenden Stürme die energiereichsten Winde des Sonnensystems. Woher stammt die Energie Neptuns?

Ein anderes astrophysikalisches Phänomen hängt mit den sogenannten Neutrinos zusammen. Da Sonnenenergie durch Kernfusion produziert wird, müßte die Sonne subatomare Teilchen, die Neutrinos erzeugen, die uns buchstäblich überfluten würden. Nun versuchen Physiker in aller Welt, seit über zwanzig Jahren, diesen Neutrinos auf die Spur zu kommen. Sie entdeckten aber nur sehr wenige. Die jüngsten Experimente der Russen und der Japaner blieben sogar völlig erfolglos. Daraus schlossen führende Experten, daß unser Modell von der Sonne einen grundlegenden Fehler aufweisen muß. Wenn Sonnenenergie also nicht durch Kernfusion erzeugt werden sollte, stünden die Astrophysiker wieder ganz am Anfang.

Im Verlauf seiner Recherchen stieß Hoagland auf Abhandlungen über theoretische Mathematik aus dem 19. Jahrhundert, die sich mit Fragen der Hyperdimensionalität befaßten – mathematische Modelle, die von mehr als den bekannten drei Dimensionen ausgehen. In diesen Modellen wurden Wirbelformationen bei 19,5 Grad Nord oder Süd in einem rotierenden Referenzrahmen behandelt. Sie bringen zum Ausdruck, daß beim Auftreffen auf die 19,5-Anzeichen für eine aus dem Körper stammende aufsteigende Energie, auch bei einem rotierenden Über-Raum, ein Energie-Einfluß zu finden ist. Auf Neptun angewandt, heißt das: Der Planet erhält seine Energie vom Schnittpunkt zwischen der 4. und der 3. Dimension. Sie kommt aus dem Hyperraum durch die Rotation des Objektes, der Materie. Die Rotation ist der Schlüssel, der das »Tor« zwischen den beiden Dimensionen öffnet. »Verkörpern die Sterne also keine riesigen H-Bomben, sondern Tore zu einer anderen Dimension? Sind diese Tore leuchtende Fenster, die uns einen Eindruck von jener immensen, unendlichen Energie vermitteln, die auf der anderen Seite auf uns wartet?« fragt Hoagland. Sirius, der hellste Stern, hieß bei den alten Ägyptern »der Torweg«. Was aber wußten die alten Ägypter? Und wenn unendliche Energie irgendwo »drüben« vorhanden wäre, wie könnte sie gewonnen und für unsere Zwecke genutzt und damit vielleicht das Zeitalter der fossilen Brennstoffe mit ihren verheerenden Auswirkungen auf unsere Umwelt beendet werden?

Auf der Suche nach Physikern, die sich mit dieser Frage bereits befaßt hatten, stieß Hoagland auf Bruce DePalma, einen Physiker am renommierten Massachusetts Institute of Technology. DePalma experimentierte schon zwanzig Jahre, bevor Hoagland seine provozierenden Fragen stellte, im Zusammenhang mit sogenannten »Freien-Energie-Generatoren«. Dabei arbeitete er zuerst mit großen, rotierenden Körpern, dann mit rotierenden, magnetisierten Gyroskopen (Kreiselvorrichtungen) von bis zu 125 kg mit bis zu 8000 Umdrehungen pro Minute. »Die geltende Physik macht keinen Unterschied zwischen rotierenden und statischen Körpern. Aber diese Physik ist falsch«, konstatierte

DePalma. Es zeigte sich, daß beim Aufsetzen eines Konduktors und einer Verbindung der Rotationsachse mit der Peripherie Strom fließt, obwohl der Körper als Ganzes nur rotiert und, theoretischer Schulphysik zufolge, eine relative Bewegung zwischen dem Konduktor und dem Magneten stattfinden müßte, um den Stromfluß aufrechtzuerhalten. Damit bestätigte sich DePalmas Auffassung, daß magnetische Felder Elemente des Bereichs der hyperdimensionalen Raum-Zeit-Grenze selbst sind und nicht durch den Magneten als bloßen Konduktor erzeugt werden. Also quasi ein Tor, durch das sich die magnetische Ausprägung des höherdimensionalen Raumes in unseren drei Dimensionen zeigt.

Weiterhin arbeitete DePalma mit zwei Stahlkugeln, von denen die eine bewegungslos war, die andere aber mit 27000 Umdrehungen pro Minute rotierte, die er jeweils in einem Winkel von 45 Grad in die Luft schoß. Die sich drehende Kugel stieg schneller und höher aufwärts und fiel langsamer wieder herunter als die nichtrotierende Kugel. Dieses Phänomen war durch die Newtonsche Physik nicht erklärbar. Ein Beweis dafür, daß rotierende Körper anders reagieren als statische und daß unsere auf statische Objekte ausgerichtete theoretische Physik nicht auf das in Rotation befindliche Universum angewendet werden kann. Aber vielleicht verbarg sich dahinter sogar das Geheimnis der Schwerkraft?

Vorausgesetzt, Hoagland hätte recht, welche Folgen wären dann mit der Erkenntnis verbunden, daß Rotation ein »Tor« öffnet, durch das Energie aus einer anderen Dimension in zusammenhängender elektrischer Form in unsere dreidimensionale Welt einfließt – unbegrenzte Energie? Welche Quellen würden damit der Erde und ihren Bewohnern zugänglich – Energie im Überfluß? Welche Konsequenzen brächte dieses neue Verständnis von der Welt, in der wir leben, mit sich? Wie Hoagland glaubt, letztlich vielleicht eine einheitliche Feldtheorie, die auch das Phänomen Bewußtsein als »Einfluß« aus einer höheren Ebene des Seins versteht? Hoagland: »In einem inkohärenten System erhalten wir so etwas wie Hitze. In einem semikohärenten System erhalten wir Elektrizität. Aber in einem wirklich kohärenten System müßte selbstbezogenes, empfindendes Bewußtsein zu erhalten sein – das ist es, was uns die Cydonia-Botschaft sagt.«

Die erstaunlichste Erkenntnis – möglicherweise sogar Bestätigung der Hoaglandschen Entdeckungen aber war, daß dieses Wissen ohne jeden Zweifel schon einmal bekannt gewesen sein muß. Dies zeigt sich immer wieder und überall in der »heiligen Geometrie« der Erde, im antiken Tempelbau sowie in vorzeitlichen Steinkreisen. Das interessanteste Beispiel dafür dürfte Teotihuacán sein, eine uralte Tempelstadt nördlich von Mexico City, deren erste Bauwerke um 1400 v. Chr. errichtet wurden. Teotihuacán oder »der Ort, an dem die Götter wohnen« liegt auf 19,69 Grad nördlicher Breite – reicht aber weit in den Süden bis auf 19,5 Grad. Wie etwa New York wurde die Stadt »auf dem Reißbrett« angelegt. Ihr Zentrum markierten zwei 45 Meter breite Prachtstraßen, die sich im rechten Winkel schnitten. Sie waren von Hotels und Wohnhäusern für 200 000 Menschen umgeben, dazu gab es Herrensitze mit 2000 Quadratmetern Wohnfläche. In der Stadtmitte befanden sich zwei Stufenpyramiden, deren jede an einem der beiden Haupt-Boulevards gelegen war. Dabei verfügte die 225 Meter breite »Sonnenpyramide« fast über dieselbe Grundfläche wie die Cheopsyramide von Gizeh, war aber »nur« 63 Meter hoch. Die »Mondpyramide« war dagegen etwas kleiner. Der Komplex war von Reihen kleinerer Pyramiden und Kultzentren umgeben. Archäologen haben ergründet, daß alle nach demselben Maßsystem, dem »teotihuacánischen Meter« (1,059 m) errichtet worden sind. Als der amerikanische Archäologe Hugh Harleston alle freigelegten Bauten vermaß und die Daten in seinen Computer fütterte, machte er eine erstaunliche Entdeckung: Vom Zentrum ausgehend, markierten die auf einer Achse – der sogenannten »Straße der Toten« – liegenden, wichtigsten Gebäude der Stadt maßstabgetreu die Abstände der Erde von den anderen Planeten unseres Sonnensystems. Selbst da, wo die erst in den letzten 220 Jahren entdeckten Planeten Uranus, Neptun und Pluto dargestellt sein müßten, entdeckte Harleston ein Tempelchen. Danach mußten die Bewohner von Teotihuacán erstaunlich genaue Kenntnisse über unser Sonnensystem gehabt haben. Doch nicht genug damit, beträgt der Winkel des unteren Teils der vierten Ebene der Sonnenpyramide – die leicht konvex geformt war – von Teotihuacán 19,69 Grad – und ist damit eine genaue Markierung der Position des Bauwerks auf dem »19,69ten Breitengrad«. Dagegen hatte die vierte Ebene der Mondpyramide einen Neigungswinkel von 19,5 Grad, was sich auf die südlichste Ausdehnung der Stadt bezog. So wie die Bauwerke der Cydonia-Region auf dem Mars, waren also auch die Pyramiden von Teotihuacán mit dem Code ihrer Position versehen. Wollten die Erbauer etwa darauf hinweisen, daß der bei 19,5–19,69 Grad festgelegte Standort der Stadt keinesfalls auf einem Zufall beruhte?

Natürlich wiesen die Pyramiden und die Sphinx von Gizeh die offensichtlichste Verbindung zu den Cydonia-Strukturen auf. Auch ihre geographische Position ist interessant. Sie liegen auf dem 30. Breitengrad. Außerdem erreichte die größte Ausdehnung des antiken Ägyptens den 20. Längengrad, also 120 Grad von Teotihuacán, während seine südlichste Grenze am 3. Nilkatarakt bei 19,69° nördlicher Breite lag. Wird eine Archimedische Spirale so über den Gizeh-Komplex gelegt, daß alle drei Pyramiden auf dem äußeren Arm der Spirale aufgereiht liegen, befindet sich die Sphinx auf einem Punkt, an dem das Verhältnis der Länge der Spirale zu ihrer Breite dem Verhältnis $e : \pi$, der Mars-Formel, entspricht.

Die Pyramiden von Gizeh liegen interessanterweise bei Kairo, eigentlich »al-kahira«, »die Prachtvolle« genannt. Ist es nicht erstaunlich, daß »al-kahira« auch ein arabischer Name für den Mars ist? Noch ein Zufall? Es ist jedenfalls unbestreitbar, daß die Sphinx, deren Züge dem mysteriösen Marsgesicht so ähnlich sind, sehr viel älter ist, als bisher angenommen wurde. Das bewies eine geologische Untersuchung, deren Ergebnisse im Sommer 1992 um die Welt gingen. Der amerikanische Geologe Robert M. Schoch führte diese Untersuchung durch. Er analysierte das Sandstein-Bett, aus dem die Sphinx geschlagen wurde, und verglich die Einzelheiten mit dem, was man heute über die paläoklimatische Geschichte des Gizeh-Plateaus in den letzten zehntausend Jahren weiß. Die Sphinx ist in der Tat stärker verwittert als jedes andere Zeugnis ägyptischer Kultur, schlimmer noch als die Memnon-Kolosse von Theben, die immerhin einige Jahrhunderte den Fluten des Nils ausgesetzt waren. Der Wüstenwind Khamsin kann es nicht gewesen sein, denn dem waren alle Bauten gleichermaßen preisgegeben. Zudem war die Sphinx meistens vom schützenden Wüstensand bedeckt. Eine Stelle von Pharao Thutmosis IV. erzählt, wie der junge Prinz gelobte, sie freizulegen, wenn er Pharao würde. Da sie von Herodot (6. Jh. v. Chr.) mit keinem Wort erwähnt wurde, kann man darauf schließen, daß sie damals bereits wieder unter Sand begraben lag. Erst die Ptolemäer (3. Jh. v. Chr.) gruben sie erneut aus. Während des gesamten Mittelalters ragte dann nur noch ihr Kopf aus dem Sand. Worauf war aber dann die starke Erosion zurückzuführen? Bereits der Elsässer Archäologe und Philosoph René Schwaller de Lubicz war der Ansicht, daß diese Erosion nur auf Wasser zurückgeführt werden könnte. Durch eine Untersuchung der amerikanischen Stanford-Universität im Jahr 1977 wurde diese Theorie auch bestätigt. Damals waren sich alle beteiligten Geologen darüber einig, daß die Schäden auf Wassererosion aus der Zeit um 10000 v. Chr. (!) zurückzuführen seien. Auch Schoch kam zu dem Schluß, daß die Sphinx aus einer Zeit stammen mußte, in der das Klima Nordägyptens noch sehr viel feuchter war als heute. »Teile der Verwitterung am Körper der Sphinx stammen definitiv aus prädynastischer Zeit«, erklärte der Geologe, datierte sie vorsichtig auf die Zeit zwischen 7000 und 5000 v. Chr. Allerdings erhebt sich dann die Frage, wer die Sphinx erbaute, wenn sie tatsächlich zwischen siebentausend und neuntausend Jahre alt ist? Der erste Steinbau der alten Ägypter, die Stufenpyramide von Sakkara, ist »nur« 4800 Jahre alt. So könnte sich bewahrheiten, was der Ägyptologe John A. West mit folgenden Worten formulierte: »Schochs Entdeckungen könnten auf die Geschichtsschreibung dieselben Auswirkungen haben, wie Einsteins Relativitätstheorie auf die bis dahin geltende Physik.«

Aber Gizeh und Teotihuacán sind nicht die einzigen irdischen Parallelen zu den Cydonia-Strukturen. Die prähistorischen Anlagen Südenglands gehören ebenfalls dazu. So gibt es in der Geometrie von Teotihuacán einen interessanten Hinweis auf Stonehenge: Die »Straße der Toten« ist nämlich mit einer Abweichung von fast 15,5 Grad nach Norden ausgerichtet. Warum gerade 15,5 Grad? Bei einer Multiplikation von 15,4919333 mit π beträgt das Resultat 48,6692 – das ist der Radius von Stonehenge in Fuß.

Die Wurzel aus 60 x 2 π ergibt ebenfalls 48,6692. Nördlich von Stonehenge liegt Silbury Hill, ein geheimnisvoller, prähistorischer Kulthügel, auf den ein spiralförmiger Weg hinaufführt. Nördlich davon befindet sich wiederum der Steinkreis von Avebury. Ebenso wie Stonehenge war auch Avebury nach der »megalithischen Elle« mit genau 2,72 Fuß errichtet. Aber 2,72 ist auch die Konstante *e*. Die Anlage bestand aus zwei Steinkreisen, die keineswegs präzise nach Norden ausgerichtet waren, sondern mit einer Abweichung von 19,5 Grad nach Nordwesten. Die Anlage von Avebury/Silbury Hill gleicht in ihren Proportionen tatsächlich dem »Mound« und dem nördlich davon gelegenen »Ringwall« in der Cydonia-Region. So abenteuerlich es auch klingen mag, aber in der gleichen Richtung, in der der Cydonia-Ring von zwei pyramidenartigen »Hügeln« überragt wird, befinden sich auch auf dem Ring von Avebury Erhebungen. Und so wie der Cydonia-Ring in einem Winkel von 19,5 Grad nordöstlich des Mound liegt, befindet sich auch der Ring von Avebury mit einer Abweichung von 19,5 Grad nordöstlich von Silbury Hill. Zufall? Oder sollte auf der Erde – in Avebury – eine ganz spezielle Struktur der Cydonia-Region kopiert werden?

»Die Entdeckung eines globalen Netzes von Kultstätten, die offenbar diese beiden Welten – Erde und Mars – miteinander verbinden, weist darauf hin, daß beide von den gleichen Urhebern erschaffen wurden, die einst auch im Gebiet von Cydonia landeten. Das hat tiefe und wichtige Implikationen für uns alle. Es bedeutet, daß wir all unsere Maßsysteme der Vergangenheit sorgfältig untersuchen und alte Kultstätten neu vermessen sollten, auf die Frage hin, ob sie uns weitere Hinweise auf ein uraltes Wissen geben, dessen Grundlagen gleichermaßen auf der Erde wie auf dem Mars in Monumentalstrukturen, ihren Winkeln und Maßsystemen, buchstäblich einkodiert wurde«, sagt Hoagland. Die Wiederentdeckung dieses Wissens – die Mars-Formel – könnte unser aller Leben verändern.

Hat Hoagland recht? Ist es ihm gelungen, verlorengegangenes Wissen wiederzuentdecken, fand er die Weltformel? Es wird sich zeigen, ob seine Berechnungen stimmen. Spätestens wenn bessere, schärfere Aufnahmen der Cydonia-Region vorliegen, wissen wir endgültig, wie genau Hoagland seine Winkel berechnet hat und ob das Marsgesicht sowie die Pyramiden das Werk einer intelligenten Zivilisation sind oder nur »ein Spiel von Licht und Schatten«.

Skeptiker, die den Behauptungen Hoaglands kritisch begegnen, argumentieren, daß auf jede zufällig ausgewählte Landschaft mathematisch-geometrische Muster projiziert werden können. Wenn man lange genug danach suche, fänden sich schließlich auch signifikant erscheinende Punkte. Dr. Mark J. Carlotto von TASC (The Analytic Sciences Corporation) in Boston, der über mehr als zehn Jahre hinweg genaueste Computerstudien der Mars-Monumente durchgeführt hat, entgegnet auf diese Feststellungen folgendermaßen:

1. »Wer behauptet, die Entdeckungen von DiPietro, Molenaar und Hoagland seien ›an den Haaren herbeigezogen‹, hat wohl übersehen, wie diese Entdeckungen zustande gekommen sind. In diesem Fall gibt das Protokoll einen eindeutigen Hinweis. Hoagland und andere haben zuerst die Existenz ungewöhnlicher Strukturen mit bestimmten Eigenschaften nachgewiesen. Später erst haben Hoagland und dann Torun die Lage- und Winkelbeziehungen der fraglichen Objekte in Augenschein genommen und vermessen.

2. In der Wissenschaft sollten Behauptungen nicht als bestätigt oder widerlegt gelten, bevor Originalarbeiten vorurteilslos nachvollzogen worden sind. Soweit bekannt ist, hat sich daran aber kein Herausforderer gehalten, weder in bezug auf die Cydonia-Fotografien, noch mit sonst einer von einem Kritiker zufällig gewählten Landschaft auf der Erde oder auf dem Mars.

3. In diesem Fall spricht die ungewöhnliche Anzahl meßbarer mathematischer Stimmigkeiten und Unstimmigkeiten dagegen, daß es sich nur um das Produkt von Projektionen oder Wunschdenken handelt. Die Unterstellung, das Ganze sei an den Haaren herbeigezogen, trifft in diesem Fall sicherlich nicht zu … Zudem muß festgestellt werden, daß alle Messungen und geometrischen Beziehungen – Winkel, Proportionen und trigonometrische Funktionen – universal sind und kein bestimmtes, kulturabhängiges numerisches System.«

Vielleicht erhalten wir Aufschluß darüber, ob die Mars-Monumente künstlichen oder natürlichen Ursprungs sind, wenn die Daten der vom Jet Propulsion Laboratory der NASA in Pasadena, Kalifornien, zum Mars gesandten Sonde »Mars-Observer« ausgewertet worden sind.

Rätselhafterweise ist der Funkkontakt vom Mars-Observer zum Jet Propulsion Laboratory in Pasadena, Kalifornien, kurz vor Eintreffen der Sonde am Ziel unvermittelt ausgefallen. Falls sich dieser Kontakt nicht wieder herstellen läßt, bleiben die sonderbaren Mars-Monumente nach wie vor ein Rätsel.

VII *Die Weltformel*

Heute führen die Spuren der Weltformel wieder zur »heiligen Geometrie«. Denn in geometrischen Diagrammen und mathematischen Formeln sollen Raum, Zeit, Materie und Energie – die Naturkräfte – einheitlich erfaßt werden, zum Verständnis von Wesen und Sinn unseres Universums.

Als »Hohepriester« der Naturwissenschaft – die »Wächter von Eden« – forschen Kosmologen, Astronomen, Physiker und Mathematiker mit aufwendigster High-Tech, um die Frage beantworten zu können, warum unser Universum ist, wie es ist – und warum es war, wie es gewesen ist.

Untereinander verständigen sich die »Magier« des 20. Jahrhunderts in Fachterminologien und Modellvorstellungen, welche Außenseitern als unverständliche Geheimcodes beziehungsweise »böhmische Dörfer« erscheinen müssen. Im »Garten Eden der Elementarphysiker und Kosmologen« wachsen immer exotischere und abstraktere Geistesblüten heran, die das Rätsel der fundamentalen Arbeitsprinzipien des Universums ein für allemal lösen helfen sollen.

Um die Entwicklung und Struktur des Universums erkennen zu können, muß es in drei Dimensionen beobachtet werden. Noch vor wenigen Jahren wurde es in seiner Materie-Verteilung als homogen angesehen; das heißt, man ging von der Annahme aus, daß die Galaxien in alle Richtungen gleichmäßig verteilt sind. Die Kosmologen waren daher regelrecht geschockt, als drei Astronomen 1986 die erste detaillierte Himmelskarte präsentierten, auf der ein gewaltiger Abschnitt des Universums zu sehen ist: Entgegen der bisherigen Annahme sind hier die Galaxien zu riesigen Haufen zusammengeballt, die durch gigantische, seifenblasenförmige Leerräume mit scharf abgezeichneten Umrissen getrennt sind. Eine um so überraschendere Entdeckung, als sie in keiner Theorie je vorher erwähnt worden war, doch damit nicht genug, sollte eine noch sensationellere folgen!

Es ist nicht im Detail bekannt, über welche naturwissenschaftlichen Kenntnisse untergegangene Hochkulturen bereits verfügten. Wir wissen aber, daß beispielsweise die Astronomen der alten Chinesen, Ägypter und Griechen den Himmel nachts nur als schwarze Kuppel mit leuchtenden Punkten gesehen haben. Ohne das uns zur Verfügung stehende Instrumentarium zur Himmelsdurchmusterung war es ihnen nicht möglich, auch nur die geringsten Rückschlüsse auf unser heimatliches Sternensystem, die Milchstraße, zu ziehen. Eine Problematik, die erst mit der Erfindung des Teleskops gelöst werden konnte.

Im 17. Jahrhundert richtete der große Galileo Galilei sein kleines Teleskop immer wieder auf den Nachthimmel über Padua und kam schließlich zu der Erkenntnis, daß sich unsere Milchstraße aus Millionen von Sternen zusammensetzt. Das führte erstmals zu der Vermutung, daß unser Sternensystem riesige Ausmaße haben müsse, jedoch nicht grenzenlos sein kann und von abgeflachter Form sein dürfte. Galilei fand zudem eine Anzahl schimmernder Lichtflekken – »Nebel« – von unterschiedlicher Form und Größe, die nicht zu erklären waren. So entdeckte der französische Astronom Charles Messier (1730–1817) allein 103 derartige »Nebel« und katalogisierte sie. Der berühmte englische Astronom Sir William Herschel (1738–1822) machte eine ganze Reihe anderer »Nebel« ausfindig. Als Wilhelm Herschel in Hannover geboren, wanderte der Deutsche 1765 als Organist nach England aus. Über die Musiktheorie gelangte er zur Optik und zur Mathematik. Schon 1766 begann Herschel dann sehr erfolgreich Teleskopspiegel zu schleifen und fertigte nach und nach rund vierhundert davon an. Für die Astronomie waren Herschels Beobachtungen von »Nebeln«, Sternhaufen und Doppelsternen von unschätzbarem Wert.

Im Laufe des 19. Jahrhunderts wurde generell die Ansicht vertreten, daß diese »Nebel« mit Gas oder Staub innerhalb der Milchstraße gleichzustellen sind. Der deutsche Philosoph Immanuel Kant (1724–1804), von dem Einstein einmal sagte, er sei der einzige Philosoph, der einem Naturwissenschaftler etwas zu sagen habe, war da ganz anderer Meinung. Er ging nämlich davon aus, daß die feinen »Nebel« Galaxien wie unsere Milchstraße verkörpern könnten.

Während seiner Zeit in Königsberg war Kant ein Zeitungsartikel über den Amateurwissenschaftler Thomas Wright in die Hände gefallen. Danach hatte der Engländer behauptet, die Milchstraße sei entweder kugelförmig oder flach wie ein Mühlstein, bestehe aus Sternen – oder aber sie sei ganz einfach eine Illusion. Kant hatte damit einen so vereinfachenden Bericht über Wright gelesen, daß der Vernunftkritiker daraus schließen mußte, für Wright sei die Milchstraße eine flache, aus Sternen bestehende »Scheibe«. Ein Gedanke, der Kant zusagte.

In hohem Alter veröffentlichte er eine Arbeit, in der er die Ansicht vertrat, daß sich einige der deutlich mit Sternen in Verbindung stehenden »Nebel« innerhalb unserer Milchstraße befänden; daß es sich dagegen bei anderen, spiralförmig oder oval geformten »Nebeln« um selbständige, weit entfernte Galaxien handele. Kant identifizierte damit nicht nur die wahre Natur der Spiralnebel, sondern erkannte auch als erster den Andromeda-Nebel als ein Milchstraßensystem.

Der englische Astrophysiker Sir William Huggins (1824 bis 1910) war einer der Begründer der Sternspektroskopie. (Mit Hilfe des Spektroskops wird das von einem Stern ausgestrahlte Licht in ein Linienspektrum zerlegt, um so die chemischen Elemente und deren Menge im Stern nachzuweisen.) Als wohlhabender Mann hatte sich Huggins auf dem Dach seines Londoner Heims ein eigenes Observatorium bauen lassen. Von Beruf eigentlich Chemiker, bestückte er sein Teleskop mit einem Spektroskop, um die Sterne sozusagen in ihre chemischen Bestandteile zu zerlegen. Fast in jeder Nacht gelang dem Astrophysiker eine neue Entdeckung. Als er der Sterne »überdrüssig« war, verlegte sich Huggins 1864 schließlich auf die »Nebel«. Durch die von ihm erzielten Resultate wurde die Kantsche Hypothese bestätigt, denn Huggins stieß auf die Spektren zweier verschiedener Arten von »Nebeln«: und zwar solchen, die offensichtlich aus Gas bestanden, sowie anderen, deren Spektren Ähnlichkeit mit dem Spektrum unserer Sonne hatten und die sich also aus Sternen zusammensetzen mußten. Die von Huggins untersuchten Spiralnebel wiederum wiesen alle sonnenartige Spektren auf.

In bezug auf die Spiralnebel gewannen zwei Theorien die Oberhand. Die einen hielten unbeirrt daran fest, daß es sich um selbständige Sternensysteme außerhalb der Milchstraße handele. Die Mehrheit der Fachleute betrachtete diese »Spiralnebel« dagegen als relativ nahe gelegene Gasstrudel, die gerade im Begriff waren, sich zu Sternen zu formieren. Vorerst blieb die Situation also unentschieden. Da kein neues Konzept für den Weltenbau greifbar war, beschränkten sich die Wissenschaftler zunächst einmal auf die Sammlung von Fakten.

Welche Position unsere Sonne mit ihren neun Planeten einnimmt, war nicht bekannt. Nahm sie unter den zahllosen Sternen im Kosmos einen bevorzugten Platz ein – vielleicht im Zentrum? Eine Frage, die durch einen amerikanischen Astronomen beantwortet werden sollte – Harlow Shapley (1885–1972), der in Missouri geboren wurde und der sich der Öffentlichkeit schon als fünfzehnjähriger Zeitungsreporter präsentierte. 1907 entschloß er sich, an der Universität Missouri Journalistik zu studieren, mußte aber zu seinem Leidwesen von diesem Vorhaben wieder Abstand nehmen, als er erfuhr, daß die Eröffnung dieser Fakultät für ein Jahr verschoben worden war. Er schrieb sich dann für Astronomie ein, weil dieses Studienfach – wie er jedenfalls später behauptete – den Reigen der Einschreibungsliste eröffnete.

Nach vierjährigem Studium an dieser Universität erhielt Shapley ein Stipendium des Observatoriums von Princeton. Durch seine Beobachtungen und Analysen von Doppelsternen mit Hilfe von Teleskop, Spektroskop und Photometer konnte er eine Reihe von offenen Fragen klären. So zum Beispiel die Entfernung bestimmter Sterne voneinander und von der Erde sowie ihre gegenseitige Umlaufgeschwindigkeit. Shapley erhielt 1914 in Anerkennung seiner Leistung eine Anstellung am kalifornischen Mount-Wilson-Observatorium. Durch sein Studium der Kugelsternhaufen versuchte er, die Größe der Milchstraße zu errechnen. Schließlich erkannte er, daß die Sonne mit ihren Planeten im Universum keinen bevorzugten Platz einnimmt, sondern nur in einem Vorort des Milchstraßensystems untergebracht ist.

Mit letzterem hatte Shapley den Nagel auf den Kopf getroffen, wenn er sich auch in bezug auf die Größe der Milchstraße irrte. Seiner Schätzung nach hatte sie nämlich einen Durchmesser von 250000 Lichtjahren, und unser

Sonnensystem vermutete er 50 000 Lichtjahre vom Zentrum der Milchstraße entfernt. Inzwischen sind längst die richtigen Zahlen bekannt, und zwar: 100 000 Lichtjahre für den Durchmesser und 30 000 Lichtjahre für die Entfernung des Sonnensystems vom Zentrum der Milchstraße.

Schon bald führte die von Shapley vermutete Größe der Milchstraße unter Astronomie-Kollegen zu Streitereien. Ein gewisser Heber Curtis war in dieser Beziehung besonders verbissen. Wie das bei Neidern nur zu oft vorkommt, verwandte er sein ganzes Potential darauf, Shapley das Leben schwer und seine Arbeit madig zu machen.

Da Curtis Astronom des Lick-Observatoriums war, Shapley dagegen zum Mount-Wilson-Observatorium gehörte, wuchs sich das anfängliche »Kollegen«-Scharmützel mit der Zeit zu einem langjährigen, erbitterten Observatorien-Krieg aus. Curtis scheute sich nicht, die übertriebene Größe des Shapleyschen Modells der Milchstraße als lächerlich zu brandmarken. Spiralnebel und andere Sternensysteme waren, seiner Überzeugung nach, ähnlich aufgebaut wie unsere Milchstraße. (Damit hatte er ja auch recht.)

Schließlich veranstaltete die National Academy of Sciences in Washington eine Diskussion, um es den Streithammeln zu ermöglichen, ihre Meinungsverschiedenheiten im Rampenlicht der Öffentlichkeit auszutragen.

Die Reise dorthin legten die Gegner gezwungenermaßen gemeinsam zurück, führten unterwegs mühsam belanglose Gespräche, um sich fachlich nicht aus der Reserve locken zu lassen. Auch Albert Einstein wohnte der am 26. April 1920 stattgefundenen Debatte bei.

Curtis nagelte Shapley sogleich auf seine Behauptung fest, daß sich innerhalb unseres Sonnensystems Spiralnebel befänden. Shapley führte daraufhin die Supernova von 1885 im Andromeda-Nebel als Beweis dafür an, daß es sich bei diesem Spiralnebel um kein eigenständiges Sternensystem handeln könne. Andernfalls wäre das ja gleichbedeutend damit, daß die Leuchtkraft eines einzigen explodierenden Sternes der von Hunderten von Millionen gewöhnlicher Sterne entspräche. Eine für Shapley völlig abwegige Auffassung. Nach heutigem Wissensstand kann die Leuchtkraft einer Supernova aber tatsächlich so stark sein.

Nachträglich ist im Zusammenhang mit diesen Auseinandersetzungen lediglich erwähnenswert, daß Shapley zwar die Größe der Milchstraße überschätzte, dagegen aber in der Beurteilung der Position unseres Sonnensystems in der Milchstraße richtig lag. Bei den Größenvorstellungen bezüglich unseres Sonnensystems irrte Curtis hingegen mit seinem viel zu kleinen Modell weit mehr als Shapley. In einem Punkt waren die Astronomen allerdings einer Meinung, darin nämlich, daß interstellarer Staub und Gas Sternenlicht nur in nicht erwähnenswertem Maß absorbieren würden. Und hier irrten beide. Ungeachtet dessen wurde Shapley bald nach dieser Auseinandersetzung Direktor des Harvard-College-Observatoriums.

Auf Mount Wilson gelang Edwin P. Hubble (1889 bis 1953) indessen der wirkliche Durchbruch, wenn auch zum allergrößten Leidwesen von Shapley, der ihn nicht ausstehen konnte. Er fand ihn anmaßend und arrogant. Nicht zuletzt aber stieß er sich an dessen »aufgesetztem« Oxford-Akzent, war Hubble doch genau wie Shapley in Missouri zur Welt gekommen! Jedenfalls verheimlichte er seine Überzeugung nicht, daß Hubble, nachts aus dem Schlaf gerissen, in breitestem Missouri-Amerikanisch antworten würde. Hubble selbst sah keine Veranlassung, sich bei seinen Kollegen beliebt zu machen. Auf die meisten wirkte der Mann mit dem ausgeprägten Kinn, den schmalen Lippen und dem eisigen Blick unnahbar. Seine Freunde waren allerdings anderer Ansicht.

Anfangs befaßte sich Hubble mit den »Nebeln«, die er im Milchstraßensystem vermutete. Einige, darunter die Plejaden, waren ihm schon seit seiner Jugend bekannt. Zur Auswertung gesammelter Daten und zur Aufteilung der nahegelegenen oder »galaktischen« Nebel in Gruppen benötigte er fünf Jahre. Die zwei größten, von der Erde aus sichtbaren Spiralnebel – M33 im Triangulum und den Andromeda-Nebel – erforschte er in Hunderten von Beobachtungen.

Durch ein Teleskop erscheint M33 fast als flacher Spiralnebel. Hubble fotografierte ihn wiederholt, bis es ihm endlich gelang, den Nebel zweifelsfrei in Sterne aufzulösen, darunter 35 Cepheiden. (Cepheiden sind Sterne, deren Helligkeit sich in regelmäßigen Abständen verändert. Durch die Zeitabstände des Aufleuchtens lassen sich ihre wirkliche Helligkeit und damit auch ihre Entfernung von uns bestimmen.) Anhand dieser Sterne konnte Hubble also die Entfernung von M33 schätzen, aus der sich einwandfrei schließen ließ, daß es sich um ein selbständiges Sternensystem außerhalb der Milchstraße handeln mußte.

Hubbles Arbeiten verdeutlichten zum ersten Mal, daß das Universum aus Galaxien besteht. Eine Entdeckung, der eine weitere folgte: das expandierende Universum. Während Hubble nämlich die ungefähre Entfernung, Helligkeit und Größe einer Anzahl von Sternensystemen bestimmt hatte, ermittelte er gleichzeitig deren Geschwindigkeit relativ zur Erde. Eigentlich wollte er nur herausfinden, mit welcher Schnelligkeit sich unsere Sonne innerhalb der rotierenden Milchstraße fortbewegt.

Hubble setzte voraus, daß die Bewegungsgeschwindigkeit der Sonne durch andere Sternensysteme, die als Referenzrahmen dienen, feststellbar ist, ob sie nun bewegungslos sind oder im Raum dahinschweben. Zu seiner Überraschung entdeckte der Astronom aber, daß nur einige nahe gelegene Galaxien praktisch bewegungslos im All schweben, während alle anderen »auf der Flucht« vor uns zu sein scheinen. Sie entweichen erstaunlich schnell, und je weiter sie entfernt sind, desto schneller.

Für diese Tatsache fand Hubble nur zwei Erklärungen: Entweder ist die Milchstraße im Zentrum des Universums angesiedelt, und aus unbekannten Gründen entfernen sich alle anderen Galaxien von ihr, wobei sie mit zunehmender Entfernung schneller werden – oder aber das Universum dehnt sich aus.

Anfang der zwanziger Jahre trat der sowjetische Mathematiker Alexander Friedmann mit dem ersten deutlichen Hinweis auf ein expandierendes Universum an die Öffentlichkeit. Er wies nämlich nach, daß sich das Universum aufgrund seiner Startbedingungen entweder ausdehnen, zusammenziehen oder aber daß es pulsieren könne.

Ob das Verhalten des wirklichen Universums mit dem des Modells übereinstimmte, ließ sich nur durch Beobachtungen klären. Aber da lag, wie es im Volksmund heißt, »der Hund begraben«. Denn mit den neuen großen Teleskopen in Amerika arbeiteten vorwiegend Astronomen mit geringen kosmologischen Kenntnissen. Dafür lebten die hochqualifizierten Kosmologen damals vorwiegend in Europa – in Berlin, Cambridge oder Leiden –, und ihnen mangelte es wiederum an praktischer Erfahrung in der beobachtenden Astronomie. Ein Dilemma, das sich entsprechend auswirkte.

Etwa zu der Zeit, als Friedmann seine ersten Arbeiten über kosmologische Relativität veröffentlichte, stellte der Direktor des Lowell-Observatoriums, Vesto Melvin Slipher (1875–1969), in einer Liste 40 Galaxien zusammen, bei denen (bis auf vier) der Nachweis einer »Rotverschiebung« erbracht worden war. Diese Liste hätte sicherlich bei anderen Astronomen, bei Einstein oder Friedmann, starkes Interesse gefunden. Aber bedauerlicherweise erfuhr niemand davon. Denn die Verwaltung dieses Observatoriums beförderte offizielle Anfragen von außerhalb unbeantwortet in den Papierkorb.

Was ist unter Rotverschiebung zu verstehen? Sie läßt sich durch ein ganz einfaches Beispiel erklären: Wenn ein Zug pfeifend auf uns zukommt, klingt der Pfeifton höher als unter normalen Umständen, aber tiefer, wenn sich der Zug von uns entfernt. Der Grund ist, daß die Schallschwingungen bei der Annäherung enger zusammengedrängt werden und sich beim Entfernen – bezogen auf den Beobachter – ausdehnen. Dieser, nach seinem Entdecker, dem österreichischen Mathematiker und Physiker Christian Doppler (1803–1853) benannte »Doppler-Effekt« trifft auch auf Licht- und andere Wellenarten zu. Nach Hubbles Schlußfolgerung läßt sich aus der Verschiebung zum Rot mit seinen längeren Wellen die Fluchtgeschwindigkeit der Galaxien ableiten.

Die Friedmannsche Theorie fand wenig Interessenten. Nachdem sich der Mathematiker dann auch noch bei einer meteorologischen Ballonfahrt mit einer Lungenentzündung im wahrsten Sinne des Wortes den Tod geholt hatte, geriet sie vollends in Vergessenheit. Der belgische Kosmologe Abbé Georges Le Maître arbeitete fünf Jahre später am selben Projekt, ohne auf Spuren der Friedmannschen Arbeit zu stoßen, kam aber zu fast den gleichen Resultaten wie der Russe. Überzeugt von einem expandierenden Universum, erwartete Le Maître die Bestätigung dafür durch die Rotverschiebung in den Spektren der Galaxien. Möglicherweise war ihm die gerade veröffentlichte Rotverschiebungstabelle von Slipher in die Hände geraten.

1930 wurde in einer populärwissenschaftlichen Zeitschrift ein Bericht über das kosmologische Modell von Le

Maître veröffentlicht, den Hubble las. Obwohl darin die von ihm selbst beobachtete Expansion bestätigt wurde, weigerte er sich jahrelang, seine eigenen Beobachtungen als Beweis eines expandierenden Universums anzuerkennen. Nach wie vor zeigte er der Öffentlichkeit sein üblicherweise steinernes Gesicht und ließ sich erst 1937 zu dem für ihn typischen bissigen Zugeständnis herab: »Kann schon sein, daß Sternensysteme auf so sonderbare Weise entfliehen. Jedenfalls ist es eine ziemlich überraschende Vorstellung.«

Nachdem nun das Universum wegen seiner Expansion als dynamisch betrachtet werden mußte, stellte sich nunmehr die Frage, wann und wie diese Ausdehnung begonnen hatte. Um es ganz deutlich zu machen: In diesem Zusammenhang bedeutet Galaxienflucht natürlich nicht, daß sich alles nur von der Erde entfernt. Denn damit wäre die Erde ja wieder als Mittelpunkt des Universums gekennzeichnet. Vielmehr konnten die Astronomen von der Voraussetzung ausgehen, daß sich die Abstände aller Sternensysteme untereinander vergrößern, da im Universum die Galaxienhaufen in alle Richtungen auseinanderstreben – wie Punkte auf einem Luftballon während des Aufblasens. Hubble hatte für diese gleichmäßige Ausdehnung des Universums einen festen Wert errechnet.

Mußte es für diese Bewegung nicht einen Ursprung geben, einen Anfang? Wenn dies zutraf, wie alt war dann das Universum?

Die Schöpfung wird in vielen Religionen als göttlicher Akt verehrt. 1642, im Geburtsjahr von Isaac Newton, hatte beispielsweise der Engländer John Lightfood anhand von Bibeldaten errechnet, daß die Erschaffung der Welt im Jahr 1928 v. Chr. stattfand, genaugenommen um Punkt neun Uhr, am 17. September jenes denkwürdigen Jahres. Der

Erzbischof von Armagh, James Ussher, erklärte sich damit allerdings nicht einverstanden. Er stellte Lightfoods Daten einige Jahre später »richtig« und verlegte das Schöpfungsdatum der Welt auf Sonntag, den 23. Oktober 4004 v. Chr., und die Kirche hielt sich über hundert Jahre lang an das Datum ihres getreuen Dieners.

Die Astronomen des 20. Jahrhunderts konnten derart abwegige Angaben über das Alter des Universums natürlich nur mit einem Achselzucken abtun, wenngleich ihre eigenen Altersbestimmungen anfänglich nicht weniger widersprüchlich waren. Einig waren sie sich nur darüber, daß das Universum auf eine relativ lange Vergangenheit zurückblicken mußte.

Jahrzehnte vergingen, bis die durch unterschiedliche Fehler hervorgerufenen Zahlen korrigiert waren, da dies weder durch Beobachtungen noch theoretisch sofort erfolgen konnte. Diese Fehler ließen sich jedoch nur beheben, wenn man über das Leben der Sterne Bescheid wußte. Dazu trug einerseits die Zusammenarbeit von Astronomen und Physikern im neuen Fachgebiet der Astrophysik bei, des weiteren ein wesentlich leistungsfähigeres Teleskop. Und hier kam der amerikanische Astrophysiker George Hale (1868–1938) ins Spiel.

Als sich Albert Einstein und Hubble 1931 auf Mount Wilson begegneten, konnte endlich die Schranke zwischen der theoretischen Physik und der Astronomie aus dem Weg geräumt werden.

Dazu leistete Hale einen erheblichen Beitrag mit seiner kategorischen Forderung, die drei unter seiner Leitung erbauten Riesenobservatorien – Yerkes, Mount Wilson und Mount Palomar – mit Spektrographen, Dunkelkammern und Gerätschaften auszustatten, die für physikalische Laboratorien zur Beobachtung und Analyse von Sternen unbedingt erforderlich sind.

Hale entwickelte die von ihm »gehätschelte und getätschelte« Astrophysik im Laufe seiner Karriere immer weiter fort. So fügte sich in internationaler Zusammenarbeit die Geschichte der Evolution der Sterne zusammen, was viele Physiker und Astronomen als die größte Errungenschaft beider Fachgebiete ansehen.

Anfang des 20. Jahrhunderts befand sich die klassische Physik längst in einer Krise. Ursache war die außergewöhnliche Konstellation einer Anzahl von Kapazitäten in der theoretischen Physik, einer Reihe von brillanten Denkern, genialen Wissenschaftlern, die hartnäckig für eine Neuordnung unseres bisherigen Weltbildes, einen Umsturz, kämpften. Vor allem sollte dazu eine Arbeit beitragen, die 1905 in der Fachzeitschrift »Annalen der Physik« veröffentlicht wurde. Ein bis dahin unbekannter 26jähriger Patentsachbearbeiter in Bern war der Verfasser. Er brachte es zustande, unser bis dahin gültiges Zeit- und Raumverständnis sowie die klassische Konzeption der Physik mit nur neuntausend Wörtern drastisch zu verändern. Dieser Mann war Albert Einstein, dem ausgerechnet Professor Kleiner von der Universität Zürich an eben dieser Universität 1908 eine Professur verweigerte. Merkwürdigerweise entschied sich Kleiner plötzlich gegen Einstein, obwohl er ihm zuvor in Bern eine Privatdozentur verschafft hatte. Sein Sinneswandel entsprang einer Einsteinschen Vorlesung, die, seiner Meinung nach, für das Begriffsvermögen von Studenten nicht geeignet war.

Zu jener Zeit dominierte im Hintergrund der naturwissenschaftlichen Welt die immer noch alles überragende Gestalt von Sir Isaac Newton. Wie nach ihm Einstein, hatte er die Fundamente der damaligen Wissenschaft erschüttert, innerhalb kurzer Zeit gleich dreimal. So brachte er mit der Formulierung der Gravitationsgesetze ein gewohntes Weltbild ins Wanken. Denn wie konnte die Erde etwas an sich heranziehen, ohne danach zu greifen? Newtons Gravitationsgesetz stellt aber unter Beweis, daß dieselben Naturgesetze sowohl den Fall eines Apfels als auch den Mondumlauf in seiner Bahn durch Fernwirkung bestimmen.

Als Isaac Newton 1687 seine »Mathematischen Grundlagen der Naturwissenschaft« veröffentlichte, schuf er damit die erste moderne Synthese der physikalischen Welt. Schon auf den ersten Seiten seiner Arbeit »Philosophiae naturalis principia mathematica« benutzte Newton zwei Begriffe: Raum und Zeit. Es waren für Newton zwei getrennte Gefüge: absolute Zeit, die, unabhängig von Materie, stets gleichmäßig verläuft, und absoluter Raum, der, unabhängig von Materie, stets gleich bleibt. Für mehr als zweihundert Jahre sollten Newtons Erkenntnisse für die Naturwissenschaft maßgebend sein. So äußerte der bedeutende französische Physiker, Astronom und Mathematiker Pierre Marquis de Laplace (1748–1827) euphorisch: »... Entdekkungen in der Mechanik und Geometrie, gepaart mit solchen in der universalen Gravitation, brachten den menschlichen Geist in Reichweite des Begreifens der gleichen, allumfassenden Formel für das vergangene und zukünftige Stadium des Weltsystems.« Gegen Ende des 19. Jahrhunderts wurde das Newtonsche Gebäude erstmals in seinen Grundfesten erschüttert. Dann nämlich, als in Experimenten nachgewiesen wurde, daß Licht auch ein wellenförmiger Vorgang und nicht nur ein Partikelstrom ist, der sich – Newtons Behauptung zufolge – nach mechanischen Gesetzen bewegt. Die britischen Wissenschaftler Michael Faraday und James C. Maxwell demonstrierten darüber hinaus, daß elektromagnetische Phänomene, worunter auch Licht fällt, kaum in das Newtonsche System einzureihen sind.

Physikalisch gesehen ist Licht, im Spektrum der aus verschiedenen Wellenlängen bestehenden elektromagnetischen Schwingungen, nur ein winziger Abschnitt. Der schottische Physiker Maxwell bewies, daß Elektrizität und Magnetismus unterschiedliche Manifestationen einer einzigen fundamentalen Kraft sind – der elektromagnetischen Kraft.

Als Einstein auf der »physikalischen Bühne« auftauchte, fand er zwei brillante Theorien vor: zum einen das Newtonsche Gravitationsgesetz, zum anderen die Maxwellsche Theorie des Elektromagnetismus. Im Grunde genommen gab es keinen Anhaltspunkt dafür, daß sie nicht stimmen könnten. Aber eine paßte eben schlecht zur anderen. In den Gleichungen von Maxwell pflanzt sich ein Effekt nie schneller als das Licht fort, bei dem sich elektromagnetische Wellen mit endlicher Geschwindigkeit durch ein Feld fortpflanzen. Newtonsche Schwerkraft breitet sich dagegen selbst über kosmische Entfernungen mit unendlicher Geschwindigkeit aus.

Einstein löste diesen Widerspruch mit einer neuen, revolutionierenden These – der Relativitätstheorie. Jahre später erklärte er in Würdigung Maxwells einmal kurz und bündig: »Die spezielle Relativitätstheorie hat ihren Ursprung in den Maxwellschen Gleichungen der elektromagnetischen Felder.«

Nachträglich wird deutlich, daß die Maxwellsche Theorie vor allen anderen von Einstein weiterentwickelt wurde. Denn er hatte das Prinzip der Vereinheitlichung erfaßt und war sich über eine zugrundeliegende »vereinigende Symmetrie« im klaren, die scheinbar Unterschiedliches wie Raum und Zeit, ebenso wie Materie und Energie miteinander verbindet. Einsteins Beitrag zur Vereinheitlichung bestand in der Verbindung von Raum und Zeit, während Maxwell mit der Entdeckung der Synthese von Elektrizität und Magnetismus dazu beigetragen hat. Newton aber eröffnete den Reigen mit seiner epochemachenden Entdekkung, daß himmlische und irdische Objekte demselben

Gesetz der Schwerkraft unterliegen. Einstein demonstrierte mit seiner Theorie, daß es sich bei Raum und Zeit um Manifestationen ein und derselben Sache handelt, der Raumzeit. Doch in seiner Theorie vereinigte Einstein nicht nur Raum und Zeit, sondern auch Materie und Energie als die zwei Seiten einer Medaille.

Einstein zeigte, daß Gravitation eine durch die Masse eines Himmelskörpers verursachte Verformung der Raum-Zeit-Geometrie ist. Deswegen wird auch ein durch Gravitation abgelenkter Lichtstrahl gekrümmt. Verständlicherweise waren einige der exotischen Auswirkungen der Relativitätstheorie für viele unter Einsteins Zeitgenossen schwer »verdaulich«. Zum Beispiel die Tatsache, daß sich mit zunehmender Geschwindigkeit eines Objekts die Zeit verlangsamt und das Objekt kürzer wird. Und daß das etwa von einem Raumschiff bei Annäherung an die Lichtgeschwindigkeit in Flugrichtung ausgestrahlte Licht niemals die Grenze von rund 300 000 Kilometern pro Sekunde überschreitet.

Wie Newton, träumte auch Einstein von der Vereinheitlichung der Naturgesetze, von der Weltformel. Er arbeitete sein ganzes Leben daran, Gravitation und Elektromagnetismus theoretisch zu vereinen. Erfolglos.

Zunächst wurde das alte Wunschbild von neuen Entdekkungen verdrängt. Durch den Vorstoß in den atomaren Mikrokosmos sahen sich die Physiker veranlaßt, statt die bereits bekannten Kräfte – Gravitation und Elektromagnetismus – zu vereinen, ihnen zwei neue hinzuzufügen: die für den radioaktiven Beta-Zerfall verantwortliche sogenannte schwache Wechselwirkung und die starke Kernkraft, die Protonen und Neutronen im Atomkern aneinander bindet.

Weder Kräfte noch Teilchen ließen sich in ein einfaches Schema einordnen. Die Physiker wurden vielmehr einer

Schwemme neuer Elementarteilchen ausgesetzt. Während die physikalische Welt der zwanziger Jahre lediglich zwei Teilchenarten kannte – Protonen und Elektronen –, schlugen sich die Physiker in den fünfziger Jahren mit einer Schar neuer Elementarteilchen herum.

In den dreißiger, vierziger und fünfziger Jahren wurde das klassisch-deterministische Weltbild der Physiker durch die Entwicklung in der Quantentheorie gewissermaßen aus den Angeln gehoben.

Während Einstein Pionier der ersten Theorie war, der Relativitätstheorie – mit Gravitation und elektromagnetischer Kraft im Mittelpunkt –, wurde der Grundstein zum Verständnis der Materie von einer zweiten Theorie gelegt. Nämlich von der Quantenmechanik, welche die Welt subatomarer Phänomene behandelt und die vor allem von dem genialen Physiker Werner Heisenberg ausgearbeitet wurde. Den wesentlichen Teil der Quantenmechanik formulierte er bereits als Vierundzwanzigjähriger, und er erhielt bereits im Alter von 31 Jahren den Nobelpreis für Physik. Aber ins Leben gerufen wurde die Quantentheorie schon im Jahr 1900 von einem weiteren Nobelpreisträger, Max Planck.

Durch die Quantenmechanik wurde deutlich, daß eine allein auf Ursache und Wirkung abgestimmte mechanistische Denkweise zum Verständnis der Natur und ihrer Zusammenhänge nicht mehr ausreichte. Heisenberg veranschaulichte durch seine Unschärferelation, daß bestimmte komplementäre Eigenschaften eines Teilchens, wie zum Beispiel der Standort und die Geschwindigkeit, beziehungsweise Lage und Impuls, nicht gleichzeitig bestimmt werden können – eines von beiden muß bekannt sein, damit das jeweils komplementäre ermittelt werden kann. Ein weiterer wichtiger Gesichtspunkt der Unschärferelation ist die

Erkenntnis, daß Beobachter und zu beobachtendes Objekt unlösbar verbunden sind. Mit anderen Worten: Es ist sinnlos, ein Phänomen zu bestimmen, ohne den Beobachter mit seinen Meßinstrumenten als entscheidenden Faktor einzubeziehen.

Im Bereich der subatomaren Welt ist alles so klein und schnell – so unscharf, daß materielle Konzepte ihre Bedeutung verlieren. Der Mikrokosmos stellt eine Welt der Wellenfunktionen und Wahrscheinlichkeiten dar, weil beispielsweise die Verhaltensweise eines Elektrons nicht vorausbestimmt werden kann. Die Relativitätstheorie setzt sich mit Sternen, Galaxien und der Raum-Zeit erfolgreich auseinander. Die Quantenmechanik wiederum erforscht die Welt der Elementarteilchen, der Neutronen, Protonen und Atome.

Für die nach der Weltformel strebenden Physiker bestand und besteht das größte Problem immer noch darin, daß diese beiden genialen Theorien sozusagen nicht miteinander auskommen – kompatibel sind. Sie sind mit zwei futterneidischen Hunden zu vergleichen, die sich wegen eines Knochens in den Haaren liegen. Der Knochen, um den es geht, ist die Gravitation. Einstein hat sich in den letzten dreißig Jahren seines Lebens vergebens darum bemüht, Gravitation und Licht »unter einen Hut zu bringen«, das heißt, in einer Theorie zu vereinen.

Als er sich mit den Phänomenen Raum-Zeit und Gravitation befaßte, erkannte Einstein sehr schnell, daß ihm hier die Geometrie des großen griechischen Mathematikers Euklid von Alexandrien (300 v. Chr.) nicht weiterhalf. Denn bei dieser Geometrie gibt es zu einer Geraden nur eine durch einen bestimmten Punkt gehende Parallele. Auf seiner Suche nach neuen Maßstäben, um die vierdimensionale, gekrümmte Raum-Zeit erfassen zu können, griff Einstein auf die ihm von seinem Freund, dem Mathematiker

Marcel Großmann, empfohlene Riemannsche Geometrie zurück, in der es keine Parallel-Linien gibt. Schon 1854 hatte der bedeutende Mathematiker Georg Friedrich Bernhard Riemann eine Geometrie für gekrümmte Flächen entwickelt, bei der die kürzeste Verbindung zwischen zwei Punkten eine sogenannte geodätische Linie ist – und keine Gerade.

Die allgemeine Relativitätstheorie führte unter anderem zum Konzept der durch den Zusammenbruch massereicher Sterne entstehenden Schwarzen Löcher und des »Big Bang« – des Urknalls, vor zirka 15 bis 20 Milliarden Jahren.

»Die Relativitätstheorie enthüllt das Geheimnis der Energie, der Schwerkraft und der Raum-Zeit; die andere dominierende Theorie des 20. Jahrhunderts, die Quantenmechanik, ist dagegen eine Theorie der Materie. Sie beschreibt, kurz gesagt, die Atomphysik, indem sie die dualen Konzepte von Wellen und Teilchen miteinander verknüpft. Es war Einstein aber im Gegensatz zu den Physikern der heutigen Zeit nicht klar, daß der Schlüssel zu einer einheitlichen Feldtheorie in der Verbindung von Relativitätstheorie und Quantenmechanik liegt. Er war Meister darin, das Wesen der Naturkräfte zu erkennen. Seine Schwäche lag in seinem mangelnden Verständnis der Materie, insbesondere der Atomkerne«, stellen der Harvard-Professor für theoretische Physik Michio Kaku und die Journalistin Jennifer Trainer in ihrem Buch »Jenseits von Einstein« fest.

In den vergangenen fünfzehn Jahren entstand das sogenannte Standardmodell der Elementarteilchen und -kräfte. Es geht von sogenannten Quantenfeldern – Spannungen im Raum – aus. Jede Art von Elementarteilchen hat ihr eigenes Feld, wobei die Teilchen, beziehungsweise Quanten, als Manifestation dieser Felder erscheinen. So verkörpern beispielsweise die Quanten des elektromagnetischen Feldes die Lichtteilchen – die Photonen.

Durch Experimente mit Beschleunigern, wie zum Beispiel dem Elektron-Positron-Beschleuniger von CERN (Europäisches Kernforschungszentrum bei Genf), wo Protonen mit enormer Energie beschleunigt werden, entstand ein ganzer Zoo exotischer Teilchen. Viele dieser Teilchen waren so kurzlebig, daß sie nur den trillionsten Teil einer trillionstel Sekunde »überlebten«, bevor sie sich wieder verwandelten. Aber sie hatten immerhin genügend Substanz, daß man ihnen Masse, Ladung und Spin (Drehung) zuordnen konnte. Die etwas länger überlebenden Teilchen – wobei länger in diesem Zusammenhang 1 billionstel Sekunde bedeutet – stufte der amerikanische Physiker Murray Gell-Mann unter dem Begriff »strangeness« ein. Es gelang ihm, viele dieser neuen Teilchen je nach Masse, Ladung und »strangeness« in geometrische Muster achtfacher Anordnung einzuteilen. Gleichzeitig waren diese Muster aber auch ein Hinweis darauf, daß diese Teilchen nicht wirklich elementar waren, sondern sich aus noch kleineren Fundamentalteilchen zusammensetzten. Gell-Mann und sein Kollege George Zweig nannten diese subnuklearen Fundamentalteilchen Quarks. Gell-Mann gelang es, durch die richtige Kombination von drei Quarks, die in zwei unterschiedlichen Varianten existieren, praktisch sämtliche in den Laboratorien gefundenen Teilchen zu beschreiben. Für seine Beiträge zur Physik der starken Wechselwirkungen wurde Gell-Mann 1969 mit dem Nobelpreis ausgezeichnet.

Der österreichische Physiker Wolfgang Pauli hatte bereits 1931 aufgrund von Untersuchungen der sogenannten Beta-Strahlung ein weiteres subatomares Teilchen, das sogenannte Neutrino, vorausgesagt. Noch früher, 1924, hatte er sein Ausschließungsprinzip postuliert, demzufolge

Die »Biosphäre 2«.
Von der Welt hermetisch abgeschlossen, erproben Bionauten simulierte irdische Lebensbedingungen für Raumbasen auf dem Mond und schließlich auf dem Planeten Mars.

PIVS·SEPTIMVS·PONTIFEX·MAX

Oben: Das Observatorium Mount Palomar mit seinem leistungsfähigen Spiegelteleskop und Spektrographen hat entscheidend zu unserem Verständnis der Sternenevolution beigetragen.

Linke Seite: Der sogenannte Titusbogen in Rom, auf dem u. a. auch die Bundeslade dargestellt ist.

Folgende Seite: Sechstausend Jahre alte sumerische Keilschriften schildern die Bedeutungen von Wesen und Sinn des Seins.

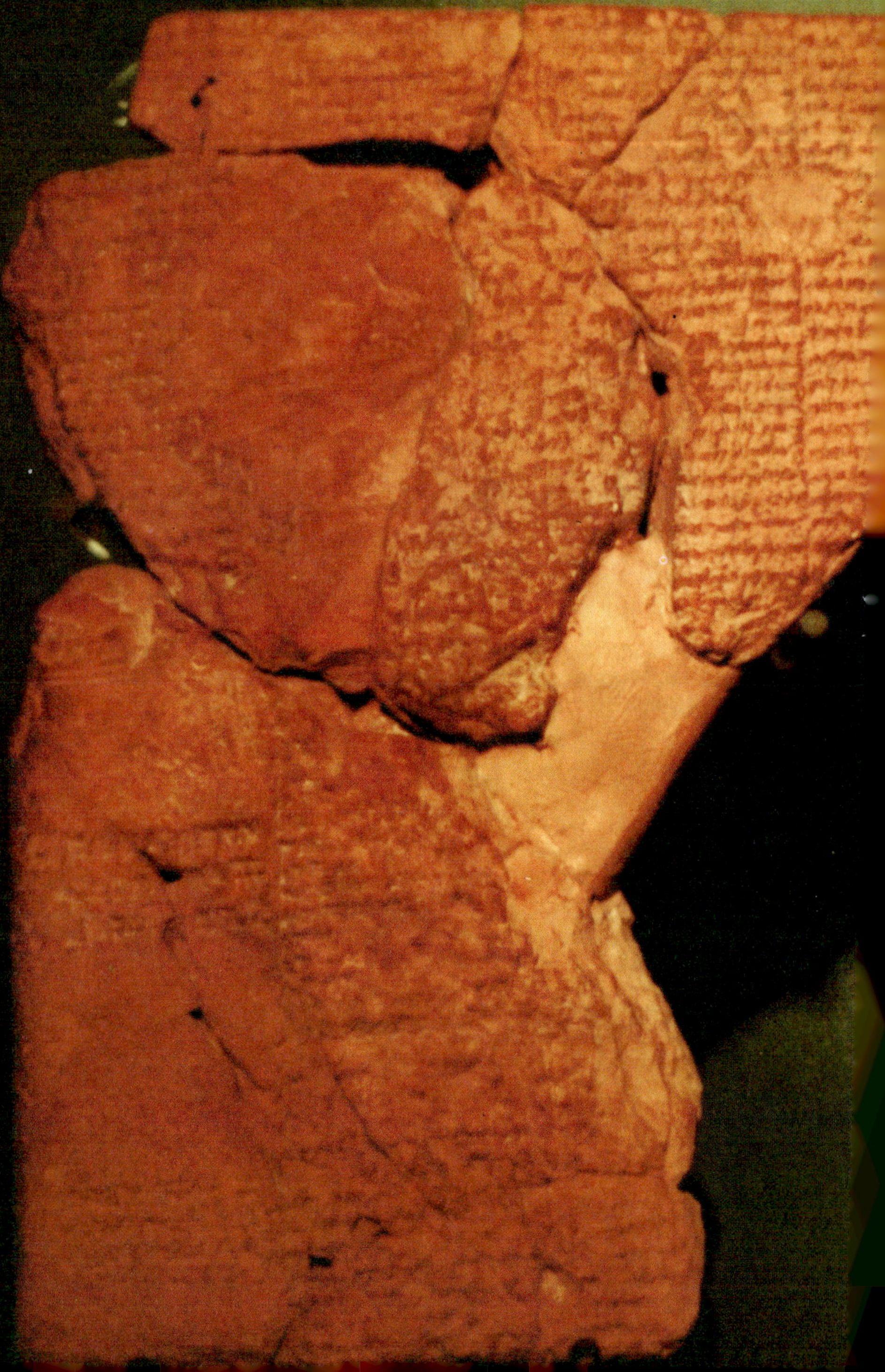

jeweils nur zwei Elektronen mit entgegengesetztem Spin auf derselben Bahn existieren können. Für dieses Prinzip erhielt Pauli 1945 den Nobelpreis.

Nach dem Standardmodell gibt es zwei Arten von Teilchen: die Quarks und die in drei Teilchenfamilien aufzuteilenden Leptonen, nämlich Elektronen, Elektron-Neutrinos, Myonen, Myon-Neutrinos, Taus und Tau-Neutrinos.

Es gibt auch verschiedene Arten von Quarks, die sogenannten »up and down«-Quarks, aus denen die Protonen und Neutronen, also auch die Atomkerne bestehen. Rein symbolisch werden ihnen zur Kennzeichnung Farben zugeteilt, meist Weiß, Rot und Blau. Was ihre Kräfte anbelangt, weisen sie eine genaue Symmetrie auf; so entspricht beispielsweise die Kraft zwischen zwei »roten« Quarks derjenigen von zwei »blauen« Quarks. Innerhalb der Protonen werden die Quarks durch sogenannte Gluonenfelder (engl. glue = Klebstoff) miteinander »verklebt«. Die Theorie dieser Kräfte und »Farben« wird »Quantenchromodynamik« genannt.

1967 gelang dem amerikanischen Elementarphysiker Prof. Steven Weinberg ein Durchbruch auf dem Weg zur Weltformel. Er und zwei seiner Kollegen, Abdus Salam und Weinbergs ehemaliger Klassenkamerad Sheldon Glashow, wurden dafür mit dem Nobelpreis ausgezeichnet. Denn dem Trio war es gelungen, die elektromagnetische Kraft mit der schwachen Wechselwirkung zu vereinen.

Als ich Steven Weinberg im Sommer 1993 an seinem Arbeitsplatz an der Universität Texas, in Austin, aufsuchte, erklärte er mir, daß die elektromagnetische Kraft und die schwache Wechselwirkung nur unterschiedliche Aspekte der elektroschwachen Kraft sind.

Im Grunde geht diese Theorie davon aus, daß das Lichtteilchen Photon, dessen Emission und Absorption elektromagnetische Kraft erzeugt, mit den Austauschteilchen W und Z der schwachen Wechselwirkung eng verwandt ist und diese daher zusammen als elektroschwache Kraft auf einen Nenner gebracht werden können.

Der Aufzug hatte mich in den 9. Stock eines unscheinbaren roten Backsteingebäudes des Universitätskomplexes von Austin, Texas, befördert. Mein Ziel war eine Tür mit der Aufschrift: »Kein Zutritt für Esoteriker, Astrologen und Parapsychologen«. Dahinter liegt Professor Weinbergs Arbeitsbereich, behütet von seinem »Vorzimmerdrachen« Adele, einer liebenswerten kleinen Frau, die alle Unbill des banalen Alltagslebens von ihrem 1933 geborenen Herrn und Meister fernhält, dem nichts Furcht einflößt, außer das Altern. Kaum sichtbar, saß Adele im winzigen Vorzimmer hinter ihrem Schreibtisch, auf dem sich Papierberge mit Korrespondenz und (unerwünscht) zugesandten Manuskripten türmten. Der Nobelpreisträger wurde darin von wohlmeinenden Außenseitern über die Weltformel belehrt. Ab und an wurde ihm sogar die frohe Botschaft übermittelt, daß die große einheitliche Feldtheorie vom Absender entdeckt worden sei.

Nach einigen vorsorglichen, absolut angebrachten Tips, wie der Astronomie- und Physikprofessor behandelt werden sollte, führte mich Adele, Weinbergs guter Geist und »Wächter von Eden«, in die »heiligen Hallen« des Vordenkers der Teilchenphysik.

Als sich die Tür zum »Allerheiligsten« öffnet, sehe ich in einem kleinen Raum voller Regale einen wuchtigen, vollgepackten Schreibtisch. Im Regal an der rechten Wand steht zwischen Stößen von Papieren, Facharbeiten und Manuskripten, völlig unscheinbar, der Sockel mit der Nobelpreis-Medaille. An den Wänden hängt eine Reihe von Auszeichnungen. Der Professor sitzt am Schreibtisch, vor der Wand mit der von Formeln und Gleichungen überfüllten schwarzen Tafel, an der seitlich eine Reihe bunter, erschlaffender Luftballons an einem Wirrwarr von Schnüren herunterhängt.

»Die Elementarphysik wird immer esoterischer«, verkündet der »Herr der Symmetrien« mit sonorer Stimme.

Müßte er dann nicht, in Anbetracht des Verbotsschildes vor seiner Tür, umgehend sein Büro verlassen, denke ich amüsiert und frage: »Warum benutzen Sie im Zusammenhang mit Modellvorstellungen in der immer abstrakter werdenden Physik so oft den Begriff Schönheit, Professor Weinberg?«

»Eine gute Theorie muß einfach sein, schlicht und stimmig – schön wie beispielsweise ein Rennpferd«, sagt Weinberg.

»Sind Sie der Meinung, daß es je eine einzige Erklärung, eine einzige Formel für die Existenz des Universums, des Lebens und des Bewußtseins geben wird?«

Er nickt. »Eine Erklärung wird immer zu einer Kette weiterer Erklärungen führen, wie zum Beispiel die Biologie durch die Biochemie erklärt wird, diese wiederum durch die Chemie, die durch die Physik und die wiederum durch die Welt der Elementarteilchen«, führt Steven Weinberg aus. »Auf meiner Suche nach Antworten fühle ich mich manchmal wie Faust, der mit seinen Pentagrammen hantiert, bevor Mephisto auftaucht.« Herausfordernd beugt sich der Physiker in seinem Sessel vor und funkelt mich mit seinen lebhaften braunen Augen an.

»Können wir denn überhaupt mit einem gemeinsamen Ausgangspunkt für Erklärungen über Sinn und Wesen des Universums rechnen, wenn möglicherweise alles vom Zufall regiert wird und nicht von einem Plan – einer Strategie?« frage ich.

»Ich bin nicht der Ansicht, daß es keinen Determinismus gibt, wie einige Wissenschaftler annehmen. Denn grundsätzlich ist der Zustand eines Systems in der Quantenmechanik streng determiniert. Verändert hat sich nur die Beschreibung der Entwicklung von Systemen. Wir sprechen heute nicht mehr über die Position und Geschwindigkeit von Teilchen in einem System, sondern vielmehr über Wellenfunktionen, die sich vorherbestimmbar verändern«, erwidert Weinberg.

Und ich frage provozierend: »Ist in dieser abstrakten Welt der Elementarphysik überhaupt noch Platz für Leben, Bewußtsein und einen Schöpfer?«

»Nun, die Erfahrungen der Wissenschaft deuten auf eiskalte Unpersönlichkeit der Naturgesetze«, antwortet Weinberg nach kurzem Zögern. »Der erste große Schritt war die Entmystifizierung des Himmels. Der zweite die Entmystifizierung des Lebens. Sie hat die religiösen Empfindungen weit stärker getroffen als irgendeine andere Entdeckung der Naturwissenschaft. Vermutlich werden wir in den endgültigen Naturgesetzen zwar der Schönheit begegnen, doch Leben und Bewußtsein werden keinen Sonderstatus genießen. Denn Leben – auch der Mensch – ist das Resultat einer Kette historischer Unfälle. Wertmaßstäbe oder Moralbegriffe werden wir kaum finden, ebensowenig einen Gott, der an dergleichen interessiert ist.«

»Welche Theorie wird sich, Ihrer Meinung nach, auf dem Weg zur Weltformel als am geeignetsten erweisen?« frage ich Steven Weinberg beim Abschied.

»Wahrscheinlich die Superstring-Theorie, falls wir die endgültige Weltformel je finden werden«, sagt er mit leichter Resignation.

Auf dem Rückweg zum geschichtsträchtigen, 1886 erbauten texanischen Driskill-Hotel denke ich über Steven Weinbergs »Baby« nach – über das mehr als acht Milliarden Dollar teure Superconducting Super Collider Project (SSC), das südlich von Dallas gebaut werden soll und von dem sich der Physiker aufschlußreiche Antworten für die endgültige Theorie erhofft. Kritiker meinen freilich, daß so viel Geld für einen 85 Kilometer langen Tunnel mit supraleitenden Magneten in Zeiten der Rezession »keinen praktischen Nährwert habe«, sondern verschwendet wäre. Vor allem, weil dieser Teilchenbeschleuniger nur wieder für einige wenige interessierte Physiker abstrakte Resultate liefern würde.

Für mich steht jedenfalls fest: Gleichgültig mit welchem Energieaufwand hier Protonen zur Kollision gebracht werden sollen, dem Schöpfergott wird man in diesem Beschleuniger wohl kaum begegnen.

Nachdem die Vereinheitlichung der elektromagnetischen und der schwachen Kraft gelungen ist, versuchen nunmehr Elementarphysiker und Mathematiker ein »renormalisierbares« Muster zur Vereinigung aller Naturkräfte zu finden. In den siebziger Jahren wurden einige Vorschläge zur Vereinigung der elektroschwachen Kraft und der starken Wechselwirkung gemacht. Die starke Kernkraft wurde nun erstmals mit der Eigenschaft der Renormalisierbarkeit versehen, um das Problem der Unendlichkeit zu lösen. Ein anderes Hindernis war jedoch nicht aus der Welt zu schaffen: Das nur allzu bekannte Problem der Gravitation paßte nicht in dieses Schema. Denn nach der Quantenfeldtheorie treten die Teilchen der Gravitation – die Gravitonen – miteinander in Wechselwirkung. Daraus würden endlos komplizierte Netze mit der Anomalie von unendlich großen Kräften entstehen. Die Zwickmühle besteht hier in der Tatsache, daß dieses Modell nicht renormalisierbar ist. Eine Lösung könnte sich allerdings mit der Superstring-Theorie anbahnen.

Deshalb wird die Superstring-Theorie wohl auch von zwei ihrer Begründer – John Schwarz vom California Institute of Technology und Michael Green vom Queen Mary College in London – optimistisch als »theory of everything« (TOE), die Theorie für alles, bezeichnet.

Das Baumaterial, die Elementarteilchen der Materie, stellen nach dieser Theorie keine punktförmigen Teilchen dar, sondern winzigste, superfeine, schwingende Fäden (engl. strings). Im Grunde genommen sind diese Strings eindimensionale Unebenheiten im Raumgefüge. Sie können an zwei Enden offen sein oder geschlossen wie ein Gummiring beziehungsweise eine geschlossene Schleife. Jeder String befindet sich in einem bestimmten Schwingungszustand, vergleichbar den verschiedenen, von einer schwingenden Violinsaite erzeugten Obertönen. Die Obertöne entsprechen in diesem Beispiel den verschiedenen Elementarteilchen.

Als nun die punktförmigen Teilchen in der neuen Theorie durch die Strings ersetzt wurden, entfielen die gefürchteten Unendlichkeiten bei der Quantenbeschreibung der Kräfte.

Da die Strings von einer »Größe« sind, für die unser derzeitiges Beobachtungsinstrumentarium viel zu grob ist, sehen wir die Strings unter Umständen nur als punktförmige Elementarteilchen.

Derzeit scheint die Superstring-Theorie die einzige Möglichkeit zu sein, die Relativitätstheorie, wenn auch abgewandelt, mit der Quantenmechanik in Einklang zu bringen. Allerdings war das nur durch die Einführung zusätzlicher Dimensionen möglich. Die Idee weiterer Dimensionen kam bereits 1919 durch den polnischen Mathematiker Theodor Kaluza auf und wurde 1926 von dem schwedischen Physiker Oskar Klein weiterentwickelt. Danach geriet die Theorie in Vergessenheit, bis sie im Zusammenhang mit den Bemühungen um eine einheitliche Feldtheorie wieder aus der Versenkung geholt wurde. Heute geht die theoretische Physik davon aus, daß der niedrigste Energiezustand des Superstring-Modells ein Universum aus sechs unendlich kleinen zusammengerollten und vier intakten Dimensionen zuläßt.

Roger Penrose, Mathematikprofessor an der Universität Oxford, führte in seinem kosmischen Modell acht Dimensionen ein. 1988 erhielt er, gemeinsam mit seinem ehemaligen Schüler Steven Hawking, den Wolf-Preis für den Beitrag: »Zu unserem Verständnis des Universums«.

Penrose betrachtet die sogenannten Twistoren (engl. twistors) als den Urstoff des Universums. Diese ineinander verschlungenen Gebilde, welche Möbiusschleifen gleichen, sind in einem Kosmos von vier Raum- und vier Zeitdimensionen gewissermaßen tonangebend. Rein theoretisch ergeben sich aus den vier Zeitdimensionen von Penrose unglaubliche Möglichkeiten, da hier das uns bekannte Kausalitätsprinzip außer Kraft gesetzt wird. Demzufolge könnten beispielsweise sowohl Zeitreisen in die Zukunft als auch in die Vergangenheit unternommen werden. Bei den Vorstellungen von Penrose ist die Einbeziehung der Gravitation in die Quantenphysik – also die Quantisierung der Gravitation – von ausschlaggebender Bedeutung. Im Rahmen der Allgemeinen Relativitätstheorie stellten Penrose und Hawking zudem unter Beweis, daß sich das Konzept der Singularität nicht umgehen läßt (Singularität = mathematischer Punkt unendlicher Dichte). Darüber hinaus bewiesen sie, daß der Beginn des Universums niemals verstanden würde, wenn sich nicht ein Weg fände, um die Gravitation mit allen anderen Kräften in einer einzigen folgerichtigen »Theorie für alles« zu vereinen.

In einem persönlichen Gespräch im mathematischen Institut der Universität Oxford, im Frühsommer 1993, sagte mir Roger Penrose: »Es ist zu früh, eine ›Weltformel‹ aufzustellen. Wir sind noch sehr viel weiter davon entfernt, als manche Wissenschaftler glauben möchten. Schwierig zu beantworten sind beispielsweise Fragen über die Nahtstelle von Materie und Geist. Ein Thema, mit dem ich mich derzeit in meinem neuen Buch ›Shadow of the mind‹ (Schatten des Geistes) befasse.«

Als ich das Institut verließ und unter einem blauweißen englischen Himmel die phantastische Kulisse von »Old Soul College« passierte, gingen mir die Modelle des »Meisters der Dimensionen« – Roger Penrose – nicht aus dem Kopf. Er hatte mit untereinander verbundenen Stäben mehrdimensionale Objekte geschaffen, um damit die Raum-Zeit darzustellen. In ihrer Geometrie sind sie von frappierender Ähnlichkeit mit den überlieferten Mustern der heiligen Geometrie vergangener Hochkulturen. Ist die Geometrie als Werkzeug der Mathematik etwa der Schlüssel zur Weltformel – der Schlüssel zum Anfang und Ende der Zeiten? Ein Schlüssel, der in Form geometrischer Diagramme in uralten Anlagen und Gebäuden seinen »Dornröschenschlaf« hält? Der Schlüssel zum Verständnis von Wesen und Sinn unseres Daseins – zu den Gesetzmäßigkeiten unseres Universums?

»Ich werde immer wieder gefragt: ›Suchen Sie nach den endgültigen Gesetzen der Physik?‹ Nein, das tue ich nicht ... Wenn sich allerdings herausstellt, daß es ein einfaches endgültiges Gesetz gibt, das alles erklärt, um so besser – dann wäre diese Entdeckung großartig. Sollte sich aber ergeben, daß es wie eine Zwiebel ist und Millionen Schalen hat ... dann ist es eben so«, äußerte der inzwischen verstorbene amerikanische Physiker Richard Feynman einmal.

Er hatte als erster einen erfolgreichen Ansatz zur Vereinigung der Speziellen Relativitätstheorie mit der Quantenmechanik entwickelt. Für seine Theorie der Quantenelektrodynamik erhielt er 1965 mit seinen Kollegen J. Schwinger und S. Tomonaga den Nobelpreis.

Unser Verständnis von Mikro- und Makrokosmos, der Teilchenphysik und der Kosmologie, ist, besonders in den letzten Jahren, durch immer neue Entdeckungen erschüttert worden. So spekulieren Wissenschaftler heute über noch nicht entdeckte Dunkelmaterie, deren Gravitation nicht nur das Verhalten von Galaxien und Galaxienhaufen steuert, sondern eines Tages sogar für den Untergang unseres Universums verantwortlich sein könnte. Nach dieser Theorie wären Sterne und Galaxien sozusagen nur der »Schaum« gewaltiger Ansammlungen unsichtbarer Materie. Diese Dunkelmaterie würde das Zusammenballen von Sternen und die Rotationsgeschwindigkeit der Galaxien bestimmen. Eine Reihe von Kosmologen nimmt sogar an, daß mindestens 90 Prozent des Universums noch nicht entdeckt sind. Zudem konnte noch nicht geklärt werden, ob diese Dunkelmaterie aus Neutrinos oder völlig andersgearteten Teilchen besteht.

Erstaunlicherweise rotieren die besonders hell leuchtenden Peripherien der Galaxien wesentlich schneller als deren Zentralregionen, ohne daß die Sterne in den galaktischen Außenbereichen durch die Zentrifugalkraft aus ihrer Bahn geschleudert werden. Sollten die Galaxien durch die Gravitation der unsichtbaren Dunkelmaterie zusammengehalten werden?

Neueste Beobachtungen durch den Röntgensatelliten »Rosat« haben ultraheiße Gaswolken mit einem Gewicht von über 500 Milliarden Sonnen inmitten dreier Galaxien nachgewiesen. Dazu meint der NASA-Mitarbeiter Richard Mushotzky: »Ohne die unsichtbare Dunkelmaterie hätte sich diese Wolke längst aufgelöst. Neben der dunklen Materie gibt es noch die Mini-Sterne, die sogenannten braunen Zwerge und natürlich die Schwarzen Löcher. Mit dem

Weltraumteleskop ›Hubble‹ ist es nun erstmals gelungen, ein Schwarzes Loch optisch nachzuweisen. Das ›Hubble‹-Foto zeigt nämlich im Herzen einer Galaxie – im ›Jungfrau-Haufen‹ – heiße Plasmaströme, die sich mit 18 Millionen Stundenkilometern in Spiralbahnen dem unsichtbaren Zentrum des Schwarzen Lochs nähern.«

Als die Astronomen John Huchra und Margaret Geller vom Harvard Smithonian Center for Astrophysics in Cambridge, USA, in den achtziger Jahren ihre Himmelsdurchmusterung durchführten, stießen sie in einigen hundert Millionen Lichtjahren Entfernung auf immer größere Materiestrukturen – Großstrukturen, die sich aus flächig angeordneten Haufen und Galaxien-Superhaufen zusammensetzen. Diese erstaunliche Tatsache wurde kürzlich auch von Will Saunders und seinen Mitarbeitern vom Department of Astrophysics in Oxford, England, mit Hilfe des »Infrared Astronomical Satellite« (IRAS) bestätigt. Die Untersuchungen der Galaxienverteilung in bis zu 500 Millionen Lichtjahren Entfernung brachten das eindeutige Ergebnis, daß weitaus mehr ausgeprägte Großstrukturen existieren, als nach den Standardmodellen anzunehmen war. Von besonderer Faszination war die Entdeckung, daß Hunderte von Galaxien, die Milchstraße eingeschlossen, einem bestimmten Punkt im Raum zustreben – nämlich den Konstellationen Hydra und Centaurus. Diese wiederum werden von einem anderen, weit entfernten Objekt angezogen – möglicherweise von einem Galaxien-Superhaufen, dem sogenannten »Great Attractor« (galaktischer Attraktor).

»Die Jahrhundertentdeckung, wenn nicht die aller Zeiten«, wie Steven W. Hawking meint, gelang 1992 dem Cosmic Background Explorer Satelliten (COBE). Wie es in manchen Meldungen hieß, hatte COBE »einen Schnappschuß vom Urknall« zur Erde gefunkt.

Bereits in den vierziger Jahren hatte der Physiker Georg Gamow vorausgesagt, daß das Echo beziehungsweise die Reststrahlung des Urknalls vor zirka 10 bis 20 Milliarden Jahren eines Tages bestätigt werden würde – was dann auch 1965 durch zwei Physiker der Bell Telephone Laboratories, Arno Penzias und Robert Wilson, in Holmdel, New Jersey, geschah. Das, was in ihrer Radio-Hornantenne als lästige Störung zu hören war, sollte ihnen 1978 den Nobelpreis bescheren: Die von ihnen gemessene kosmische Hintergrundstrahlung von drei Kelvin (damals: drei Grad Kelvin) gilt bis heute als überzeugendster Hinweis auf den Urknall. Denn sie wird als abgekühlte Reststrahlung des »Big Bang« gedeutet.

In der homogen auftretenden Hintergrundstrahlung registrierte der COBE-Satellit kleine Fluktuationen, die gewissermaßen das Echo des Urknalls darstellen.

Alan Guth vom Massachusetts Institute of Technology, Paul Steinhardt von der Universität Pennsylvania und der russische Physiker A. Linde, Moskau, sind allerdings davon überzeugt, daß dem »Urknall« eine sogenannte Inflationsphase – eine Phase raschen Aufblähens – vorangegangen war. Nach dieser Modellvorstellung war das winzige Ur-Universum anfangs zehndimensional. Durch einen Quantensprung wurde das Universum in einen niedrigeren Energiezustand versetzt. Der ursprünglichen Inflation folgte dann ein immenser Explosionsprozeß, der zwar den Zusammenbruch der Symmetrie und der zehndimensionalen Raum-Zeit bewirkte, aber gleichzeitig die Inflation vorantrieb. Dieser Theorie zufolge wäre der »Urknall« lediglich ein Sekundäreffekt. Mit der Ausdehnung nach dem »Big Bang« und der darauffolgenden Abkühlung spaltete sich die einzig vorhandene Superkraft in die uns heute bekannten Naturkräfte.

Ob sich unser Universum nun für alle Zeiten weiter ausdehnen oder aber durch ausreichend vorhandene Dunkelmaterie eines Tages wieder zu einem Schwarzen Loch zusammenstürzen wird, ist bis heute noch nicht geklärt. Auch Prof. Hywel White, mit dem ich in Los Alamos, Neu-Mexiko, sprach, ist sich über das Schicksal unseres Universums noch nicht schlüssig. »Letzten Endes hängt es für mich davon ab, ob Neutrinos Masse haben oder nicht«, sagte er. In einem riesigen Tank mit Babyöl versucht er, Neutrinos (Geisterteilchen) »dingfest« zu machen, um das Rätsel der Dunkelmaterie zu lösen.

Für den deutschen Nobelpreisträger der Physik, Prof. Gerd Binnig, liegt die Lösung der Weltformel nicht in der »toten Materie«, den Elementarteilchen, sondern in der Biologie. Denn: »Alles ist Werden, alles ist in den Prozeß der Evolution eingebunden, auch die Naturkräfte«, sagt er.

Aber – wäre eine Weltformel dann nicht nur eine Momentaufnahme der Zeiten?

VIII *Maskierte Wirklichkeit*

Im Verständnis unseres Universums ist die Beobachtung, daß es für die Existenz des Lebens sozusagen »wie gemacht« ist, ein interessanter Aspekt. Wäre nämlich die Gravitation nur unwesentlich stärker, würde der »Fusionsreaktor« der Sterne unverhältnismäßig schnell erlöschen, und damit wäre die Zeit zur Entstehung von Planeten zu knapp. Wenn die relative Masse der Protonen und Neutronen nur geringfügig anders wäre als sie ist, könnten Sterne nie entstehen, da der Wasserstoff fehlen würde. Und hätte es beim »Big Bang« auch nur die minimalste Abweichung von den tatsächlichen Werten gegeben, wäre eine Verbindung von Materie und Energie zu Galaxien, Sternen, Planeten und letztlich zu Leben nie zustande gekommen. Es ist also nicht weiter verwunderlich, daß einige Physiker dieses Zusammentreffen von »Zufällen« aufgegriffen und als sogenanntes anthropisches Prinzip in ihre Modellvorstellungen einbezogen haben. Mit anderen Worten: Unser Universum ist das einzige zum Leben geeignete, denn wenn es nicht so wäre, könnten wir über das Problem auch nicht diskutieren. Oder: Das Universum ist wie es ist, weil wir existieren.

Möglicherweise gibt es unzählige andere Universen, deren Dimensionen für Leben ungeeignet sind. »Das Erstaunen über die exquisite Feinabstimmung gleicht dem ersten Preis eines Lotteriespiels – als Beweis göttlicher Existenz. Dabei werden die Lose der Glücklosen vergessen, die im Mülleimer landen«, schreibt der amerikanische Wissenschaftsautor Robert Wright dazu in seinem Artikel »Science, God and Man«.

Das Problem mit dem anthropischen Prinzip ist, daß auch beispielsweise die Kupferader oder ein Berg argumentieren könnten (wenn sie könnten), daß das Universum *ihretwegen* ist, wie es ist, und nicht um des Lebens willen.

Meiner Ansicht nach dient das anthropische Prinzip als Etikett für eine »Schublade«, in die alles, was unverstanden ist, erst einmal »hineingestopft« wird. In diesem Zusammenhang wird die Physik in ihren Auslegungen so weit wie möglich strapaziert, um unter Beweis stellen zu können, warum das Universum so zu sein hat, wie es eben ist. Widersprüchliche Fakten lassen sich durch das anthropische Prinzip mit Hilfe eines »in unser Konzept passenden« Universums lösen. Denn das anthropische Prinzip dient dazu, dort Antworten zu liefern, wo die Physik allein nicht weiterkommt.

Physiker und Kosmologen sollten sich eingestehen, daß die kosmische Wirklichkeit aus vielen Facetten besteht und daher nicht einfach durch das Klischee des anthropischen Prinzips erfaßt werden kann. Wir wissen bis heute nicht, ob das Universum überall gleich ist; ob hinter dem von uns wahrnehmbaren kosmischen Horizont die uns bekannten Naturgesetze und physikalischen Erkenntnisse noch zutreffen.

»Es ist für die verschiedenen Modellvorstellungen der Weltformel charakteristisch, daß sich ihre mögliche mathematische und ästhetische Vollkommenheit nur bei ultrahohen Temperaturen in den ersten Momenten der kosmischen Geschichte offenbart. Mit dem Urknall und dem Zusammenbruch der Symmetrie ging der direkte Einblick in die theoretische Perfektion des Urzustandes natürlich verloren. Wir können nur das Universum um uns herum untersuchen. – Dieses zertrümmerte, komplizierte, unordentliche Überbleibsel ist die einzige Hinterlassenschaft der Theorie für alles, ebenso wie die Archäologen den Tagesablauf der Babylonier aus einer Handvoll Scherben zu rekonstruieren versuchen«, sagt der Physiker David Lindley in seiner Kritik »The End of Physics«.

Das schwierigste Problem liegt nach wie vor in den Widersprüchen, die sich durch das Einpassen der Gravitation in die verschiedenen theoretischen Modelle ergeben. In der Allgemeinen Relativitätstheorie wird die Vorstellung vertreten, daß die Krümmung im Raum durch vorhandene Materie verursacht wird. Durch die Verformung der Raum-Zeit entsteht das Phänomen Gravitation als Eigenschaft des Raums, verursacht durch Masse. Nach der Quantenmechanik wird das Phänomen Gravitation durch die Wechselwirkung sogenannter Gravitonen erzeugt. Diese bewegen sich, wie auch die Superstrings, in einem schon vorhandenen ebenen Raum. Der Quantengravitation fehlen also genau die »Elemente«, die der Allgemeinen Relativitätstheorie Gültigkeit verleihen.

Ironischerweise treffen diese beiden großen Theorien des 20. Jahrhunderts im Schwarzen Loch (theoretisch) aufeinander. In jenem Raum-und-Zeit-Trichter, in dem die kollabierte Masse einer großen Sternleiche zur Singularität wird. Ein Schwarzes Loch wird oft durch ein waagerecht aufgespanntes Netz aus Gummifäden veranschaulicht, das die Raum-Zeit darstellt. Auf dieses Netz werden Kugeln von unterschiedlichem Gewicht verteilt, die die Sterne verkörpern. Ihrer Masse entsprechend, hinterlassen sie unterschiedlich tiefe Kuhlen im Netz.

Nach der Allgemeinen Relativitätstheorie entsprechen die Kuhlen den Gravitationsfeldern. Eine sehr massereiche Kugel würde im Gumminetz eine sehr tiefe Kuhle – einen Trichter formen. Alles, was diesem Trichter zu nahe kommt, würde wie von einem Staubsauger auf »Nimmerwiedersehen« aufgesogen. Auch Lichtstrahlen können hier nicht mehr entweichen. Wenn sich unsere Erde zum Beispiel auf die Größe einer Murmel von einem Zentimeter Durchmesser verdichten würde, ginge sie in einem Schwarzen Loch »verloren«.

In seinem Bemühen um die theoretische Erforschung der Schwarzen Löcher hat Steven Hawking auch die Quantenmechanik angewendet. Zu seiner maßlosen Überraschung fand er 1974 heraus, daß Schwarze Löcher nicht absolut schwarz sind, sondern daß vor allem Schwarze Mini-Löcher etwas Strahlung abgeben, die schließlich zur Verdampfung oder gar zur Explosion des Loches führen. Je kleiner ein Schwarzes Loch ist, um so mehr Strahlung gibt es ab – diese ist heute als Hawking-Strahlung bekannt.

Hinter Schwarzen Löchern verbirgt sich eine fremde Wirklichkeit, auf die sich unsere Naturgesetze nicht anwenden lassen. Führen die rotierenden Raum-Zeit-Tunnel Schwarze Löcher zu einem Parallel-Universum? Oder biegen sich diese Raum-Zeit-Tunnel U-förmig zu einem anderen Punkt unseres Universums und bilden somit dimensionale Brücken – sogenannte Einstein-Rosen-Brücken zwischen verschiedenen Regionen unseres Universums? Alle Materie, die in ein Schwarzes Loch gerät, bewegt sich vorwärts im Raum und rückwärts in der Zeit, da die Raum-Zeit entartet ist.

Der neuseeländische Physiker Roy P. Kerr konnte bereits in den sechziger Jahren theoretisch nachweisen, daß Schwarze Löcher sehr schnell rotieren und somit zwei Kräfte ins Spiel kommen: die Gravitation und die Zentrifugalkraft.

Schon 1982 habe ich in meinem Buch »Die Einstein-Rosen-Brücke« geschrieben, daß Schwarze Löcher fortgeschrittenen Raumfahrtzivilisationen möglicherweise als

Abkürzungen dienen könnten. Ein Raumschiff würde hier nämlich in den sicheren Bereich des Schwarzen Loches eintauchen, um vorwärts im Raum und rückwärts in der Zeit, also in Nullzeit, riesige Entfernungen zurückzulegen. Am Ende der Einstein-Rosen-Brücke würde das Raumschiff dann wieder in das normale Raum-Zeit-Kontinuum zurückkehren, das hieße, aus einem »Weißen Loch« wieder auftauchen.

Verständlicherweise ist das Phänomen der Schwarzen Löcher heute ein wichtiger Bestandteil in den Bemühungen um eine Weltformel. Viele Teilchenphysiker verdrängen nur allzu gern Phänomene, die nicht in das Bild der orthodoxen Wissenschaft passen. »Neben dem Hauptstrom der wissenschaftlichen Erkenntnis gibt es abgelegene Nischen der – um es zurückhaltend auszudrücken – Pseudowissenschaften: Astrologie, Präkognition, ›Shanneling‹, Hellsehen, Telekinese, Kreationismus und dergleichen. Wenn sich zeigen ließe, daß an einer dieser Vorstellungen irgend etwas Wahres ist, so wäre das die Entdeckung des Jahrhunderts, weit erregender und bedeutender als alles, was sich heutzutage in der üblichen physikalischen Forschung abspielt«, stellt Steven Weinberg in »Der Traum von der Einheit des Universums« fest.

Existiert tatsächlich kein einziges paranormales Phänomen, das ernstgenommen werden kann? Handelt es sich bei allen auf diesem Gebiet durchgeführten Versuchsreihen um pseudowissenschaftliche Experimente? In meinem letzten Buch »Gottes Würfel« habe ich von den psychologischen Forschungen eines deutschstämmigen Amerikaners, des Physikers Dr. Helmut Schmidt von der »Mind Science Foundation« in San Antonio, Texas, berichtet, auf den ich durch seine Facharbeiten aufmerksam geworden war.

Schmidt hat die Quantenphysik in seine Forschung einbezogen und dementsprechend Geräte entwickelt, um damit präkognitive und psychokinetische Fähigkeiten von Versuchspersonen zu testen. So kommen bei seinen Geräten sogenannte Zufallsgeneratoren zur Anwendung, die durch Quantensprünge – das heißt zum Beispiel durch den unvorhersehbaren Zerfall des Thoriums – aktiviert werden.

Nachdem mir der Physiker am Telefon von verblüffenden Versuchsergebnissen berichtet hatte, beschloß ich, ihn während eines Amerika-Aufenthalts aufzusuchen. Da er zwischenzeitlich sowohl sein Institut als auch seinen Wohnsitz nach Mora in Neu-Mexiko verlegt hatte, mußte ich von Santa Fé aus in Richtung »Pecos Wilderness« aufbrechen.

Kurz zuvor, noch im wüstenähnlichen Gebiet der rund 2000 Meter hoch gelegenen Mesa, nahm die ansteigende Landschaft zunehmend Gebirgscharakter an, erinnerte stark an oberbayerische und österreichische Alpengebiete. Nach gut vierstündiger Fahrt über Las Vegas in Neu-Mexiko, erreichte ich schließlich in rund 2400 Metern Höhe das in einem idyllischen Bergtal gelegene Örtchen Mora. Weit außerhalb, in einem Wiesen- und Waldgrundstück verborgen, liegt das Anwesen des Wissenschaftlers, eine Gruppe niedriger Holzhäuser. Dahinter laden die Pecos-Berge zum Wandern und Klettern ein. – Genau die richtige Umgebung für den leidenschaftlichen Wanderer Helmut Schmidt.

Der hochgewachsene, hagere Mann hieß mich herzlich willkommen, und seine bezaubernde kleine Frau geleitete mich zum gedeckten Tisch, auf dem eingelegte Heringe, Kartoffelsalat und diverse mexikanische, amerikanische und deutsche Biere darauf warteten, getrunken zu werden.

Als wir später in Dr. Schmidts Forschungsinstitut saßen, erklärte er mir:

»Wir untersuchen psychische Phänomene, an denen das Bedeutsamste ist, daß diese psychischen Effekte nicht mit der orthodoxen Auffassung der Physik übereinstimmen. Dieser Widerspruch ist eine Herausforderung an die Physik. Dabei erforschen wir, wie paranormale Phänomene wissenschaftlich eindeutig bewiesen werden können und inwiefern sie mit der Quantentheorie unvereinbar sind. Wir haben mit dem Phänomen der Präkognition begonnen, und hier stellt sich die Frage, ob es für Menschen tatsächlich möglich ist, zukünftige Ereignisse vorauszusehen. Gerade in diesem Zusammenhang heißt es in der Quantentheorie, daß niemand Ereignisse voraussagen kann, da bestimmte Prozesse vom reinen Zufall abhängig sind. Aber ich kann das Gegenteil beweisen. Wir haben hier beispielsweise ein Gerät konstruiert, das auf reinen Quantenprozessen basiert.« Schmidt schob einen langen, rechteckigen Kasten auf mich zu, auf dem eine Reihe farbiger Glühbirnen – weiß, rot, blau, gelb, grün – installiert war, jede mit einer Taste davor.

»Wenn an diesem Gerät eine Taste gedrückt wird«, erklärte Schmidt, »leuchtet irgendeine der durch Quantenprozesse aktivierten farbigen Birnen auf. Mit anderen Worten: Die Farbe bestimmt der Zufallsgenerator. Ein Treffer wird dann erzielt, wenn die zur Taste gehörende Birne aufleuchtet. Nach der Quantentheorie sollte es nun im Prinzip unmöglich sein, vorauszusehen, welche Birne als nächste aufleuchtet. Die Kandidaten unserer Versuchsreihen haben erstaunliche Treffer erzielt, und zwar weit mehr, als der statistischen Wahrscheinlichkeit beziehungsweise der Zufallsquote zufolge, die bei höchstens 25 Prozent liegt, zu erwarten gewesen wäre. Ein Physiker hatte sich beispielsweise als Versuchsperson zur Verfügung gestellt, da er öfter Ereignisse vorausträumt. Er erzielte bei unseren Versuchen eine signifikante Trefferquote.«

Schmidt setzt bei seiner psychokinetischen Versuchsreihe ein Gerät ein, das ähnlich aussieht wie eine große Uhr, wenn auch Glühbirnen die Zahlen auf dem Zifferblatt ersetzen. Durch einen Zufallsgenerator werden die Birnen entweder mit dem Uhrzeigersinn oder gegen ihn hintereinander zum Aufleuchten gebracht, wobei sich die Richtung ständig ändert. Die Versuchsperson muß nun mit Hilfe ihrer Geisteskraft die Glühbirnen jeweils in entgegengesetzter Richtung zum Aufleuchten bringen. Auch bei diesen psychokinetischen Versuchen wird die erwartete Zufallsquote von 25 Prozent durch die in Wahrheit erzielten Treffer weit überschritten.

Dazu äußerte Schmidt: »Es gibt kausale Gesetze und den sogenannten Zufall. Wir aber beweisen hier, daß der Zufall dem menschlichen Geist unterliegt, also ein reiner Zufall nicht existiert. Demzufolge muß die Quantenphysik modifiziert werden.«

»Aber wie können wir sicher sein, daß Ereignisse in der Zukunft – bewußt oder unbewußt – nicht durch uns selbst ausgelöst werden?« fragte ich Dr. Schmidt. »Könnte nicht das von uns als Präkognition bezeichnete Phänomen in Wirklichkeit ein in die Zukunft gerichteter psychokinetischer Vorgang sein?«

»Ein faszinierender Gedanke«, meinte er, »möglicherweise aktivieren wir unbewußt ja tatsächlich zukünftige Ereignisse, die unser Schicksal bestimmen.«

In vieler Hinsicht war das eine beunruhigende Möglichkeit, die mich auf dem Rückweg nach Santa Fé begleitete. Eines wurde mir dabei jedoch klar: Eine Weltformel ohne Berücksichtigung vor allem des Bewußtseins und psychischer Phänomene wäre auf jeden Fall unvollständig. So ist es eigentlich nicht weiter überraschend, daß die Phänomene Geist und Bewußtsein auf Roger Penrose die größte Faszination ausüben. Es ist kurzsichtig, nur in der pyhsikalischen Welt nach endgültigen Antworten zu suchen, hat es doch den Anschein, als verberge sich hinter der Maske der

Physik – der Teilchen, der Materie – eine unvergleichlich profundere Wirklichkeit.

Unsere Betrachtungsweise der »kosmischen Wirklichkeit« ist seit dem 17. Jahrhundert ständig subtiler geworden, und diese Entwicklung wird sich fortsetzen. Das mechanische Universum – die von Gott erschaffene, durch seine Gesetze regierte und in Gang gehaltene »Weltmaschine« – wurde zu einem deterministisch funktionierenden Perpetuum mobile verfeinert, jedoch immer noch von einer allwissenden, transzendentalen Autorität überwacht. Diese Vorstellung ist mittlerweile durch das Konzept eines kosmischen Systems von Feldern und Energien abgelöst worden. Die ewig »kosmische Maschine« gibt es nun nicht mehr, vielmehr unterliegt alles dem Wandel der Evolution. Das Universum stellt sich eher als eine Vernetzung von Wechselwirkungen dar, die nur noch durch Wahrscheinlichkeitsberechnungen erfaßt werden können. Für viele Physiker und Kosmologen ist Gott nicht mehr notwendig – sie haben ihn ins Asyl geschickt.

Als ich 1972 vorsichtig die These eines universalen »Geistfeldes« postulierte, wurde ich von einigen Kritikern sarkastisch attackiert. Dem Sinne nach schrieb ich damals in »Schneller als das Licht«: Ist der Mensch wirklich nur das Endprodukt seiner physikalischen Zusammensetzung – vielleicht mit der zusätzlichen Gabe einer Psyche undeutlicher Natur, die scheinbar lebloser Materie entstammt? Oder ist es etwa umgekehrt: Erhob sich die Materie aus dem Geist? Nur wenn wir diese ungelösten Fragen beantworten, wird uns die eigentliche Natur des Seins begreiflich.

Was immer wir aufnehmen, ersinnen, schöpfen, wissen und begreifen, wird vom Geist diktiert. Denn jedes bewußte Erleben ist zuerst eine Betrachtung durch das »geistige

Auge«. Darum ist auch das physikalische, biochemische und physische Geschehen für uns grundsätzlich etwas Geistiges. Sogar unsere Auffassung des Ich und der Identität ist eine Vorstellung geistiger Art. Anstatt nun anzunehmen, daß sich aus toter Materie ohne ersichtlichen Grund eine völlig andere Wesenheit des Seins entwickelt – nämlich reflektierender Geist, der sich nicht nur mit seiner Umwelt sowie sich selbst auseinandersetzt, sondern auch die Frage nach dem Warum stellt, wäre es vielleicht logischer, vorauszusetzen, daß grundsätzlich alles Inbegriff eines universalen Geistfeldes ist. Aber was ist Geist? Ein Instruktions- beziehungsweise Informationsfeld, durch das der Aufbau komplexerer Organisationsmuster beschleunigt wird? Eine Art Kraftfeld, notwendiger Bestandteil der Materie, damit Natur fortdauert? Wäre dieses »Geistfeld«, falls es existiert, vielleicht etwas Bewußtes? Dann wäre ständiger Aufbau sein Ziel, und offensichtlich würde es eine Universalenergie verkörpern, aus der die ersten subatomaren Teilchen entstanden sind. Mit fortschreitender Evolution unseres Universums würde dieses »Geistfeld« Erfahrungen und Informationen über neu entstandene Organisationsmuster zur Weitergabe speichern.

Vor ein paar Jahren wurde die Theorie der sogenannten morphogenetischen Felder des englischen Biochemikers Rupert Sheldrake, Professor an der Universität Cambridge in England, von einigen der anfangs erwähnten Kritiker enthusiastisch aufgenommen. Sheldrake geht nämlich davon aus, daß alle Formen in der Natur – Organisationsmuster – durch formbildende Felder bestimmt werden. Diese morphogenetischen Felder verkörpern eine Art Gedächtnis der Natur, das die Erfahrungen aller Individuen einer Art – gleichgültig ob Kristalle, Pflanzen, Tiere oder Menschen – speichert. Jedes Individuum stehe durch sogenannte »morphische Resonanz« mit diesen Feldern in Verbindung, durch welche sowohl seine Entwicklung und Form als auch seine charakteristischen Verhaltensweisen gesteuert würden.

Rupert Sheldrake führt seine morphogenetischen Felder auf das zehndimensionale Urfeld vor dem Urknall – eine Zeit- und neun Raumdimensionen – zurück. Bei meinem kürzlich in London mit ihm geführten Gespräch meinte er, daß alle in der Welt entstehenden Formen und Gebilde ihre Organisationsfelder hätten, deren Abstammung letztlich auf das einheitliche Urfeld zurückzuführen sei. Mit dem Auseinanderbrechen der Ureinheit – der Symmetrie nach dem Urknall – wären die verschiedenen Feldkräfte der Natur entstanden, inbegriffen eine Art von allumfassendem Weltfeld evolutionärer Natur. Es könne auch als Weltseele bezeichnet werden. Sheldrakes Theorie der morphogenetischen Felder beruht auf zahllosen Indizien. So ist beispielsweise bei der Entstehung eines Kristalls seine Form davon abhängig, wie sich in der Vergangenheit ähnliche Kristalle gebildet haben. Oder, um ein anderes Beispiel zu nennen: Wenn Ratten in New York darauf abgerichtet werden, in einem Irrgarten schnellstens den richtigen Weg zu finden, wird diese Information durch morphogenetische Resonanz auf Ratten in aller Welt übertragen, die dann die gleiche Aufgabe schneller erlernen. In seiner Hypothese geht Sheldrake ferner davon aus, daß wir Menschen in unseren Lernprozessen durch ein kollektives Gedächtnis auf dem aufbauen können, was unsere Mitmenschen vor uns gelernt haben.

»Meiner Ansicht nach gibt es keinen schon feststehenden, schon voll ausgebildeten mathematischen Geist irgendwo da draußen. Vielmehr ist es so, daß wir mathematische Modelle von verschiedenen Aspekten der Natur erstellen und diese Modelle dann auf die Natur projizieren, wodurch die Illusion erzeugt wird, sie wären die äußere

Wirklichkeit. Als Folge davon scheint die kosmische Imagination sich im Inneren einer ewigen mathematischen Seele zu vollziehen, wo sie doch vielleicht nicht mathematischer ist als wir, wenn wir träumen. Wir erleben unsere Träume nicht als von Gleichungen erzeugt oder als grundsätzlich mathematischer Natur. Meine These ist also, daß die kosmische Imagination einen mathematischen Bereich umfassen könnte und daß dieser mathematische Aspekt sich entwickelt, genau wie unser Verständnis der Mathematik sich im Laufe der Zeit entwickelt«, stellt Rupert Sheldrake in dem Trialog »Denken am Rande des Undenkbaren«, im Zusammenhang mit mathematischen Modellvorstellungen für eine Weltformel, fest.

»Bewußtsein ist ein so bedeutendes Phänomen«, sagte mir Roger Penrose in Oxford, »daß ich einfach nicht glauben kann, es sei nur zufällig durch komplizierte Datenverarbeitungsvorgänge entstanden. Es ist das Phänomen des Bewußtseins, das uns das Universum überhaupt wahrnehmen läßt. Man kann sogar darüber argumentieren, daß ein durch Gesetze regiertes Universum, das ein Bewußtsein ausschließt, kein Universum ist. Ich würde sogar so weit gehen, zu behaupten, daß alle bisherigen mathematischen Beschreibungen des Universums in dieser Hinsicht versagt haben.«

Die Theorie der morphogenetischen Organisationsfelder deutet auf eine interessante Konsequenz hin: Die sogenannte Selbstorganisation von Lebenssystemen erhält durch morphische Resonanz Informationen von bereits existierenden Systemen. Danach müßten Leben und Bewußtsein, unter der Voraussetzung günstiger ökologischer Bedingungen, im Universum weit verbreitet sein. Nach diesem Prinzip wäre die Voraussetzung humanoider Lebensformen im All, in anderen Planetensystemen, gegeben.

Oben: Das vom Viking-Orbiter 1 aufgenommene Marsmosaik zeigt den dreitausend Kilometer langen und acht Kilometer tiefen Canyon »Valles Marineris«.

Unten: Marslandschaft, aufgenommen vom Vikinglander.
Die hier durchgeführten Lebensnachweis-Experimente brachten keine schlüssige Antwort.

Oben: Der Planet Neptun, aufgenommen von der Voyager-Sonde beim Vorbeiflug. Seltsamerweise waren den Sumerern bereits vor sechstausend Jahren die äußeren Planeten bekannt.

Rechte Seite: Der Orionnebel in der Milchstraße, aus dem sich möglicherweise neue Planetensysteme bilden.

Ausschnitt des Titusbogen-Reliefs mit den Trägern der Bundeslade.

IX *S.E.T.I.*

»Allein in der Milchstraße gibt es wenigstens zehntausend hochentwickelte, extraterrestrische Zivilisationen, das ergibt sich aus meiner Formel.« Frank Drake schaute mich über den Rand seiner Brille mit einem »gütigen Vaterblick« an. Er saß mir am langen Tisch des Konferenzraumes im S.E.T.I.-Institut der NASA gegenüber (S.E.T.I. = Search for Extraterrestrial Intelligence = Suche nach außerirdischer Intelligenz).

An einem herrlichen kalifornischen Sommertag war ich von San Franzisko in südlicher Richtung nach Mountain View gefahren, um den Radioastronomen Professor Frank Drake, Präsident des S.E.T.I.-Instituts, aufzusuchen. Ich wollte mit ihm über eines der faszinierendsten Projekte der Menschheit sprechen ...

Am fünfhundertsten Jahrestag der Entdeckung Amerikas durch Kolumbus, am 12. Oktober 1992, hatte die Astrophysikerin Jill Tarter im Auftrag der NASA das größte irdische Radioteleskop per Knopfdruck in Gang gesetzt. Das im puertoricanischen Urwald, in Arecibo, stationierte Riesenteleskop mit seiner 305-m-Antennenschüssel startete damit seine Suche nach außerirdischer Intelligenz. Parallel dazu schaltete die Goldstone-Tracking-Station in Kalifornien ihr »Deep Space«-Radioteleskop ein. Und in naher Zukunft sollen weitere Teleskope zum Einsatz kommen, zum Beispiel in Argentinien, West-Virginia, Rußland und Indien.

Neuartige Detektoren, sogenannte »Multichannel spectral analyzers« (MCSA), die an die Radioteleskope angeschlossen sind, können gleichzeitig Millionen unterschiedlicher Funkfrequenzen erfassen. Sie sind von so hoher Empfindlichkeit, daß sie sogar noch Signale von Planeten auffangen können, die tausend Lichtjahre entfernt sind. Aus dem natürlichen Funk-»Wellensalat«, der möglicherweise auf die kosmische Hintergrundstrahlung oder auf Gaswolken zurückzuführen ist, sollen die Detektoren jene Signale herausfiltern, die unter Umständen künstlichen Ursprungs sein könnten. Der Abhörbereich liegt zwischen 1000 und 3000 Megahertz, ist also ein relativ enger Frequenzbereich, in dem der Lärm aus natürlichen astronomischen Quellen am geringsten ist.

Wissenschaftler gehen davon aus, daß möglicherweise existierende fremde Intelligenzen diese Frequenzen zu kommunikativen Zwecken mit anderen Zivilisationen im All nutzen würden. Doch sollen vorerst einmal rund tausend Sterne in Entfernungen bis zu achtzig Lichtjahren erforscht werden, die in Alter und Größe der Sonne vergleichbar sind.

In der nächsten Forschungsphase soll dann das gesamte All nach und nach im Frequenzbereich bis 10000 Megahertz abgehört werden. Dieses für einen Zeitraum von zehn Jahren geplante NASA-Projekt ist mit rund 100 Millionen Dollar veranschlagt worden.

»Die Entdeckung intelligenten Lebens außerhalb der Erde würde bedeutende Auswirkungen auf die Menschheit haben«, sagte Drake. »Ich bin überzeugt, daß die Mitteilungen außerirdischer Zivilisationen für uns mit ungeheuren Auswirkungen verbunden wären und vielleicht sogar das Überleben der Menschheit garantieren könnten. Zudem ist unser Kostenaufwand für die Entdeckung intelligenter Signale außerirdischer Intelligenzen im Verhältnis so gering, daß sie das größte ›Schnäppchen‹ in der Geschichte der Menschheit wäre.«

Professor Frank Drake, der an der Universität von Kalifornien in Santa Cruz neben anderen Verpflichtungen auch noch einen Lehrstuhl für Astronomie innehat, geht einer möglichen Kontaktaufnahme mit fremden Intelligenzen seit rund 35 Jahren nach. Schon vor dem Start seines Projekts »Ozma« im Jahr 1960 beschäftigten ihn vor allem folgende Fragen:

- Welche Beweise gibt es dafür, daß intelligentes Leben im All alltäglich ist?
- Wo müßten wir nach außerirdischen Zivilisationen suchen, die fortgeschrittener sind als wir?
- Welche Erwartungen verbinden wir mit interstellarer Verbindungsaufnahme?
- Welche uns selbst betreffenden Fakten wären wir bereit, Außerirdischen preiszugeben?
- Wer sollte die Suchaktion und den Informationsaustausch durchführen?
- Werden Außerirdische den Versuch machen, mit uns Kontakt aufzunehmen? Wie? Und wann?
- Wäre damit ein Risiko für uns verbunden?
- Was würde es für uns bedeuten, wenn wir sie nicht finden sollten?
- Wie würden wir auf die Signale außerirdischer Zivilisationen reagieren?

Bereits 1986 habe ich in meinem Buch »Sie kommen von fremden Sternen« über das Projekt Ozma berichtet. Am 8. April des Jahres 1960, frühmorgens um vier Uhr, setzte Frank Drake seine Lauschaktion »Ozma« in Gang. Den Namen hatte er dem amerikanischen Märchen »The Wizard of Oz« (Der Zauberer von Oz) entlehnt, in dem die wunderschöne Königin Ozma im unerreichbar fernen Land Oz über ihre geheimnisvollen Untertanen herrscht.

Einen von ihnen hatte die Natur mit ellenlangen Ohren beschenkt, die ihn über Tausende von Kilometern jeden Laut vernehmen ließen. Eine großartige, wenn auch wenig erstrebenswerte Begabung, da der Bedauernswerte deswegen zum »Lauscher vom Dienst« befördert wurde und in Ausübung seines Dienstes Tag für Tag seine langen Ohren auf den Boden pressen mußte, damit ihm nur ja nichts entging ...

Jedenfalls richteten Drake und seine Kollegen an jenem Aprilmorgen ihre »langen Ohren« in Form eines Radioteleskops himmelwärts. Nämlich das 28-m-Radioteleskop des Green-Bank-Observatoriums, das, abgeschirmt gegen alle irdischen Geräusche, in den Bergwäldern des Appalachen-Gebirges von West-Virginia liegt. Die Radioastronomen hatten sich vorgenommen, den 12,2 Lichtjahre entfernten Stern Tau Ceti als ersten anzupeilen. Danach den Stern Epsilon Eridani, dessen Entfernung 11,8 Lichtjahre beträgt. Die Wissenschaftler erhofften sich den Empfang außerirdischer Signale über die 21-cm-Welle.

Schon ehe die Suche begonnen hatte, waren sich die Astronomen über deren geringe Erfolgsaussichten im klaren. Nach Drakes Berechnungen ließen sich nur Signale auffangen, die mit einer Sendeleistung von einer Million Watt über eine 200-m-Antenne ausgesendet worden waren und deren Ursprung nicht mehr als elf Lichtjahre entfernt war. Nach weiteren 150 Stunden Lauschens im Juli wurde das Projekt abgebrochen. Es wurde gemunkelt, daß neben der unzureichenden Empfindlichkeit des Green-Bank-Teleskops auch finanzielle Erwägungen das Aufgeben des Projekts Ozma erforderlich machten.

Jedenfalls haben Drake und seine Kollegen die wesentlichen Voraussetzungen für eine erfolgversprechende Verbindungsaufnahme mit außerirdischer Intelligenz in acht Faktoren und in der sogenannten Drake-Formel zusammengefaßt:

$$N = R_s \times f_p \times n_e \times f_l \times f_i \times f_c \times L.$$

1. Die Anzahl der Zivilisationen in der Milchstraße, die gegenwärtig zu einer Kommunikationsaufnahme mit Zivilisationen in anderen Sonnensystemen in der Lage wären: N
2. Die Geschwindigkeit, mit der sich Sterne wie unsere Sonne in unserer Milchstraße gebildet haben: R_s
3. Der prozentuale Anteil von Sternen und Planeten in der Milchstraße: f_p.
4. Die Anzahl der Planeten pro Sonnensystem mit einer lebensfreundlichen Zone: n_e.
5. Der Bruchteil lebensfreundlicher Planeten in der Milchstraße, auf denen tatsächlich Leben existiert: f_l.
6. Die Anzahl von Lebensformen, die sich zu einer intelligenten Art fortentwickelt haben: f_i.
7. Die Anzahl intelligenter Zivilisationen mit einer ausreichenden Technologie, um Botschaften ins All zu senden: f_c.
8. Die Lebensdauer technologisch hochentwickelter Zivilisationen, die Kontakt aufnehmen könnten: L.

Die Drake-Formel besteht also aus astronomischen, biologischen und soziologischen Faktoren. Sie beruht auf der Überlegung, daß auf der Erde Intelligenz und Technologie innerhalb eines verhältnismäßig kurzen Zeitraumes entstanden sind, und zwar in der Lebensmitte der Sonne. Von völligem Unwissen ausgehend, erreichte der Mensch auf dem Gebiet der elektromagnetischen Kommunikation im Verlauf von nur hundert Jahren ein relativ hohes Niveau. Verglichen mit der durchschnittlichen menschlichen Lebensspanne ist das zwar eine sehr lange Zeit, aber in der kosmischen Zeitskala bedeutet es lediglich ein Hundertmillionstel der Lebensdauer einer Galaxie, ein verschwindend geringer Zeitraum.

Intelligenz sowie fundierte wissenschaftliche und technologische Kenntnisse sind die Voraussetzungen für eine hochentwickelte Zivilisation. Wenn diese Evolutionsstufe erreicht ist, muß allerdings damit gerechnet werden, daß sich eine solche Zivilisation durch maßlose Ausbeutung ihrer Ressourcen, durch Umweltvergiftung, nicht zuletzt aber durch kriegerische Auseinandersetzungen mit raffinierten Vernichtungsmitteln selbst umbringt. So stellt sich die Frage, welche Lebenserwartung Hochkulturen überhaupt haben.

Der deutsche Astrophysiker Sebastian von Hoerner hat die kritische Phase für die Lebensdauer einer Zivilisation mit 4500 Jahren kalkuliert. Überlebt sie diese Zeitspanne, hat sie berechtigte Aussichten, ein sehr hohes Alter zu erreichen. Mit anderen Worten: Entweder kommt eine intelligente Zivilisation durch eigene Schuld um, oder sie überlebt viele Tausende, wenn nicht sogar Millionen Jahre.

Selbst wenn nur ein geringer Prozentsatz höher entwikkelter Zivilisationen über die »mittlere Reife« technologischer Kenntnisse hinauskommen sollte, gäbe es in unserer Milchstraße heute aller Wahrscheinlichkeit nach eine große Anzahl technologisch hochentwickelter Zivilisationen. Vorauszusetzen sind hier natürlich Milliarden lebensfreundlicher Planeten, von denen die Entstehung des Lebens mit hoher Wahrscheinlichkeit abhängt – nicht zuletzt aber Milliarden von Entwicklungsjahren. Schätzungen in dieser Richtung sind natürlich ein schwieriges Unterfangen, zudem »streiten sich auch hier die Geister«.

Drake nimmt jedenfalls an, daß in unserer Milchstraße eine große Anzahl von Zivilisationen entweder unser Evolutionsstadium erreicht oder überschritten hat. Vorausgesetzt, diese Zivilisationen wären wahllos über die Milchstraße verteilt, würde die mittlere Entfernung zur nächstgelegenen etwa dreihundert Lichtjahre betragen. Deswegen wäre jeder zwischen ihnen und uns zustandekommende Kontakt um dreihundert Jahre verzögert, und ein einmaliger Hin- und Zurück-Dialog würde demzufolge sechshundert Jahre dauern. Das wäre eine total unbefriedigende, wenn nicht gar illusorische Gesprächssituation.

Seit dem Projekt Ozma hat es eine Reihe weiterer erfolgloser Horchprojekte auf der Suche nach Signalen intelligenten Ursprungs aus dem All gegeben. Aber dank der fortgeschrittenen Technik und dem Einsatz leistungsfähigerer elektronischer Prozessoren, die den Himmel auf allen in Frage kommenden Frequenzen nach ungewöhnlichen Signalen absuchen, haben sich die Erfolgsaussichten mittlerweile wesentlich gebessert.

So wurden im Juni 1993 schon nach wenigen Monaten des Lauschens über 160 Signale registriert, die möglicherweise von außerirdischen Zivilisationen stammen. Leider ließen sich diese Signale von bereits identifizierten, deutlich zu unterscheidenden wegen ihrer zu kurzen Dauer nicht zurückverfolgen.

Wahrscheinlich sind wir von außerirdischen Zivilisationen längst registriert worden. Schließlich werden auf der Erde seit rund fünfzig Jahren ständig Radiowellen ausgestrahlt – Rundfunk- und Fernsehsendungen. »Kein Wunder, daß sie uns meiden«, witzelte ein Wissenschaftler, »bei *den* Programmen!«

Natürlich kann auch nicht ausgeschlossen werden, so meinen jedenfalls einige wenige Evolutionsbiologen, daß irdisches Leben im Universum einmalig ist – und unser Planet Erde in seiner Art ein Unikat darstellt. Dagegen sprechen wiederum die neuesten Daten und Entdeckungen von Satelliten sowie Berechnungen von Astronomen. Hier stellt sich nun die Frage, ob eine Art Weltformel für die Entstehung von Planeten und Leben existiert?

Heute wissen wir mit ziemlicher Sicherheit, wie unser Sonnensystem entstanden ist: Vor rund 4,7 Milliarden Jahren wurde in der Milchstraße eine Gaswolke mit dem »Ruß«, den schweren Elementen alter explodierter Sterne – Supernovae –, angereichert. Diese Gas- und Staubwolke stürzte durch die eigene Schwerkraft in sich zusammen, und erhielt dabei gleichzeitig einen Rotationsimpuls. Durch den Verdichtungsprozeß wurde sie immer heißer, bis ihre Temperatur im Zentrum auf 20 Millionen Grad C angestiegen war – der Zündpunkt für die thermonukleare Fusion. Damit war unsere Sonne geboren. Ein geringer Prozentsatz der Gas- und Staubmoleküle sammelte sich in einer Scheibe, die den jungen Stern als »Planetensaat« umkreiste. Durch Kondensation und Verklumpung entstanden vor etwas mehr als viereinhalb Milliarden Jahren schließlich die Planeten unseres Sonnensystems.

Aufgrund des starken Temperaturgefälles im planetarischen Nebeldiskus bildeten sich nach und nach die festen, gesteinsreichen Planeten Merkur, Venus, Erde, Mars (möglicherweise auch der an der orbitalen Position des Planetoidengürtels vermutete, einst existierende Nibiru beziehungsweise Phaeton), danach die großen äußeren Gasplaneten Jupiter, Saturn, Uranus und Neptun. Pluto, ein kosmischer »Schneeball«, dürfte ein eingefangener Komet sein.

Solch ein Entstehungsprozeß von Planetensystemen ist allem Anschein nach ein alltäglicher Vorgang. So hat beispielsweise der »Infrared Astronomical Satellite« – IRAS – »protoplanetarische« Urnebel um relativ nahegelegene

Sterne nachgewiesen. Der britische Astronom David Hughes aus Sheffield hat ein Formelwerk erarbeitet, wonach allein in unserer Milchstraße jeder vierundzwanzigste Stern von Planeten begleitet wird. Hughes schließt daraus auf eine hohe Anzahl erdähnlicher Planeten. Auch der Direktor des Max-Planck-Instituts für Astronomie in Heidelberg, Steven Beckwith, meint, daß es Planeten mit lebensfreundlichen Bedingungen im Überfluß gibt.

Als ich kürzlich das NASA Jet Propulsion Laboratory im kalifornischen Pasadena aufsuchte, erfuhr ich, daß in den Sternbildern Stier und Fuhrmann junge Sonnen vermutlich von Planeten umkreist werden. Jedenfalls sprechen Infrarotmessungen dafür. Übrigens hat IRAS schon vor einigen Jahren um den Stern Beta Pictoris eine Gas- und Staubwolke – eine sogenannte Planetenbrut – geortet. Richard Terrile, der den protoplanetarischen Beta-Pictoris-Nebel auch optisch nachgewiesen hat, behauptet, daß sich um diesen Stern Planeten bilden – so, wie sich dereinst die inneren Planeten unseres Sonnensystems – Merkur, Venus, Erde und Mars – formten. David Hughes, der in komplizierten Computer-Simulationsverfahren zahlreiche Varianten der Planetenbildung durchgespielt hat, kommt durch seine Formel zu dem Ergebnis, daß in unserer aus 100 bis 200 Milliarden Sternen bestehenden Milchstraße mindestens 60 Milliarden Planeten um Sonnen kreisen. Darunter wenigstens vier Milliarden erdähnliche mit einer lebensfördernden »Ökosphäre«.

Im Jahr 1992 ist es den amerikanischen Wissenschaftlern Aleksander Wolszczan und Dale Frail gelungen, in einer Entfernung von 1300 Lichtjahren zwei planetenähnliche Himmelskörper von etwa der dreifachen Größe der Erde im Gefolge des Pulsars PSR 1257+12 zu orten. Und neuesten Daten zufolge ist der uns nächstgelegene Kandidat für ein Planetensystem der 11,8 Lichtjahre entfernte sonnenähnliche Stern Epsilon Eridani. Er liegt im Sternbild Eridanus, »der Fluß«. Der Sage nach fuhren Jason und seine Gefährten auf dem Schiff Argo diesen Fluß hinunter, auf der Suche nach dem »Goldenen Vlies«.

Die Ursubstanz allen irdischen Lebens entstammt den Sternen, und die »Garzeit« all dieser Bausteine des Lebens nahm etwa zehn Milliarden Jahre in Anspruch. Auf unserem Planeten war eine bestimmte Zusammensetzung dieser Bausteine für eine Fülle unterschiedlicher Lebensformen verantwortlich.

Das Material, aus dem Leben besteht, ist also Sternenstaub, der sich in den interstellaren Gas- und Staubwolken sammelt. Durch Reaktionen miteinander entstehen die Bausteine des Lebens. Astronomen haben mehr als siebzig unterschiedliche organische Moleküle in den interstellaren Wolken entdeckt.

Das Phänomen der Lebensentstehung ist wesentlich problematischer, als noch in den fünfziger Jahren angenommen wurde. Die Vorstellung, daß auf der jungen Erde in einer Art Ursuppe chemische Verbindungen herumgeschwommen sind, um sich schließlich rein zufällig zu einem »Lebensverbund« zusammenzuschließen, hält kritischer Überprüfung nicht stand. Die Euphorie, den Prozeß der Lebensentstehung entdeckt zu haben, ging auf Experimente des amerikanischen Biochemikers Stanley Miller zurück. Um die irdische Uratmosphäre zu simulieren, mixte dieser 1953 Wasser, Wasserstoff, Methan und Ammoniak in einem Glaskolben und setzte dieses Gebräu künstlich erzeugten Blitzen aus. Tatsächlich entstanden durch diesen Prozeß organische Moleküle, darunter auch Aminosäuren, die Bausteine des Lebens. Aber – diese Bausteine, die ja auch in interstellaren Gas- und Staubwolken vorhanden sind, haben nicht das geringste mit dem Wunder Leben zu tun. Denn die Entstehung der reduplikationsfähigen Substanz – des genetischen Codes DNS – zum Fortbestand, zur Vermehrung und Differenzierung des Lebens, ist damit längst nicht geklärt. Die Hypothese, daß die Bausteine des Lebens wie Buchstaben in einer Lostrommel durcheinandergeschüttelt worden sind, um sich sozusagen zu einem riesigen, »sinnvollen Computerprogramm« zu formieren, dazu noch in recht kurzer Zeit, ist geradezu absurd. Denn vor 3,8 Milliarden Jahren – also relativ »schnell« nach der Entstehung der Erde, war auf unserem Planeten bereits Leben vorhanden. Es ist daher nicht überraschend, daß Computersimulationen den Zufallsfaktor für die Lebensentstehung auf der Erde wegen Zeitmangels ausschließen. Aber wenn es kein Zufall war, was dann?

Existiert so etwas wie eine Schöpfungsstrategie, eine Weltformel für die Lebensentstehung? Vielleicht liegt die Antwort auf diese Frage in der Chaostheorie. Denn danach können die kleinsten Veränderungen – Fluktuationen – einschneidende Auswirkungen auf ein ganzes System haben und gleichzeitig neue Systeme entstehen lassen. Die Chaosforschung beweist aber auch, daß es im Grunde keine isolierten Systeme gibt, sondern alles miteinander verbunden, vernetzt ist. Vor allem aber wird der Nachweis dafür erbracht, daß hinter anscheinend chaotischem Zufallsgeschehen eine höhere Ordnung steckt – wenn man so will, ein deterministisches Chaos. Leben, wie alle anderen Systeme, setzt sich hier aus sogenannten Fraktalen zusammen, den Bausteinen des Chaos. Doch auch das Chaos hat Methode; mit anderen Worten: Der Zufall hat Methode.

Möglicherweise entstehen bereits in den interstellaren Gas- und Staubwolken Lebenskeime, die dann durch Kometen auf Planeten gelangen. In der Milchstraße gibt es in der Tat unzählige Kometen, von denen immer wieder einige in den inneren Bereich unseres Sonnensystems geraten, wo dann hin und wieder ein größerer mit einem Planeten kollidiert.

Der lange im englischen Cambridge forschende Astrophysiker Fred Hoyle und sein Kollege Chandra Wickramasinghe vertreten die Hypothese, daß Mikroorganismen aus dem All durch Kometen zur Erde transportiert worden sind. Ihrer Schätzung nach ist auf unserer Milchstraße eine Gesamtmasse von 10^{33} Tonnen Mikroorganismen verteilt, die dort bei einer Temperatur von 30 Kelvin über dem absoluten Nullpunkt (−273,16° C), sozusagen in der Tiefkühltruhe Weltraum, ihrer »Bestimmung« harren.

Wenn dieser Prozeß des Lebenstransports auf die Erde zutrifft, würde er sich auf anderen Planeten in anderen Sonnensystemen in ähnlicher Weise abspielen. So kann sich Leben auf Planeten mit geeigneter Größe beziehungsweise Schwerkraft sowie dem richtigen Abstand von ihrer Sonne, also mit einer ausreichenden Ökosphäre, entfalten. Wie schon erwähnt, müßte dies nach neuesten Berechnungen sehr häufig der Fall sein, und damit dürfte auf vielen Welten in unserer Milchstraße in anderen Planetensystemen Leben beheimatet sein.

Der Jesuit und Paläontologe Pierre Teilhard de Chardin glaubte, daß das gesamte Universum von Beginn an bis in alle Zukunft ein in der Entstehung befindliches einheitliches Muster aufzeigt. Seiner Meinung nach ist das herausragende Merkmal des kosmischen Geschehens die Tendenz zu wachsender Komplexität. Kleine Einheiten haben die Neigung, sich zu größeren Strukturen zu verbinden, um in der Vielfalt eine Einheit herzustellen, die schrittweise neue Möglichkeiten erschließt. So führte die Evolution des Anorganischen hin zu komplexeren organischen Molekülen und endlich zum lebenden Organismus. Diese Höherentwicklung zu immer komplexeren Systemen vollzieht sich gänzlich ohne göttlichen Einfluß, meint Teilhard de Chardin.

Sie wäre das Resultat zunehmender Komplexität innerhalb der Materie selbst. Diese habe von Natur eine Beschaffenheit, die zu immer höheren Formebenen strebe, bis hin zum Menschen und darüber hinaus.

Der führende amerikanische Evolutionstheoretiker Steven Jay Gould betrachtet dagegen den Zufall als »Vater aller Dinge«. Für ihn ist der Mensch das Ergebnis einer Geschichte aus Wahrscheinlichkeiten. Der Homo sapiens ist eine Entität, keine Tendenz, behauptet er. »Der göttliche Bandabspieler besitzt viele Millionen Szenarien, und jedes ist vollkommen schlüssig. Kleine Verrücktheiten zu Beginn, ohne besonderen Grund, lösen Kaskaden von Folgen aus, die eine bestimmte Zukunft im Rückblick als unausweichlich erscheinen lassen. Doch es genügt ein ganz kleiner Stupser zu Anfang, und eine andere Rille wird berührt, die Geschichte schlägt einen anderen plausiblen Weg ein, der stetig vom ursprünglichen Verlauf fortführt. Die Endresultate sind so verschieden, die anfängliche Störung ist scheinbar so unbedeutend ... und so können wir, was uns betrifft, wohl nur ausrufen: O schöne – und unwahrscheinliche – neue Welt, die solche Menschen hat!« schreibt Gould in seinem Buch »Zufall Mensch«.

In der Entwicklungsgeschichte des Lebens bedeuteten multizellulare Organismen und geschlechtliche Fortpflanzung eine Ausweitung der evolutionären Vielfalt.

Die fossilen Funde aus den vergangenen 600 Millionen Jahren legen Zeugnis davon ab, daß die Evolution auch durch Umweltveränderungen gesteuert worden ist. Erdbeben, Vulkanausbrüche, klimatische Veränderungen, Eiszeiten, Kometen- und Asteroideneinschläge haben ganze Arten ausgelöscht und durch eine noch größere Vielfalt ersetzt. Aber während dieser ganzen Entwicklungsphase hat zumindest die neurophysiologische Komplexität einiger

Spezies ständig zugenommen. Bedauerlicherweise sagen fossile Funde aber nichts über die Zwangsläufigkeit der Entstehung von Intelligenz. Es hat allerdings den Anschein, als sei sie im Überlebenskampf von Vorteil. Bei unseren Vorfahren scheint die Verbindung zwischen geschickten Händen und Intelligenz zur Herstellung von Werkzeugen geführt zu haben. Und die Anwendung von Werkzeugen sowie fortschreitende kulturelle Evolution führten zur Entwicklung einer Technologie, mit deren Hilfe sich die Umwelt verändern ließ. In den vergangenen zehntausend Jahren haben wir das Land zu kultivieren aber auch zu schreiben gelernt. Und in den letzten hundert Jahren haben wir die Fähigkeit erlangt, mit Lichtgeschwindigkeit zu kommunizieren. Warum sollten sich solche Prozesse der Höherentwicklung nicht auch bei extraterrestrischen Lebensformen vollzogen haben? Der Präsident des S.E.T.I.-Projekts, Frank Drake, ist davon überzeugt.

Vor der Jahrtausendwende, so sagte er mir, wird der Kontakt mit einer außerirdischen Zivilisation zustande kommen. In der ersten Stufe unseres Mikrowellen-Beobachtungsprojekts konzentrieren wir uns auf Signale, die aus der Nähe sonnenähnlicher Sterne stammen und nicht weiter als hundert Lichtjahre von der Erde entfernt sind. Unter sonnenähnlichen Sternen versteht Drake solche, die nach Größe, Temperatur und Lebensdauer mit unserer Sonne vergleichbar sind. Ziel des Projekts ist es, festzustellen, ob unsere heutigen Radioteleskope mit ihrer speziellen S.E.T.I.-Ausrüstung empfindlich genug sind, in der Umgebung dieser Sterne eventuell ausgestrahlte Sendungen zu empfangen. In einer weiteren Phase soll die Suchaktion dann erweitert werden. Zum Schluß unseres Gesprächs fragte ich Frank Drake, was er denn vom UFO-Phänomen halte? Er betrachtete mich abschätzend und antwortete nach einer Pause: »Bis heute habe ich keinen eindeutigen

Beweis dafür, daß Raumschiffe von anderen Welten die Erde aufsuchen. Bei den gigantischen Entfernungen müßten außerirdische Astronauten mindestens so alt werden wie Methusalem«, scherzte er. Warum eigentlich nicht, schoß es mir beim Verlassen des S.E.T.I.-Instituts in Mountain View durch den Kopf.

X *Die Formel der ewigen Jugend*

Wissenschaftler sind die Magier des 20. Jahrhunderts. Sie spalteten das Atom, bauten die Wasserstoffbombe, entwickelten Antibiotika, erfanden das Fernsehen und den Computer, schickten Menschen zum Mond und Maschinen auf den Mars. Sie verpflanzen Herzen und Nieren und deckten die Struktur der Erbsubstanz – des genetischen Codes – auf, der Form und Funktion allen Lebens regiert. Sie haben die Zeit bis zum Urknall zurückverfolgt und lauschen seinem Echo, der Hintergrundstrahlung, nach. Sie sind der Weltformel und der Blaupause des Lebens auf der Spur.

Gibt es wirklich eine Weltformel für die Vergänglichkeit – für Leben, Verfall und Tod? Läßt sich diese Formel gar ins Gegenteil, in eine Formel für ewige Jugend kehren? Eine Reihe von Wissenschaftlern folgt der kühnen Vision, die Lebensspanne des Menschen nicht nur um Dekaden, sondern um Jahrhunderte zu verlängern. Genaugenommen müßten wir eigentlich über hundert Jahre alt werden; denn die durchschnittliche Lebensdauer aller Säugetiere beträgt die fünffache Länge der Zeit ihres Wachstums. Da der Mensch zwischen achtzehn und fünfundzwanzig Jahren sein Reifestadium erreicht, müßte er also, diesem Prinzip nach, neunzig bis hundertfünfundzwanzig Jahre alt werden, um seine natürliche Lebensspanne zu erreichen.

Der französische Physiologe Flourens (1794–1867) hatte diese biologische Gesetzmäßigkeit durch Vergleichsstudien an Säugetieren nachgewiesen.

Allerdings wird diese Gesetzmäßigkeit bereits zweifelhaft, wenn wir dem Alten Testament blindlings vertrauen. Danach wurde nämlich Methusalem 969 Jahre alt. Und er war nicht der einzige, der in »biblischem Alter« das Zeitliche segnete. Sein Vater Enoch verschied mit 365 Lebensjahren sozusagen als »junger Mann«. Dagegen brachte es der Stammvater der Musikanten, Nomaden und Schmiede – Lamech – auf stattliche 777 Lebensjahre. Sein Sohn Noah wiederum wurde »nur« runde fünfhundert Jahre alt.

Was allerdings die Sumerer anbelangt, so schlugen sie in der Langlebigkeit alle Rekorde. Überlieferungen zufolge erreichten ihre Könige meist ein geradezu astronomisches Alter. Zehn ihrer Urkönige hatten nämlich eine Regierungszeit von zusammengenommen über 465 000 Jahren! Also mußte im Durchschnitt jeder einzelne von ihnen 46 500(!) Jahre gelebt haben.

Immer wieder werden uns die faszinierendsten Begründungen dafür aufgetischt, wie es die Uralten unserer Tage geschafft haben, so alt zu werden. Sie werden gefragt, was sie gegessen, getrunken und sonst noch alles in ihrem Leben getan haben, um ihr hohes Alter zu erreichen. Und was wir am besten anstellen sollten, um unsere Lebensspanne dahingehend zu erweitern. Meistens heißt es dann: viel Knoblauch, Joghurt, Honig, viel ... Kurz gesagt, nach einer bestimmten Diät leben. Keinesfalls rauchen, keinen Alkohol konsumieren, Kaffee möglichst meiden, Streß aus dem Weg gehen – vorzugsweise in Höhenlagen leben und, nicht zu vergessen, für viel Bewegung sorgen.

Weltweite Untersuchungen sollten über den Wert dieser Richtlinien Auskunft geben. Aus den erzielten Resultaten schlossen die Forscher, daß der größte Teil der Hundertjährigen und noch älteren Menschen zwar mäßige Esser waren, sich jedoch von ganz normaler Mischkost ernährten. Auch in Deutschland brachten die Untersuchungen die gleichen Ergebnisse. Es gab keine gezielte Diät.

Von den Uralten waren 88 Prozent Raucher, und viele hörten erst im hohen Alter damit auf. Die meisten tranken auch gern Kaffee, darunter manche alten Frauen bis zu sieben Tassen täglich. Zudem waren sie auch keine Abstinenzler. Von den uralten Russen lebte ein verhältnismäßig hoher Prozentsatz in mittleren Höhenlagen zwischen 600 und 800 Metern. Russische Wissenschaftler schlossen daraus auf einen Zusammenhang mit der Langlebigkeit. Nachforschungen in anderen Ländern brachten jedoch keine Bestätigung dieser Vermutung. Zwar stammten die meisten hundertjährigen Deutschen ausgerechnet aus dem Flachland, aber auch in mittleren Höhenlagen lebten uralte Menschen.

Einem streßfreien, behaglichen Leben stehen wiederum die Untersuchungsergebnisse der Amerikanerin Dr. Flanders Dunbar von der amerikanischen Columbia-Universität entgegen. Ihren Recherchen zufolge lebte nämlich von den etwa tausend amerikanischen Hundertjährigen die Mehrzahl in den hektischen, dichtbesiedelten Gebieten von Washington bis Boston sowie am Mississippi – und nicht in den Millionärsansiedlungen von Kalifornien oder Florida, wie vielleicht zu erwarten gewesen wäre. Zudem war die Mehrheit der Uralten vom Schicksal mit einem entbehrungsreichen, harten Leben geschlagen. Im Zusammenhang mit unserer Lebensweise gibt es also kein zuverlässiges Rezept, um hundert Jahre alt oder noch älter zu werden. Wer allerdings »weder Tod noch Teufel fürchtet«, wie es im Volksmund heißt, könnte sich das Rezept eines trunksüchtigen Iren zu eigen machen, der im Alter von 120 Jahren das Zeitliche gesegnet haben soll. Auf seinem Grabstein hinterließ er seinen Mitmenschen folgende Formel zum Uraltwerden:

»Der Whisky hat mein Aussehen so gräßlich verunstaltet, daß sich selbst der Tod vor Furcht ferngehalten hat.«

Eines jedoch hatte die Mehrzahl der Uralten gemein: nämlich langlebige Vorfahren. Die entsprechenden Erbanlagen scheinen die wichtigste Voraussetzung für ein langes Leben zu sein.

Mit den enormen wissenschaftlichen und technischen Fortschritten hat sich unsere durchschnittliche Lebenserwartung gegenüber der unserer Vorfahren prinzipiell erhöht. Denn sie mußten teilweise noch ohne die uns heute zur Verfügung stehenden Hilfsmittel zur Gesunderhaltung auskommen, wie Impfungen, Antibiotika, Organtransplantationen, moderne Geburtshilfe, Psychotherapeuten und Gereatriker, die das Altern behandeln. Die Kehrseite der Medaille ist, daß gerade der Fortschritt durch erhöhten Streß und andere Nachteile – wie zum Beispiel Schadstoffe in der Nahrung, im Trinkwasser und in der Luft – neue negative Folgen mit sich brachte. Die dramatische Erweiterung der Lebenserwartung im letzten Jahrhundert ist in erster Linie auf die Bezwingung von Epidemien wie Pocken, Cholera, Pest, Typhus, Diphtherie und Tuberkulose zurückzuführen. Je ferner die Vergangenheit allerdings ist, um so schwerer lassen sich Nachforschungen über die Lebensdauer unserer Ahnen durchführen, können sich die Ermittlungen doch lediglich auf noch vorliegende bruchstückhafte Informationen stützen. Daraus indes kann der Rückschluß gezogen werden, daß beispielsweise der Vorzeitmensch recht kurzlebig gewesen ist. Seine durchschnittliche Lebensdauer betrug knapp 25 Lebensjahre, und meistens starb er eines gewaltsamen Todes. Davon zeugen verhältnismäßig viele Funde eingeschlagener Schädel.

Mit einsetzender Zivilisation ist ein leichter, langsamer Anstieg der menschlichen Lebensspanne zu verzeichnen.

Das ergab sich aus den Untersuchungen an griechischen Totenschädeln aus der Zeit zwischen 3500 v. Chr. und 1300 n. Chr. Im weiteren Zivilisationsverlauf nahm die Körpergröße der Griechen zu, Arthritis und Zahnbeschwerden gingen leicht zurück. Archäologischen Funden zufolge gingen diese Veränderungen mit fortschrittlicheren Lebensbedingungen und besserer Ernährung einher.

In der griechischen Vorgeschichte wirkten sich zweifellos auch die, im Vergleich zu prähistorischen Zeiten, größeren medizinischen Fähigkeiten vorteilhaft auf die menschliche Lebenserwartung aus. So geht aus einer für das antike Griechenland aus Grabinschriften erstellten Lebenstabelle hervor, daß die durchschnittliche Lebensdauer um 400 v. Chr. unter dreißig Jahren lag. Übrigens war die Situation im römisch regierten Nordafrika vor zweitausend Jahren kaum anders.

Der englische Mathematiker K. Pearsin errechnete nach Sarkophaginschriften, daß die Menschen jener Periode zwischen zehn und achtundsechzig Jahren eine Überlebenschance von 9 : 100 hatten. Auch zu Zeiten des Julius Cäsar hatten die alten Römer zumindest im statistischen Mittel wenig Aussichten, viel älter als zwanzig Jahre zu werden. Ein Zustand, der sich für viele Jahrhunderte kaum änderte. Erst mit den wissenschaftlichen Fortschritten des 19. Jahrhunderts und den hygienischen Erkenntnissen in diesem Zusammenhang kam es zu einer drastischen Veränderung der Situation.

Irrtümlicherweise wird unsere Lebenserwartung oft mit unserer natürlichen Lebensspanne verwechselt. Die erstere ist heute tatsächlich höher, als sie früher war. Dagegen hat sich die Lebensspanne, also die absolute Grenze, die nur ganz wenige Menschen erreichen, nicht geändert. Daher ist auch die Annahme falsch, daß die Anzahl der Hundertjährigen und Älteren mit dem Ansteigen unserer Lebenserwartung angewachsen sei. Im Verlauf der verschiedenen Epochen hat sich der Prozentsatz der Hochbetagten vielmehr nur geringfügig verändert.

Was dagegen die Lebenserwartung betrifft, geht es um die vollendeten Lebensjahre aller in einer Epoche geborenen Menschen. Die mittlere Lebenserwartung ist die daraus im Durchschnitt errechnete Lebensdauer. Mit anderen Worten: Eine höhere Lebenserwartung hat keinen Einfluß auf die maximale Lebensspanne.

Statistiken über eine Zunahme der menschlichen Lebenserwartung im Lauf von Dekaden oder Jahrhunderten beziehen sich also lediglich auf die Lebenserwartung und nicht auf die natürliche Lebensspanne.

Die Chancen eines hohen Alters waren schon immer sehr gering. Nach Berechnungen, die R. Pearl bereits vor dem Zweiten Weltkrieg durchgeführt hatte, wurden

14 von 100	80 Jahre alt,
6 von 100	65 Jahre alt,
2 von 100	90 Jahre alt,
4 von 1000	95 Jahre alt.

Der Prozentsatz derjenigen jedoch, die es »schaffen«, die äußerste Grenze der natürlichen Lebensspanne zu erreichen, ist leider verschwindend gering.

Die Wissenschaft läßt keinen Zweifel daran aufkommen, daß der Alterungsprozeß bereits mit der Befruchtung einsetzt. Leben ist also ein lebenslanges Sterben. Keinem von uns bleiben die traurigen »Randerscheinungen« des Alterns erspart – »der Stumpfsinn der Natur« –, wie es George Bernard Shaw so treffend formuliert hat.

Bereits mit achtzehn Jahren hat der Mensch den Höhepunkt seiner Lebenskraft erreicht. Von diesem Zeitpunkt an läßt seine Vitalität und Widerstandskraft ständig nach.

Anfangs zwar unmerklich, aber schließlich beschleunigt sich dieser Prozeß und endet mit dem Tod.

Wenn wir den Ablauf eines Menschenalters von der »Wiege bis zur Bahre«, besser gesagt, vom Säuglings- bis zum Greisenalter, in einem Zeitrafferfilm nachvollziehen, drängt sich der Eindruck eines fatal verlaufenden Vorgangs auf. Es deutet in der Tat alles darauf hin, daß alle Erbanlagen, darunter auch der Alterungsprozeß und der Tod, im Erbgut beziehungsweise in der »Genschrift« des Menschen vorprogrammiert sind.

Als kleinste Vererbungseinheit sind die Gene in den Chromosomen der Zelle eingebettet. Durch diese Gene sind die verschiedenen Erbanlagen in jeweils bestimmten Abschnitten der Chromosomen festgelegt.

1924 identifizierte der Gießener Physiologe Robert Feulgen ihren chemischen Hauptbestandteil – die Desoxyribonukleinsäure (DNS). Der Amerikaner Oswald Avery entdeckte, allerdings erst 1944, daß die DNS Träger des genetischen Codes, also der Erbinformation, ist.

Die räumliche Struktur der DNS, die Doppelhelix, wurde 1953 durch den Amerikaner J. Watson und seine zwei englischen Kollegen F. Crick und M. Wilkins erkannt. 1962 erhielten sie für diese zukunftsweisende Forschungsarbeit den Nobelpreis.

So schreibt Pat McGrady in »The Savage Cell« über die Formel des Lebens: »Jeder Mensch ist durch einen hauchdünnen Faden DNS an die Ewigkeit gebunden. Mit dem zehntrillionstel Teil einer Unze DNS als Erbschaft tritt er ins Leben, in ihr sind die gehäuften Flüche und Segnungen, von denen seine Vorfahren heimgesucht wurden, seit dem Beginn des Lebens enthalten – seine Hinterlassenschaft für künftige Generationen. DNS ist die Substanz seiner Unsterblichkeit. Er lebte in ihr, bevor er empfangen wurde, seine DNS überlebt in seinen Nachkommen, und in ihr lebt er über den Tod hinaus. DNS ist der Stoff, aus dem Gespenster gemacht werden, denn in ihr verfolgen die Geister einstiger Generationen ein Wesen, das nach ihrem Entwurf entstand.

Die DNS im befruchteten Ei ist der Webstuhl, an dem Gestalt und Struktur sowie das Feuer des Geistes gewoben werden. Durch sie werden Gesundheit und Krankheit gewissermaßen vorbestimmt, früher Tod oder ein langes Leben. Sie ist die Schablone für die Persönlichkeit und setzt die Grenzen unseres Potentials.«

Unter dem Begriff der lebenden Zelle verstand die Wissenschaft für lange Zeit durch Membranen getrennte Hohlräume, in denen die Substanz des Lebens enthalten ist.

Mittlerweile ist bekannt, daß die Zelle einem komplexen, hochorganisierten Staatswesen gleichkommt. Im Zentrum, dem Zellkern, befindet sich der Regierungssitz mit der DNS. Von hier aus erfolgt die Befehlsausgabe an die RNS-Moleküle, die sogenannten »Kuriere« (RNS = Ribonukleinsäure). Diese befördern die Kommandos in die »Provinz« – zum Zellplasma – zu den Eiweißproduktionsstätten. Nach diesen Anweisungen stellen hier spezielle RNS-Moleküle spezifische Eiweißstoffe her, die Grundelemente des Lebens. Im übertragenen Sinn steht diesem Staat alles zur Verfügung, beispielsweise Energieversorgung, Nachrichtenwesen, Polizei, Kommunikationswesen, Import, Export und Müllabfuhr.

Die Überlegung, den Prozeß des Alterns über das Studium der Zelle zu ergründen, ist nicht neu, wenn auch lange die Ansicht vorherrschte, daß sich die in einer geeigneten Nährlösung befindlichen Gewebezellen bei 37 °C sozusagen »bis in alle Ewigkeit« weiterteilen würden – zwei aus einer – vier aus zwei ... und so weiter.

Dieser Rückschluß auf die Unsterblichkeit der Gewebezellen hängt mit einem Experiment des französischen Physiologen und Nobelpreisträgers Alexis Carrel zusammen. Er machte um die Jahrhundertwende einen Versuch mit Kükenzellen in einer Nährlösung und legte seine Resultate dreißig Jahre später vor. Danach waren Gewebezellen unsterblich. Carrel konnte allerdings nicht wissen, daß ihn eine unzureichende technische Ausrüstung fehlgeleitet hatte.

Der amerikanische Mikrobiologe Leonard Hayflick von der amerikanischen Stanford-Universität vollzog die Carrelschen Experimente 1960 nach und verwendete dazu Zellkulturen menschlicher Embryonen. Hayflick beobachtete die vorzügliche Entwicklung der Kulturen, stellte dann aber zu seiner Verwunderung fest, daß sie nach einer bestimmten Anzahl von Zellteilungen unerwartet abstarben. Aus welchem Grund? Weder waren sie von Infektionen heimgesucht worden, noch litten sie unter Nahrungs- oder Sauerstoffmangel. Hayflick entdeckte vielmehr, daß ihre Lebensdauer durch eine »innere Uhr« exakt begrenzt wurde.

Die Zellen wuchsen beziehungsweise vermehrten sich durch Zellteilung. Bei jedem Teilungsprozeß greift die Zelle auf die in den Genen und Chromosomen gespeicherten Erbinformationen zurück, um auf diese Weise genaue Kopien des Originals anfertigen zu können. Nach fünfzig Zellteilungen hörte dieser Prozeß jedoch ganz unvermutet auf. Es war, als gehorche die Zelle nach etwa fünfzig Teilungen einem Befehl, diesen Prozeß einzustellen – zu sterben. Bei menschlichen Embryonen stoppt die Zellteilung grundsätzlich nach dem (rund) fünfzigsten Mal. Ein Vorgang, der unter der Bezeichnung Hayflick-Effekt bekannt wurde. Anscheinend wird hier ein fest einprogrammiertes »Erbkommando« über Generationen wirksam. Denn sonst könnten Zellkulturen nach einer ganz bestimmten Zeitspanne nicht plötzlich eingehen, obwohl die Zuchtbedingungen unverändert geblieben sind.

Für den Hayflick-Effekt gibt es allerdings unterschiedliche Erklärungen. So ging beispielsweise Dr. Robin Holiday vom »National Institute for Medical Research« in London davon aus, daß Fehler für den Zellentod verantwortlich seien. Denn in jungen Zellen wären die Proteine normal und gesund; sie würden allerdings mit zunehmendem Alter eine Veränderung durchmachen und wären dann nicht mehr funktionstüchtig. Genau wie das morsche Gebälk eines alten Hauses. Je fortgeschrittener das Alter, um so fehlerhafter die Proteine. Die Zellen sterben ab – das »Gebäude« stürzt ein. Wie können solche Fehler entstehen? Alles spricht für eine genetische Ursache. Wäre es also möglich, den genetischen Befehl zu widerrufen, könnten perfekte Proteine produziert werden, und der Mensch mit seinen Milliarden Zellen wäre somit gewissermaßen »unsterblich«. Natürlich nur unter der Voraussetzung, daß ein »programmierter Tod« tatsächlich das Problem ist.

Der russische Biologe A. Olownikow vom Gamaleja-Institut für Epidemiologie und Mikrobiologie wartete mit einer besonders einleuchtenden Erklärung für den Hayflick-Effekt auf. Seiner Ansicht nach verkürzt sich der DNS-Strang von einer Zellteilung zur anderen weiter und weiter, bis zur Schädigung der Erbsubstanz. Das heißt, mit jeder Zellteilung werden mehr und mehr »unleserliche« beziehungsweise geschädigte DNS-Moleküle auf die Tochterzelle vererbt, ein Vorgang, der unter der Bezeichnung Marginotomie bekannt wurde. Für Olownikow liegt darin die Ursache für das Altern und den Alterstod. Sowohl die Ei- als auch die Geschlechtszellen bilden hier eine Ausnahme. Sie unterliegen der Marginotomie – also der Verkürzung des DNS-Stranges – natürlich nicht, denn die Nachfolge kann nur durch eine vollständige Erbinformation gewährleistet werden. Daher sind Keimzellen unsterblich. Da jedoch alle Zellen Abkömmlinge der Geschlechtszellen sind, müßte es zu schaffen sein, diejenigen Prozesse in Gang zu setzen, die auch den ersteren die unbeschädigten Erbanlagen sichern.

Welche Ursache ist nun für den Alterungsprozeß – den Zerfall – verantwortlich? Gibt es in den Zellkernen, innerhalb des DNS-Stranges, Gene, die alle Körperfunktionen steuern und damit auch die Alterungsprozesse?

Biologen der Ruhr-Universität in Bochum führten in diesem Zusammenhang ein interessantes Experiment durch. Mit der Veränderung von nur zwei Genen in der Erbsubstanz eines Schlauchpilzes gelang es ihnen nämlich, diesen Pilz sozusagen unsterblich zu machen. Unter normalen Umständen wird ein Schlauchpilz etwa 20 Zentimeter groß, genau gesagt: lang. Nach fünfundzwanzig Tagen setzt der Alterungsprozeß ein, und er beginnt an den Enden abzusterben. Im Gegensatz zu jedem normalen Exemplar dieser Pilzart wurde der genmanipulierte jedoch über 20 Meter lang und wuchs unentwegt weiter.

Am 1. Juli 1889 setzte die erste Verjüngungswelle oder der erste Lebensverlängerungsversuch der Neuzeit in Paris ein. Dort eröffnete der Medizinprofessor Charles Brown-Séquard einer aufhorchenden Zuhörerschaft am Collège de France, wie er seine ermüdeten Manneskräfte mit selbstinjiziertem tierischen Hodenextrakt wieder zu voller Stärke aufgerichtet habe. Die aus Laien und Fachleuten bestehenden, durchschnittlich 71 Jahre alten Zuhörer nahmen die verheißungsvollen, eine neue Jugend versprechenden Methoden des hochgewachsenen Redners in sich auf.

»Bevor ich zum Kern meines Themas komme, möchte ich über meine letzten Experimente berichten«, begann

Brown-Séquard. »Ich bin 72 Jahre alt, und meine Leistungsfähigkeit ließ schon vor zehn Jahren nach ... Ich injizierte mir den Hodenextrakt von Hunden und Meerschweinchen, heute bin ich wieder in der Lage, mit der jungen Madame Brown-Séquard zu verkehren ... Körperlich fühle ich mich wieder in der gleichen Verfassung wie vor dreißig Jahren!« Anschließend erläuterte der Mediziner seinen gebannt lauschenden Zuhörern Einzelheiten der über zwanzig Jahre währenden Versuche.

Er hatte den Studenten der Pariser Faculté de Médecine erklärt, daß sich die Sexualkräfte eines alten Mannes wahrscheinlich durch die Injektion des Hodenextraktes eines vitalen Tieres wieder auffrischen ließen. Seitdem war der Wissenschaftler nicht mehr von dem Gedanken abzubringen, aus Keimdrüsen ein Verjüngungsserum zu produzieren.

Die Fachwelt hatte nicht das geringste Verständnis für Brown-Séquard und bezichtigte ihn seniler Ausrutscher. Nichtsdestotrotz darf nicht vergessen werden, daß ihm die Förderung der Organtherapie und die Lehre von der inneren Sekretion zu verdanken ist.

Heute, rund einhundertfünfundzwanzig Jahre später, widmen sich Wissenschaftler in über zweihundert Forschungsprojekten der Herausforderung, den Alterungsprozeß zu meistern.

Die ewige Jugend ist ein uralter Menschheitstraum, den schon die Sumerer vor sechstausend Jahren geträumt haben, der die alten Griechen verfolgte und die Alchemisten im Mittelalter motivierte. Selbst heute, in unserer mythenarmen Zeit, hängen wir der Vision einer ewigen Jugend nach.

Aus dem Studium und der Analyse von Alterungsvorgängen bei Tieren wollen Gerontologen Hinweise auf eine mögliche Erweiterung der menschlichen Lebensspanne gewinnen. In diesem Zusammenhang werden bereits Versuchsreihen an Tieren vorgenommen, mit einer drastischen Lebensverlängerung im Gefolge. So interessierte sich beispielsweise der amerikanische Altersforscher Jerome Wodinsky immer schon für Kraken beziehungsweise Tintenfische, die bei Gefahr eine Wolke einer Flüssigkeit ausstoßen, um sich »einzunebeln«. Jerome, der Professor an der Brandeis-Universität in Massachusetts war, beschäftigte sich unter Wasser vorwiegend mit Kraken-»Damen«, da er ergründen wollte, warum diese kurz nach dem Laichen so rasch altern und sterben. Nach jahrelangen Experimenten entdeckte der Wissenschaftler, daß hinter den Augenhöhlen der weiblichen Kraken zwei Drüsen ein Todeshormon produzieren. Nach Ablage ihrer rund 150 000 Eier verliert die Krake aufgrund dieses Hormons erst einmal den Appetit; dann erlahmen innerhalb weniger Tage all ihre Körperfunktionen. Um den Dingen auf den Grund zu gehen, entfernte Wodinsky die Drüsen einer Krake, und siehe da, das dem Tode geweihte Tier begann plötzlich, wieder mit Appetit zu fressen. Es starb erst sieben Monate später und hatte damit noch siebenmal so lange gelebt, wie jedes andere Tintenfischweibchen vor ihm.

Aus seinen Versuchen mit Weichtieren zog Wodinsky weitreichende Schlüsse, die sich vor allem auf biochemische Vorgänge beim Altern bezogen. Seiner Meinung nach spricht keine biologische Ursache gegen die Existenz eines Todeshormons bei Säugetieren, den Menschen inbegriffen. Außer den weiblichen Kraken unterliegen auch noch andere Tierarten einem mysteriösen Todesdrang. So beispielsweise die Lachse, die wenige Tage nach dem Laichen sterben. Nach einer langen Reise, die sie erst ins Meer und dann zu ihrem Zeugungs- und Geburtsort zurückführt, sind die Schwärme zwar geschwächt, doch das wäre kein ausreichender Grund für das plötzlich einsetzende Massensterben. Auch dem australischen Wüstenmäuserich ist kurz nach dem Zeugungsakt der Tod beschieden, da seine Hirnanhangdrüse eine Todessubstanz ausscheidet.

Dem amerikanischen Biologen Dr. Denckla ist es wiederum gelungen, aus der Hirnanhangdrüse eines Rindes eine Substanz zu isolieren, die den Hormonhaushalt aller anderen Drüsen offensichtlich lahmlegt. Er steht auf dem Standpunkt, daß auch aus der menschlichen Hypophyse – Hirnanhangdrüse – ein ähnliches »Todeshormon« zu gewinnen sein müßte. Der nächste Schritt wäre dann, ein Gegenmittel zu entwickeln.

Im Lauf des Lebens unterliegen unsere Zellen vielen schädigenden Einflüssen, angefangen mit gefährlicher Strahlung bis hin zu den Zellgiften, die der Körper mit der Luft, dem Wasser und der Nahrung aufnimmt.

Wie Forscher festgestellt haben, schleichen sich ab der 35. Zellteilung feindliche Substanzen in das Erbprogramm – den DNS-Strang – ein. So wuchern beispielsweise Krebszellen, und andere Krankheiten stellen sich ein. Die Wissenschaft muß also vorrangig zwei Probleme lösen: Erstens gilt es Wirkstoffe zu entwickeln, um das Immunsystem zu stärken; zweitens wäre es ein Durchbruch, jene Gene zu finden, die unsere Lebensspanne begrenzen – vorausgesetzt, sie existieren tatsächlich.

Der Genetiker Professor Klaus Bayreuther von der Universität Hohenheim testete Zentrophenoxin, eine aus dem Pflanzenwuchshormon Auxin und Acetylcholin gewonnene Substanz, die Zellen von unerwünschten Ballaststoffen – »Zellmüll« – befreien. Es gelang Bayreuther, das Leben seiner Versuchstiere auf diese Weise um 30 bis 40 Prozent zu verlängern. Unter dem Elektronenmikroskop erwies sich, daß auch menschliche Gehirnzellen durch die Auxine länger funktionsfähig bleiben. Das könnte von besonderer Bedeutung sein, da Gehirnzellen sowie Nerven- und Herzzellen ein Leben lang ohne Erneuerung leistungsfähig bleiben müssen.

Es ist natürlich schwierig, aus dem Genprogramm mit allen Erbinformationen – von der Augenfarbe bis zur möglichen Todesstunde – jene zu identifizieren, die Alterungsprozesse auslösen. Deswegen setzt Dr. Walter Gilbert von der amerikanischen Harvard-Universität vor allem auf das drei Milliarden Dollar teure Genom-Projekt, in dem das menschliche Erbprogramm durch sogenanntes »Gen-mapping« entschlüsselt werden soll. Wenn dieses etwa fünfzehn Jahre dauernde Unternehmen durchgeführt sein wird, können möglicherweise viele Krankheiten eliminiert werden. Eine drastische Lebensverlängerung bis auf achthundert Jahre müßte dann keine Utopie mehr sein. Allerdings muß bei diesem Genom-Projekt jedes einzelne Gen auf seine Wirkung getestet werden. Rein technisch würde kaum etwas im Wege stehen. So erhielten die Molekularbiologen Arber, Nathans und Smith den Nobelpreis für Medizin für ihre Entdeckung von sogenannten Restriktionsenzymen in Bakterien. Sie können den scheinbar unentwirrbaren DNS-Faden auf biochemischem Weg wie mit einem Skalpell in seine einzelnen Gene zerlegen.

Die Biochemiker Cohen und Chang von der Stanford-Universität, Kalifornien, entdeckten – als Gegenstück zu den Restriktionsenzymen von Arber, Nathans und Smith – ein sogenanntes Ligase-Enzym, das eine Verknüpfung von Genen zu Ketten ermöglicht. Daraus lassen sich erstaunliche Möglichkeiten ableiten. Es können sowohl zu Krankheiten führende Gene entfernt als auch gesunde zur Heilung eingeschleust werden. Mit Zellen von Säugetieren sind bereits erfolgreiche Experimente durchgeführt worden.

Inzwischen haben amerikanische Forscher das »Supergen« MHC entdeckt, das einem Gen-Komplex im sechsten

Chromosom angehört und das für das Nachlassen des Immunsystems sowie für manche Alterskrankheiten verantwortlich zu sein scheint.

Ein weiteres gerontologisches Forschungsprojekt befaßt sich ebenfalls mit dem Immunsystem. Professor Allan Goldstein von der amerikanischen George-Washington-Universität hat herausgefunden, daß das Abwehrsystem des Menschen von den Sekreten der Thymusdrüse gesteuert wird. Lymphozythen (weiße Blutkörperchen), die sich normalerweise als »Gesundheitspolizei« betätigen – das heißt, sie greifen alle in den Körper eingedrungenen Krankheitserreger an –, passieren die Thymusdrüse und werden von dem ihr eigenen Hormon namens Thymosin aufgeladen. Da die Thymusdrüse bereits nach der Pubertät kleiner wird, läßt die Wirkung der Lymphozythen mit zunehmendem Alter entsprechend nach. Altersbedingte Krankheiten und Infektionen werden immer häufiger. Darum stirbt wohl auch nur ein Prozent aller Menschen an Altersschwäche, während alle anderen einer Krankheit zum Opfer fallen.

Nun gelang es Goldstein, natürliche Thymosine durch Genmanipulation zu erzeugen. Bei Versuchen mit alten Tieren, denen Thymusdrüsen junger Tiere eingepflanzt oder die mit Thymosin behandelt wurden, stellte sich nämlich heraus, daß diese in jeder Beziehung aktiv und bei bester Gesundheit eine um dreißig bis vierzig Prozent längere Lebensspanne erreichten.

Der Chirurg und Biophysiker Robert Otto Becker ist insbesondere an zwei Tierarten interessiert, nämlich an Süßwasserpolypen und Salamandern. Er studiert diese Tiere seit langem, zumal sie auf seinem Gelände leben, das sich am Rande des Adirondack-Nationalparks im amerikanischen Bundesstaat New York nahe der kanadischen Grenze be-

Der Autor im Gespräch mit dem Physiker Professor Hywell White in Los Alamos, Neu-Mexiko. Er hat sich in seiner Forschung auf Neutrinos spezialisiert, um das Schicksal des Universums zu ergründen.

Eine Fotomontage des Planeten Uranus mit seinen Monden Ariel, Miranda, Titania, Oberon und Umbriel.
Von Voyager 2 während des Vorbeiflugs 1986 aufgenommen.

Folgende Seite: Der Autor auf Spurensuche bei Socorro in Neu-Mexiko. Mitte der sechziger Jahre verfolgte ein Streifenpolizist ein eiförmiges, unbekanntes Flugobjekt, das hier gelandet war und im Boden Abdrücke hinterlassen hatte.

findet. Wie Becker feststellte, sind diese beiden Tierarten die reinsten Regenerationsgenies. Wird beispielsweise ein Polyp – in wie viele Teile auch immer – zerstückelt, wachsen, den Teilstücken entsprechend, viele Polypen nach. Wird gar der Kopf gespalten, bilden sich zwei neue Köpfe. Das Regenerationsvermögen von Polypen ist sozusagen grenzenlos.

Schon vor zweihundert Jahren beobachtete der namhafte Naturforscher Lazzaro Spallanzani, daß die der Familie der Lurche angehörenden Salamander wahrhaftig in der Lage sind, ausnahmslos alle Körperteile zu erneuern – sogar das Herz. Bei Bedarf sogar gleichzeitig und das sechsmal in drei Monaten!

Becker wollte es genauer wissen. Er forschte, bis er herausfand, daß die Salamander zur Regeneration zwei geniale »Kunstgriffe« anwenden: Einerseits fließt in den Nerven verstümmelter Gliedmaßen ein extrem schwacher elektrischer »Wundstrom«, der, so unglaublich es klingen mag, spezialisierte Zellen wieder in Embryonalzellen umwandelt. Wie wir wissen, entstehen aus Embryonalzellen Lebewesen. Bestimmte Wachstumshormone wie beispielsweise Noradrenalin, Serontonin oder Azetylcholin tragen dann dazu bei, daß nichtspezialisierte Zellen sich wieder in solche verwandeln, die der Salamander zur Regeneration benötigt – unter anderem Knochen- oder Knorpelzellen, Muskel- und Nervenzellen.

Der aufsehenerregendste Versuch gelang Becker mit dem in zwei Hälften geteilten Herzen eines Salamanders – es erneuerte sich im Verlauf von acht Stunden! Becker ist der Ansicht, daß solche Prozesse prinzipiell auch bei Säugetieren möglich seien, selbst beim Menschen. So ist es beispielsweise gelungen, amputierte Rattenbeinchen mit Hilfe künstlicher Nerven und dem (Wund-)Schwachstrom einer Batterie nachwachsen zu lassen. Übrigens werden Methoden dieser Art in der amerikanischen Universitätsklinik von Syracuse bereits erfolgversprechend am Menschen erprobt.

Wenn Knochen nach Frakturen hin und wieder nicht mehr zusammenwachsen, ist dafür oft eine Knochenmarkentzündung verantwortlich. Die Folge ist Wundbrand, der eine Amputation der betroffenen Glieder erforderlich macht.

In einigen Fällen dieser Art legte Dr. Becker bei seinen Patienten Silberdrähte und ließ künstlichen (Wund-)Strom fließen. Mit Hilfe von gentechnisch produzierten Wachstumshormonen wurde der Heilungsprozeß der Knochen in Gang gesetzt. Zudem gab der künstlich verlegte silberne »Nervenstrang« Silberionen ab, durch die Bakterien abgetötet wurden, wodurch die Entzündung zurückging.

Eines Tages werden wir Knochen, Sehnen sowie alle Organe und Gliedmaßen nachwachsen lassen können, behauptet Becker. Eine Auffassung, die inzwischen andere Forscher, die mit neuentdeckten Wachstumsorganen arbeiten, teilen.

Nach dem Reaktorunfall von Tschernobyl nahm der amerikanische Arzt Robert Gale Knochenmarks-Transplantationen an Ukrainern vor, denen die Strahlung lebensbedrohende Schäden zugefügt hatte. Später behandelte er Brasilianer – ebenfalls Opfer radioaktiver Strahlung. Hier war allerdings eine Knochenmarks-Transplantation nicht mehr möglich, da die »Zerstrahlung« der Opfer zu weit fortgeschritten war und implantiertes Knochenmark deswegen sofort wieder zerstört worden wäre. Mit Hilfe des Wachstumsfaktors GM-CSF (engl. granolocyte-macrophage-colony-stimulating factor) gelang es Gale, die Rückenmarkzellen anzuregen, die Produktion weißer Blutkörperchen zu steigern und damit das Immunsystem zu aktivieren. Einige der eigentlich zum Tode Verurteilten kamen auf diese Weise mit dem Leben davon.

Es hat sich herausgestellt, daß der menschliche Körper über eine ganze Reihe von Wachstumsfaktoren verfügt, darunter die Wachstumssubstanzen EGF und NGF für Haut und Nerven. Mit ihrer Hilfe verlief in Versuchen der Heilungsprozeß von Wunden überraschend schnell. Bei verätzter Hornhaut verkürzte sich die Regenerationszeit sogar von Monaten auf Wochen. Die gleichen Auswirkungen zeigten sich bei Hornhauttransplantationen.

Die amerikanischen Nobelpreisträger Rita Levi-Montalcini und Stanley Cohen waren die Entdecker der Wachstumsfaktoren. Cohen hatte sich ursprünglich bemüht, das Geheimnis von Krebszellen zu erforschen. Er wollte wissen, wie es möglich war, daß aus einer Zelle mit einem geregelten Genprogramm ein wild wucherndes Krebsgeschwür entstehen konnte, obwohl sich diese Zelle nur rund fünfzigmal teilen kann, bevor sie abstirbt. Nach jahrzehntelanger Suche gelang es Levi-Montalcini und Cohen als die auslösende Substanz ein »entartetes« Wachstumshormon zu entdecken. Dazu benutzten sie ein Schlangengiftenzym, das die unterschiedlichen Bestandteile der Zelle in ihre Moleküle zerlegen kann. In diesem Enzym stießen sie zufällig auch auf den Wachstumsfaktor EGF, den die Speicheldrüse produziert.

Neben den faszinierenden Regenerationsmöglichkeiten von Organen und Gliedmaßen erzielen Molekularbiologen weitere Erfolge auf benachbarten Gebieten, etwa mit dem Einsatz der Gentechnologie zur Verlängerung der Lebensspanne. So konnte der Genetiker Thomas E. Johnson von der Universität Colorado in Boulder das von ihm »age-1« genannte Gen im Erbgut eines Fadenwurms so erfolgreich verändern, daß dessen Lebenserwartung um 110 Prozent zunahm. In diesem Zusammenhang sagte Johnson: »Wir werden die menschliche Lebensspanne weit über das hinaus verlängern, was wir uns vorgestellt haben.«

Der Altersforscher Michael Jazwinski vom Louisiana State University Medical Center geht sogar davon aus, daß einige unserer Zeitgenossen unter Umständen noch in vierhundert Jahren quicklebendig sein werden. Sozusagen zur Übung entwickelte er einstweilen einen »Jungbrunnen für Hefezellen« und untersuchte vor allem in jungen Zellen einige aktive Gene. Ein Gen taufte er LAG 1 (engl. longevity assurance gene 1). Als der Wissenschaftler die Aktivität dieses Gens in älteren Zellen anregte, hatte dies eine um 35 Prozent gesteigerte Lebenserwartung zur Folge. Jazwinski behauptet, in menschlichen Zellen bereits DNS-Abschnitte im Erbprogramm entdeckt zu haben, die seinem Hefe-LAG-1 gleichen. Er beabsichtigt nun, menschliche DNS in Hefe einzuschleusen, um festzustellen, ob sich diese dort lebensverlängernd auswirkt.

»Wir werden das Leben verlängern, keiner kann es mehr aufhalten«, behauptet der 38jährige amerikanische Altersforscher und Genetiker Michael Rose, Professor an der Universität von Kalifornien in Santa Cruz.

Rose hat alle Veranlassung, optimistisch zu sein. Schließlich konnten er und seine Mitarbeiter Labor-Fruchtfliegen züchten, die mehr als das doppelte Alter ihrer gewöhnlichen Artgenossen erreichten. In einem einzigen Biomolekül haben die Wissenschaftler nämlich die lebensverlängernde Substanz, den sogenannten Elongationsfaktor EF 1a für die Fruchtfliege entdeckt. Schon seit geraumer Zeit hatten die amerikanischen Genetiker herausgefunden, daß die Produktion von Körpereiweißen bei Fruchtfliegen mit zunehmendem Alter nachläßt. Angeregt von den Resultaten der amerikanischen Genetiker, bemühte sich Professor Walter Gehring vom Biozentrum der Universität Basel darum, den Elongationsfaktor der Fruchtfliege zu erhöhen, um die Eiweißproduktion auf diese Weise gegebenenfalls zu verstärken. Sollten nämlich Altern und Tod der Insekten auf eine schlechte Proteinsynthese zurückzuführen sein, müßte es eine Möglichkeit geben, ihr Leben durch eine gesteigerte Proteinherstellung zu verlängern. Gehring »mogelte« also wegen des Elongationsfaktors ein zusätzliches Gen in die Erbmasse einiger Fruchtfliegen und sorgte zusätzlich für eine Erhöhung ihrer Körpertemperatur. Ergebnis: Mit dem doppelten EF 1a wurde die Lebenserwartung der Insekten erheblich verlängert. Damit ist es erstmals gelungen, einen allem Anschein nach nur auf Eiweißmangel beruhenden Alterungsprozeß zu verlangsamen. Die Baseler Forscher könnten damit der Formel für die Lebensverlängerung – auch für den Menschen – einen Schritt nähergekommen sein.

Welcher Jahrhundertdurchbruch auf dem Gebiet der Gentherapie und -technik sich inzwischen anbahnt, belegen erste Versuchsreihen und Erfolge am Menschen. So soll beispielsweise eine Reihe von Patienten mit bisher unheilbarem Dickdarm- und Hautkrebs unter der Leitung von Professor Roland Mertelsmann, Universität Freiburg, mit Gen-Impfungen behandelt werden, statt mit herkömmlichen Medikamenten. Die Patienten werden Injektionen von je 10 Millionen Zellen erhalten, die das Gen für die Produktion von »Interleukin II« sozusagen »einmogeln«. Im Körper soll dieses Hormon dann eine Armee von Krebskillern »schulen«.

Auch gegen den Herzinfarkt wird derzeit eine vielleicht revolutionäre Gentherapie von Professor Leiden, Universität Chicago, entwickelt. Wir können also darauf hoffen, daß viele schwerwiegende Krankheiten in den kommenden Dekaden durch Gen-Spritzen zu heilen sein werden.

Während Molekularbiologen nach Wegen suchen, um dem Alterungsprozeß Einhalt zu gebieten, fand ein 65jähriger Endokrinologe am Medical College von Wisconsin einen überraschend unkomplizierten Weg, die Lebensuhr zurückzudrehen. Was Mephisto in Goethes Faust getan hat, nämlich aus dem alten Dr. Faust wieder einen jungen Mann zu machen, übertrug Dr. Daniel Rudman auf seine Forschungsarbeit. Und zwar kehrte der Wissenschaftler in einem sechs Monate währenden Experiment einige Symptome des Alterns in einer Gruppe sechzig- und siebzigjähriger Männer ins Gegenteil.

Rudman erreichte dies durch die Anwendung menschlicher Wachstumshormone sowie eines wirksamen Sekrets der Hirnanhangdrüse, welches die Wundheilung unterstützt, das Immunsystem stärkt, Knochen, Muskeln und innere Organe aufbauen hilft, aber auch für den Fettabbau sorgt. Normalerweise beginnt der menschliche Körper nach dem sechzigsten Lebensjahr sichtbar zu altern. Da Rudman jedoch vermutete, daß ein für jugendliche Vitalität verantwortliches Hormon diese auch wiederherstellen könnte, führte er sein bahnbrechendes Experiment mit 21 älteren Männern durch, die er in zwei Gruppen aufteilte. Die eine erhielt dreimal wöchentlich das synthetisch hergestellte Wachstumshormon HGH, und zwar eben die Menge, die ein gesunder junger Mann produziert. Die andere Gruppe ging zur Kontrolle leer aus. Die Ergebnisse waren verblüffend: Bei einigen Mitgliedern der Kontrollgruppe ließen Muskeln, Knochen- und Organsubstanz noch schneller nach, als Rudman erwartet hatte. Die Männer jedoch, denen das Wachstumshormon über sechs Monate verabreicht worden war, erlangten einen Muskelzuwachs von 10 Prozent, die Hautdicke nahm um 9 Prozent zu, und das Körperfett wurde um 14 Prozent abgebaut. Die Altersuhr konnte bis zu zwanzig Jahre zurückgedreht werden, behauptet Rudman.

Kranke oder alternde Gehirnzellen mit jungen, vitalen Nervenzellen zu erneuern, ist ein langgehegter Wunsch der Altersforschung. Kürzlich gelang ein weiterer Schritt in diese Richtung.

An der Universität von Texas in Galveston entnahmen der Neurologe Dr. Howard Eisenberg und ein Ärzteteam der Johns-Hopkins-Universität Kindern während einer Gehirnoperation gesunde Hirnzellen. Im Labor setzten die Wissenschaftler den Zellen dann einen »Cocktail« mit Wachstumsfaktoren zu, um sie zur Vermehrung anzuregen. Die Hirnzellen reproduzierten sich nicht nur, sondern entwickelten darüber hinaus ein Verbundsystem, und gleichzeitig entstanden sogenannte Neurotransmitter.

Doch wenn auch die Funktionsfähigkeit von Zellen in einer Laborschale nachgewiesen werden konnte, bedeutet das noch lange nicht, daß diese Zellen ebenso in einem lebenden Gehirn arbeiten. Ermutigend ist jedoch die Tatsache, daß in Rattenhirne implantierte Zellen überlebten, wenn sie vorher Wachstumssubstanzen ausgesetzt waren. Unbehandelte Zellen starben dagegen ab. Die nächste faszinierende Frage Eisenbergs: Könnten transplantierte Gehirnzellen gegebenenfalls programmiert werden, um spezifische Funktionen auszuüben? Wäre damit aber nicht auch dem Mißbrauch Tür und Tor geöffnet?

Die Aussicht auf ein wesentlich verlängertes Laben mag im ersten Augenblick ausgesprochen attraktiv erscheinen. »Warum soll ich nicht alles daransetzen, daß wir mit der gesundheitlichen Konstitution von Elfjährigen sechshundert Jahre alt werden?« meint Michael Rose und fügt im gleichen Atemzug resignierend hinzu: »Ich sehe nichts als Krankheit, Alter und Tod um mich.« Bei aller Euphorie, die die Vision der »ewigen Jugend« aufkommen läßt, dürfen wir ohnehin nicht übersehen, daß eine stark verlängerte Lebenserwartung mit einer Fülle soziologischer und ökonomischer Probleme durch eine überalterte Gesellschaft verknüpft wäre. Wie sollen da beispielsweise Arbeit, Renten, Ehe, Strafvollzug und vieles andere mehr in einer Gesellschaft von Vierhundert-, Sechshundert- oder gar Achthundertjährigen in den Griff zu bekommen sein? Wie vor allem aber soll unter solchen Umständen das Problem der Überbevölkerung gelöst werden? Wäre bei einem drohenden Weltuntergang durch die fortschreitenden katastrophalen Umweltschäden eine Weltformel der ewigen Jugend überhaupt noch sinnvoll?

Trotz all dieser Probleme wird die Lebensverlängerung natürlich nicht mehr aufzuhalten sein, ebensowenig aber die großartigen Aussichten, viele Leiden, nicht zuletzt Alterskrankheiten, zu heilen.

XI *Apokalypse 2000*

Der bayerische Infanterist Andreas Rill lag 1914, im ersten Jahr des Ersten Weltkriegs, bei Colmar in den Vogesen im Quartier und erfreute seine Lieben daheim mit wundersamen Feldpostbriefen. So schrieb er, sein Regiment hätte »einen merkwürdigen Franzosen in dem Kloster angetroffen und fürwahr einen sonderbaren Heiligen vernommen. Was der alles gesagt hat!« Der wackere Soldat aus dem Bayernland wurde damit nicht fertig.

»Wenn wir von der Welt was wüßten, dann würden wir heute noch die Gewehre wegwerfen«, habe der Franzose gesagt. »Für Deutschland sei der Krieg verloren und ginge ins fünfte Jahr. Dann kommt Revolution, aber sie bricht nicht so recht aus; der eine geht, und der andere kommt.« Und es wäre geradezu lachhaft, was der Franzose noch zugefügt habe. »Alles wird Millionär, und soviel Geld gibt's, daß man's beim Fenster rauswirft und klaubt's niemand mehr auf.« »Zirka 32« tauche dann »ein Mann aus niederem Stand auf, und der schert alle über einen Kamm in Deutschland, und die Leut' dürfen nichts Rechtes reden. Der handelt mit einer Strenge, daß es den Menschen das Wasser aus allen Fugen treibt. Denn der nimmt den Leuten mehr, als sie haben und straft sie entsetzlich, denn das Recht verliert um die Zeit sein Recht, und die Welt ist voller Maulhelden und Betrüger. Ohne daß sie's merken, werden die Leut' mit jedem Tag ärmer. Ständig gibt's neue Gesetze, und viele werden so mancherlei erleben oder gar sterben ... alles geht auf das Diktat von einem einzigen Mann.«

Dann geht es auf »die Zeit 38 zu: (Die Menschen) werden überfallen und in den Krieg gezwungen«. Dieser Krieg nimmt ein böses Ende für den Diktator und seinen Anhang. Weist die Jahreszahl eine vier und fünf auf, dann wird Deutschland von allen Seiten eingedrückt, und das zweite Weltgeschehen geht seinem Ende zu. Der Mann verschwindet. Das Volk steht da und wird noch vollständig ausgeraubt und vernichtet bis ins Unendliche. Aber die Feinde stehen auch nicht gut miteinander.

Hart wird es dann für jene, die »zu dieser Zeit« ein Amt angenommen hatten. »Alle kommen an den Galgen.« Und die Leute könnten sich freuen, »wenn sie noch Sandsäcke zum Anziehen haben«. Dann wird »Deutschland zerrissen, und ein neuer Mann tritt zutage, der das neue Deutschland leitet und aufrichtet. Aber die Leute sinken immer tiefer in der Moral und werden immer schlechter ... Um diese Zeit wird es furchtbar zugehen, und es soll den Leuten nichts mehr helfen, denn die Leute sind zu weit gekommen und können nicht mehr zurück, da sie die Ermahnungen nicht gehört haben.« Solch Sonderliches, schrieb der bayerische Infanterist, verhieß der »prophetische Franzose«. »Wir sagten, der hat's doch nicht ganz recht oder er spinnt. Ihr werdet darüber lachen, denn das ist doch nicht zum glauben. Der Mann sprach mehrere Sprachen; wir haben ihn ausgelacht, aber der Leutnant sprach mit ihm die ganze Nacht.«

Andreas Rill sollte in den folgenden Jahrzehnten noch oft an den »prophetischen Franzosen« denken. Der Erste Weltkrieg dauerte wirklich bis »ins fünfte Jahr«. Dann folgten Revolutionen und die Inflation mit ihren Millionen an wertlosem Geld; die Machtergreifung Adolf Hitlers und der Terror der Nazi-Schergen, der Zweite Weltkrieg und die Teilung Deutschlands. Schon vor dieser Zeit hatte Rill seinen Söhnen gesagt: »Jetzt kommt der strenge Herrscher, der bringt den Krieg, und der Krieg ist wieder verloren.« 1936 kamen dann zwei Kriminalbeamte zu ihm ins Haus, weil er sich im Dorfgasthaus zu laut über die Prophezeiungen des »seltsamen Franzosen« geäußert hatte. In den folgenden Jahren wiederholte er darum nur noch im engsten Familienkreis stets aufs neue: »Und genau das hat er gesagt.«

Seine Frau hatte er angewiesen, die zwei Feldpostbriefe mit dem Bericht über den Franzosen, sozusagen als Beweis, sorgfältig aufzuheben. Deswegen konnten sie auch dem bekannten Freiburger Parapsychologen Prof. Hans Bender vorgelegt werden, der den ersten und einzigen deutschen »Lehrstuhl für Grenzgebiete der Psychologie« innehatte. 1979 überprüfte Bender die Echtheit der Briefe selbst durch eine kriminaltechnische Analyse und kam zum Ergebnis, daß das Papier, auf dem sie geschrieben waren, zweifellos knapp siebzig Jahre alt war. Die Tinte wies die damals übliche Zusammensetzung auf. Es gab keine Anhaltspunkte für eine Fälschung. Sowohl persönliche Gespräche mit Familienangehörigen Rills als auch die Durchsicht militärgeschichtlicher Dokumente im Kriegsarchiv in München, wo das Kriegstagebuch von Rills Kompanie aufbewahrt wurde – letztere lag zum fraglichen Zeitpunkt tatsächlich bei Colmar im Quartier –, und auch Nachforschungen über die Identität des »prophetischen Franzosen« überzeugten den Professor, daß »an ihrer Authentizität kaum ein Zweifel möglich ist«. Und »zumindest bei den politischen Aussagen bis 1945« sah sich der Psi-Professor »mit einer unbegreiflichen Tatsache konfrontiert«. Das trifft allerdings auch auf andere Weissagungen zu.

Die Sibylle von Prag, eine Seherin aus dem 17. Jahrhundert, zum Beispiel, sah den Aufstieg Hitlers folgendermaßen voraus: »Im Nachbarland spricht ein Mann zu seinem Volk, dessen Wappen ein seltsames Kreuz trägt. Er verspricht ihm Ruhm und Macht. Das Volk jubelt ihm zu, sie alle wollen kämpfen, um einen großen Sieg feiern zu können. Er will die Welt beherrschen und verbündet sich mit dem Beilträger der Ewigen Stadt, der ihm kein Glück bringen wird« – Benito Mussolini, der das römische Henkerbeil mit dem Rutenbündel, den Fasces, zum Symbol erwählt hatte. – »Mit eisernen Häusern, die auf Kufen und Ketten laufen und Tod und Verderben ausspeien, kommen seine Söldner auch nach Prag. Mit haßerfülltem Herzen sinnt das Volk der Moldaustadt auf Rache. In Sicherheit gewiegt, schaut der Kreuzträger vom Hradschin aus stolz über die schöne Stadt. Aber noch ist seine Macht zu gering. Er gibt den Befehl, und seine Söldner ziehen tausend Meilen nach Nord, Süd, Ost und West. Auch sie werden unter der schwarzen Sonne verschmachten« (mit Rommel in der Sahara) »oder in der Schneewüste des Bärenlandes erfrieren« (nämlich in Rußland). »Der Krieg will kein Ende nehmen, und die Zeit ist furchtbar. Es regnet Pech und Schwefel in Strömen vom blauen Firmament. Dennoch lebt die Welt weiter, ersinnt neue Greueltaten und Grausamkeiten. Große Städte sehe ich in Rauch und Flammen aufgehen, nichts als Schutt und Asche bleibt übrig.« In Bunkern und Luftschutzkellern, »unter der Erde wohnt die Menschheit und erlebt alle Qualen der Hölle. Aber jener Kreuzträger findet ein seltsames Ende, und tausend Jahre noch werden sie seine Leiche suchen.«

Die Frau, deren düstere Bilder des 20. Jahrhunderts über die Jahrhunderte hinweg überliefert wurden, lebte von 1566 bis 1658 in Prag. Sie war die Tochter eines verarmten böhmischen Grafen. Als ihr Verlobter in einem Kampf ums Leben kam, verließ sie das Schloß ihrer Ahnen und zog mit einem Troß von Zigeunern durch die Balkanländer, Ägypten und Palästina, weiter nach Spanien, Frankreich und Italien. Sie kehrte erst im hohen Alter wieder in das väterliche Schloß zurück. In dieser Zeit hing ihr der Ruf einer großen Seherin an. Vom Sohn des Schloßgärtners, der in Prag studierte, wurden ihre in entrücktem, tranceartigen Zustand gemachten Wahrsagungen aufgezeichnet. Da war die Rede von einem »kleinen Mann, der Herrscher über die ganze Welt werden will« und dem »Heiliges unheilig ist« – Napoleon. Selbst der »Vater der Menschheit (der Papst) muß seine Knie beugen. Weiter schreitet die Habgier und kämpft in der Hitze des glühenden Sandes (in Ägypten) ebenso wie in der Hölle starrenden Eises« (dem russischen Winter). – »Jammervolle Gestalten wanken durch die Gebiete des Bärenlandes und suchen vernichtet die Heimat«, beschrieb sie zutreffend den Rückzug der Grande Armée aus Rußland.

Selbst technische Erfindungen der Neuzeit sah die Sibylle von Prag voraus. So beschrieb sie »riesige Kessel, die sie mit Wasser und Feuer füllen und dann auf Räder und in Boote stellen« – Lokomotive und Dampfschiff. »Mit ihnen werden sie sich zu Lande und zu Wasser fortbewegen und nicht mehr die Hilfe der Muskeln oder des Windes beanspruchen müssen. Schnell wie der Blitz werden sie von Land zu Land eilen, und ein einziger dampfender Kessel, der die Menschen selbst durch die Erde bringen wird, kann hundert Postkutschen ziehen« … Dann gäbe es auch »Geräte, die Worte von Mund zu Mund auf dünnen Drähten befördern, die über alle Lande gespannt sind. Du siehst deinem Freund nicht mehr ins Angesicht, wenn er zu dir spricht« – das Telefon. Schließlich wird »ein kleines Kistchen mit runden Knöpfen der Menschheit Freude und Lust bis in die kleinste Kammer bringen, Musik und frohes Lachen entquillt dem sonderbaren Ding, und lauschen die Menschen seinen guten und bösen Worten«.

Dann gäbe es auch »Häuser, die höher sind als die Türme des Hradschin«, der Burg von Prag. »Auf der Straße wird ein Wagen fahren, nicht von Pferden gezogen, sondern getrieben von einem seltsamen Wasser, aber ebenso schnell« – das Automobil. »Die Menschen werden die Nacht zum Tage machen, denn Glasröhren werden taghelles Licht spenden.« Doch all das habe bald ein Ende. »Die Menschen sind besessen. Sie wollen Gott übertrumpfen. Grausamen Herzens säen sie einen Pilz, dessen Samen sie vom Himmel auf die Erde fallen lassen. Groß wird die Furcht und reicht bis zu den Wolken, und der Pilz überschattet weites Land. Doch der Pilz ist giftig, und Tausende sterben einen qualvollen Tod.«

Vor Jahrhunderten raunte die Sibylle von Prag den Menschen ihre Warnung zu: »Das Ende naht ... ein furchtbarer Orkan braust über das Land, über die Stadt ... Feuer wütet ... Alles, was menschlicher Fleiß geschaffen hat, liegt in Schutt und Asche. Nur das Heulen des Sturms ist zu hören. Alles Leben ist erloschen ... Ist das die Ernte menschlicher Saat?« Sah die Seherin von Prag die Apokalypse voraus?

Die Apokalypse? Es ist die geheime Prophezeiung über das Weltende, insbesondere die »Offenbarung des Johannes« – das letzte Kapitel der Bibel und Urbild aller Voraussagen vom Ende der Welt. Sie wurde um das Jahr 95/96 n. Chr., während der Christenverfolgung unter Kaiser Domitian, von keinem Geringeren verfaßt als dem Apostel Johannes, dem Lieblingsjünger Jesu. In seinen Weissagungen schildert er kosmische Katastrophen: »Die sieben Engel mit den sieben Posaunen machten sich bereit zu blasen. Es blies der erste: Da kam Hagel und Feuer, mit Blut vermischt, und wurde auf die Erde geworfen, und es verbrannte der dritte Teil aller Bäume, und es verbrannte alles grüne Gras. Und es blies der zweite Engel: Da wurde etwas wie ein feuerglühender Berg in das Meer geworfen, und der dritte Teil des Meeres wurde zu Blut, und es starb der dritte Teil der Geschöpfe, die im Meer leben, und der dritte Teil der Schiffe ging zugrunde.

Und es blies der dritte Engel: Da fiel ein großer Stern vom Himmel, der wie eine Fackel brannte, und fiel auf den dritten Teil der Flüsse und auf die Wasserquellen. Und der Name des Sterns hieß ›der Wermut‹.« (Offb. 8,6–11)

»Es werden gar viele Städte durch Feuer und durch Wasser geläutert werden«, weissagte der steirische Musiklehrer und »Schreibknecht Gottes«, Jakob Lorber (1800 bis 1864). Seine »innere Stimme« offenbarte ihm die Zukunft, die er in 24jährigem Frondienst auf über zehntausend Druckseiten niederlegte. Auch von unserer Zeit ist da die Rede. So heißt es unter anderem: »Ich sage dir, daß die Menschen reden werden mit der Zunge des Blitzes von einem Ende der Welt zum anderen, und sie werden in der Welt herumfliegen wie die Vögel, weithin über Meere und Länder.«

Bereits 1877 waren alle Werke Lorbers veröffentlicht. Von den Problemen des späten 20. Jahrhunderts, die der Grazer Musikus so treffend beschrieb, konnte sich damals allerdings niemand eine Vorstellung machen: »Aber es wird kommen am Ende eine Zeit, in der die Menschen zu einer so großen Klugheit und Geschicklichkeit in allen Dingen gelangen werden und erbauen werden allerlei Maschinen, die alle menschlichen Arbeiten verrichten werden, wie lebende, vernünftige Menschen und Tiere; dadurch aber werden viele Menschenhände arbeitslos.«

Heute, im Zeitalter der »Hinweg-Rationalisierung« von Arbeitsplätzen durch den Einsatz moderner Technik, haben sich Lorbers schlimme Zukunftsvisionen für das späte 20. Jahrhundert erfüllt:

»Der Mensch hat ganz entgegen seiner Bestimmung sich und die ihn umgebende Natur entwürdigt, mißbraucht; und daher kommen alle Mißstände, welche den Menschen in geistiger und materieller Hinsicht verfolgen werden mit Übel und Leiden aller Art. So ist es schon möglich, daß mit den Zeiten die Menschen große Dinge erfinden und also auch auf die Natur der Erde einzuwirken anfangen, daß diese am Ende ordentlich leck sein muß.« Läßt sich das Ozonloch mit der Sprache des 19. Jahrhunderts treffender beschreiben, als durch Lorbers Formulierung »daß die Erde ordentlich leck sein muß«? »Jedoch bald nach jener Zeit wird es beginnen für das Leben der Menschen auf der Erde sehr übel zu sein; denn die Erde wird unfruchtbar werden, große Teuerungen, Kriege und Hungersnot werden entstehen ...«

Die zweite große Gefahr sah Lorber in der Abholzung der Wälder als Folge von Habgier. Das habe vermehrte Wirbelstürme und Fluten zum Ergebnis. »Wenn aber einmal die gierige Gewinnsucht der Menschen zu sehr sich an den Wäldern der Erde vergreifen werde, dann wird für die Menschen böse zu leben und zu bestehen sein auf dieser Erde, und am bösesten dort, wo die Lichtungen der Wälder zu sehr überhandnehmen werden, was ihr euch merken sollt, um die Menschen vor solch loser Industrie zu warnen ... Ihr werdet die Folgen davon gar sehr bitter schmekken, allerdings jüngst verspüren ... verheerende Stürme werden ganze Länder gänzlich zugrunderichten ... durch die Vernichtung der Wälder werden sich die Witterungsverhältnisse einzelner Länder gänzlich ändern ... Da werden große Stürme auf dem Lande und auf dem Meere sein sowie viele Erdbeben. Das Meer wird an vielen Orten die Ufer überfluten.«

Rio de Janeiro, Juni 1992. Auf der UNO-Umweltkonferenz, dem größten Gipfeltreffen der Geschichte, erörterten über 100 Staatschefs und 3000 Diplomaten aus 170 Ländern die großen Überlebensfragen der Menschheit. Doch die in die »UNO-Konferenz für Umwelt und Entwicklung« gesetzten großen Erwartungen wurden enttäuscht. Ergebnis: Die Entwicklungsländer können sich aus Armut keinen Umweltschutz leisten. Die reichen Industrienationen klagen über leere Staatskassen, die eine finanzielle Soforthilfe unmöglich machen. So bleiben die wichtigsten Dokumente der Konferenz vor allem Orientierungshilfen, ohne bindenden Charakter. In der »Deklaration von Rio« werden Leitlinien für den Umweltschutz und entwicklungspolitische Grundsätze formuliert. Die sogenannte »Agenda 21« enthält 115 Programme für umweltverträgliches Wirtschaftswachstum und Regeln für die Nutzung der natürlichen Ressourcen. Sie bleibt aber bis zur Sicherstellung der Finanzierung eine Utopie. Die Klimaschutzkonvention, mit einer Verringerung des weltweiten Kohlendioxidausstoßes auf dem Stand von 1990, wurde zwar von 140 Ländern unterzeichnet, doch die Festlegung eines Zeitpunktes dafür scheiterte am Veto der USA, die für 23 Prozent des weltweiten Ausstoßes von Kohlendioxid verantwortlich sind.

Dabei sind sich Klimaforscher und Ökologen darüber einig, daß die Menschheit auf eine Katastrophe zusteuert, wenn nicht schleunigst etwas unternommen wird. »Im Namen des Fortschritts wurden Wälder abgeholzt, Gewässer mit Pestiziden vergiftet, unterirdische Wasserreservoire trockengelegt. Seit Jahrzehnten haben Wissenschaftler vor den möglichen Konsequenzen gewarnt. Niemand hat ihnen große Beachtung geschenkt«, schrieb das amerikanische Nachrichtenmagazin »Time« bereits 1988, als es in seiner »Mann des Jahres«-Tradition die »bedrohte Erde« zum »Planeten des Jahres« wählte.

»Dieses funkelnde, wie von einem wehenden weißen Schleier umgebene blauweiße Juwel liegt wie eine kleine Perle im nachtschwarzen All.« So beschrieb der Astronaut Edgar Mitchell die Erde, als er sie 1971 vom Mond aus betrachtete. Die jüngsten Shuttle-Missionen gaben weit geringeren Anlaß zur Begeisterung. Denn das Antlitz der Erde war von einem unübersehbaren Grauschleier verhängt. Und das war in den letzten siebzehn Jahren geschehen – in einem extrem kurzen Zeitraum.

Der Mensch hat sich als Krebsgeschwür dieses Planeten erwiesen. Noch im Jahre 1800 bewohnte lediglich eine Milliarde Menschen die Erde. Bis 1930 hat sich diese Zahl verdoppelt, um sich bis 1975 abermals zu verdoppeln. Sollte die derzeitige Geburtenrate konstant bleiben, würde sich die inzwischen auf 5,5 Milliarden angewachsene Weltbevölkerung in dreißig Jahren noch einmal verdoppeln. Der Mensch überschwemmt die Erde, und sollte ihm wirklich einmal ein Gott gesagt haben: »Mache dir die Erde untertan«, so muß er irgend etwas gründlich mißverstanden haben.

Wie eine wilde Meute sind die Menschen über die Erde hergefallen, haben sie vergewaltigt, wo immer sie konnten. Ihre Flüsse mußten begradigt, ihre Küsten eingedämmt werden; unerwünschte Kräuter und Tierarten wurden ausgerottet, nützliche Bodenschätze dem Leib der Erde entrissen. Die Wälder werden systematisch abgeholzt, niedergebrannt, Abwässer in die Flüsse und Meere geleitet, Abgase in die Luft geblasen, als wäre die Erde eine gewaltige Müllhalde, und nicht unser Heim – das »Haus«, in dem wir leben. Niemand sollte vergessen, daß die Erde ein außerordentlich sensibles, fein abgestimmtes Ökosystem ist, das einer höheren Ordnung, der Weltformel, unterliegt. Doch für den Menschen wurde sie zum Selbstbedienungsladen. Kein Wunder, daß die Erde reagiert. So zeugen weltweit Dürreperioden, Überschwemmungen, Orkane, Schneestürme davon, daß unser Planet aus dem Gleichgewicht geraten ist.

1988 lud das »Time«-Magazin 33 führende Wissenschaftler zu einer Drei-Tage-Konferenz nach Boulder, Colorado, ein, um die Überlebensfragen der Menschheit zu diskutieren. Dem Komitee gehörten Klima- und Bevölkerungsexperten, Biologen, Ökologen, Politologen, Soziologen und Naturwissenschaftler an. Im Januar 1989 veröffentlichte das Magazin die Ergebnisse der Konferenz, mit der Schlußfolgerung: Es muß sofort gehandelt werden, sonst ist es zu spät. Die aufzuführenden Gefahren betreffen vor allem das Ozonloch, den Treibhauseffekt, die Vernichtung der Urwälder, unsere chemischen Abfälle und die Überbevölkerung. »Wenn wir nicht wollen, daß uns unsere Enkel verwünschen, müssen wir die globalen Gefahren für unsere Umwelt mit mutigen Entscheidungen bekämpfen«, hatte der britische Thronfolger Prinz Charles bereits im März 1988 auf einer internationalen Umweltkonferenz in London erklärt.

Die jüngsten Meldungen klingen allen Ernstes bedrohlich. So hat sich das Ozonloch über dem Südpol seit 1979 stetig vergrößert, und im Herbst 1992 die dreifache Größe der USA – rund 27 Millionen Quadratkilometer – erreicht. Ein zweites, kleineres Loch hat sich inzwischen über dem Nordpol gebildet, dort war die Ozonschicht 1992 »so dünn wie nie«. Im März 1993 erklärte der Präsident des Umwelt-Bundesamtes, Heinrich von Lersner: »Alle Maßnahmen, das Ozonloch abzuwenden, kamen zu spät.«

Nach Angaben des Freiburger Öko-Institutes hat die Ozonschicht über Deutschland in den letzten drei Jahren um 40 Prozent abgenommen; allein seit 1991 um 15 bis 20 Prozent. Das Ozonloch über dem Nordpol wurde erst 1989 entdeckt. Damals hatte es nur einen Durchmesser von 400 Kilometern, heute hat er sich bereits auf 5000 Kilometer ausgeweitet und wächst ständig weiter. »Der Ozonabbau wird in den nächsten Jahren auch über Deutschland deutlich zunehmen«, befürchtet von Lersner, »diese Entwicklung können wir kurzfristig nicht mehr verhindern. Das FCKW-Verbot wird erst in einigen Jahren meßbar greifen. Und dann wird es noch ein gutes Jahrhundert dauern, bis sich die Atmosphäre regeneriert.«

Die Ozonschicht indessen ist der »Schutzschild« der Erde vor den gefährlichen, von der Sonne ausgesandten ultravioletten Strahlen. Diese energiereichen Teilchen gefährden das irdische Leben. Sie zerstören bei Mensch und Tier das Immunsystem, schädigen das Augenlicht, erzeugen Hautkrebs. Sie vernichten Pflanzen und Mikroorganismen und sind eine dramatische Bedrohung der Planktonbestände der Weltmeere. Diese Mikroalgen wiederum sind das unterste Glied einer Nahrungskette, von welcher letztlich der Mensch abhängt.

Bisher war die Erde von einem vorwiegend in der Stratosphäre 15 bis 20 Kilometer über der Erdoberfläche befindlichen, die übrigen Gase der Erdatmosphäre durchsetzenden Ozonschleier von extrem geringer Dichte vor den gefährlichen Strahlen geschützt. In den letzten zehn Jahren sank die Ozonkonzentration in der Stratosphäre um drei bis neun Prozent. Die Folgen sind bereits spürbar. So irren beispielsweise in Südchile und Argentinien erblindete Kaninchen durch die Pampa, und immer häufiger leiden ganze Rinderherden unter Sehstörungen; in Deutschland hat sich die Häufigkeit des Hautkrebses seit 1980 verdoppelt, in Australien sogar vervierfacht.

Für die Schäden sind in erster Linie FCKW-Treibgase verantwortlich: Fluorkohlenwasserstoffe, die als Treibgase in Spraydosen, bei der Kunststoffverschäumung sowie in der Kälte- und Klimatechnik Verwendung finden. Obwohl die meisten westlichen Industrienationen die FCKW-Produktion entweder drastisch eingeschränkt oder gänzlich verboten haben, liegt die jährliche Weltproduktion immer noch bei 800000 Tonnen. Zwar haben sich 1987 während einer internationalen Konferenz in Montreal, Kanada, 31 Staaten verpflichtet, ihren FCKW-Ausstoß bis 1999 zu halbieren; doch bei genauerem Hinsehen wirkt dieses »Zugeständnis« fast zynisch. Denn FCKW-Moleküle brauchen zehn bis fünfzehn Jahre, um in die Stratosphäre zu gelangen. Das heißt: Die Folgen der FCKW-Produktion bis zum Jahre 1979 werden erst jetzt für uns spürbar. Von 1960 bis 1974 stieg die FCKW-Produktion weltweit von 125000 auf 800000 Tonnen. Also sind nur rund 30 Prozent der bisherigen Gesamt-FCKW-Produktion bereits für das heutige Ozonloch verantwortlich. Und: Selbst wenn die FCKW-Produktion morgen weltweit völlig gestoppt würde – zumindest wäre das ein Schritt in die richtige Richtung –, könnten wir erst um das Jahr 2008 das völlige Ausmaß der Ozonschichtzerstörung erfassen.

Anscheinend zeigte zumindest die EG Einsicht. Ihre zwölf Mitgliedstaaten beschlossen im März 1989 in Brüssel eine sofortige Reduzierung der FCKW-Produktion und die vollständige Einstellung der Produktion bis 1999.

Eine weitere Gefahr für unsere Erde ist der Treibhauseffekt – die Erwärmung der Erdatmosphäre durch Kohlendioxid –, der durch die Verbrennung von Gas, Kohle und die Brandrodung riesiger Urwälder in den Dritte-Welt-Ländern verursacht wird. Diese Stoffe sammeln sich in höheren Luftschichten und verhindern, daß die Erde überschüssige Wärme abstrahlt. »Vor vier Jahren war die Hypothese vom Treibhauseffekt zwar weit verbreitet, die tatsächliche Erwärmung aber schien in weiter Ferne zu liegen«, heißt es in einem Bericht des Washingtoner »World Watch Institutes« aus dem Jahre 1989. »Seither gibt es Hinweise darauf, daß die lange vorausgesagte Erwärmung der Erde schon im Gang ist.« James Hansen, Klimaforscher der US-Raumfahrtbehörde NASA, macht den Treibhauseffekt mit 99prozentiger Sicherheit für die Klimakatastrophen des Jahres 1992 verantwortlich. So für den Hurricane »Andrew«, der am 24. und 25. August mit einer Geschwindigkeit von 250 Stundenkilometern über den Südosten der USA hinwegfegte und eine Schneise der Zerstörung hinterließ. 47 Menschen starben, 350000 wurden obdachlos. Ein Schaden von über 11,7 Milliarden Dollar entstand. Orkane und Wirbelstürme gelten als erstes Anzeichen für eine globale Erwärmung.

Von 1890 bis 1990 erwärmte sich die Erdatmosphäre um durchschnittlich 0,5 Grad Celsius. In den kommenden fünfzig Jahren, bis etwa 2040, wird mit einer weiteren Erwärmung von etwa drei Grad gerechnet. Folglich würden sich die Wüstengürtel der Erde weiter nach Norden und Süden ausdehnen. So waren die langanhaltenden Trockenperioden der letzten Jahre in Spanien Anzeichen für ein drohendes Wüstenklima.

Italien und Griechenland stünde eine ähnliche Zukunft bevor. Gleichzeitig würde sich die Sahara bis an die Pyrenäen, an die Alpen und an den Balkan vorschieben. Und die »Great Plains« der USA, der Getreidespeicher der Welt, würden versteppen. Auch eine Erwärmung der Meere wäre die Folge, verbunden mit der Eisschmelze von Polkappen und Gletschern. Die amerikanische Umweltschutzbehörde

(EPA) rechnet in diesem Zusammenhang mit einem Ansteigen des Meeresspiegels um 1,4 bis 2,2 Meter bis zum Jahre 2013 – also im Verlauf von zwanzig Jahren! Unverblümt gesagt, hieße das: für Hamburg, New York, Kalkutta und Shanghai »Land unter (Wasser)«. Die norddeutsche Tiefebene wäre überflutet.

Es wäre also durchaus realistisch, das folgende Horrorszenario für eine nicht allzu ferne Zukunft im Bereich des Möglichen zu sehen: Drastische klimatische Veränderungen sind eingetreten. So wird Köln immer häufiger von Sturmfluten heimgesucht, während hier und in Frankfurt, wegen des subtropischen Klimas, Palmen wachsen. Da die Sahara mittlerweile an die Alpen grenzt, wird München bei Südwind von Wüstensand eingedeckt, der von Italien her über die Alpen getragen wird. Spanien, Italien, Griechenland und die Türkei sind verdorrt; nur noch Nomaden fristen dort ihr kärgliches Dasein. Frankreich, seit Jahren von großen Dürren heimgesucht, steht vor einer Hungersnot. Flüchtlingsströme aus dem Süden haben das Land, ähnlich wie Deutschland, in ein innenpolitisches Chaos gestürzt. Beide Länder werden von Wirtschaftskrisen, Massenarmut und Bürgerkriegen heimgesucht. Während England zum großen Teil in den Fluten der Nordsee versunken ist, sind Polen und Rußland versteppt. Afrika ist fast unbewohnbar, denn 80 Prozent des Kontinents sind Wüste; dazu ist die Bevölkerung am Anfang des Jahrtausends durch Aids fast ausgelöscht worden.

Im Nahen Osten sind Kriege um die letzten Trinkwasserreserven entbrannt, und Südostasien wird häufig von verheerenden Wirbelstürmen verwüstet. Während Bangladesch sowie die indische Hafenstadt Bombay größtenteils überflutet sind, verödet das Binnenland immer mehr. Jährlich kommen drei Millionen Menschen zu Tode: Sie verhungern, werden von Seuchen und Aids dahingerafft.

Auch Japan ist durch die zunehmenden Wirbelstürme, überflutete Küstenregionen, häufige Erdbeben- und Vulkankatastrophen fast unbewohnbar geworden. Allein China kann seine Bevölkerung noch versorgen und ist zur Weltmacht Nummer 1 geworden. Südamerika versteppt unaufhaltsam, und die Vereinigten Staaten von Nordamerika bestehen zu 80 Prozent aus Ödland und Wüste. Los Angeles, San Franzisko, New Orleans und New York sind vom Meer überflutet, aus dem die Wolkenkratzer wie Pfahlbauten herausragen. Die großen nordamerikanischen Binnenseen sind über die Ufer getreten und haben Chicago, große Teile von Michigan und Illinois verschlungen. Das Land wird von plündernden Banden terrorisiert. Die Farmer der Getreideregion von Südkanada haben die einstigen »Ölbarone« in ihrer Bedeutung abgelöst. Ihre durch Privatarmeen geschützten »Kornkammern« ernähren die Welt oder vielmehr diejenigen, die es sich leisten können.

Um 2030 hat sich die Weltbevölkerung durch Krankheiten, Seuchen, Katastrophen und Hungersnöte von zehn Milliarden auf 3,5 Milliarden reduziert. Aus Angst vor UV-Strahlung wagen sich die Menschen nur noch in Schutzkleidung oder nachts ins Freie, während sie tagsüber in ihren Häusern vor der Sonne Schutz suchen. Wehmütig erzählen die Mütter ihren Kindern von einer paradiesischen Zeit auf der Erde. Von einer Zeit, als es noch grüne Wälder, fruchtbare Auen und zahllose Tierarten gab ... Aber auch von der Schlechtigkeit jener Menschen, durch die dieser Garten Eden – trotz Voraussagen so vieler Propheten – zerstört worden ist.

Es steht jedenfalls fest, daß die Menschen vor der Apokalypse 2000 gewarnt worden sind. Vom »prophetischen

Franzosen« ebenso wie von der »Sibylle von Prag«, von Jakob Lorber aus Graz, und nicht zuletzt vom »schlafenden Propheten« Edgar Cayce aus den USA. In Trance beschrieb dieser Erdbeben und Fluten für das Jahr 1999. Obendrein sagte der bayerische Waldprophet »Mühlhiasl« Mathias Lang, seines Zeichens Klostermüller von Windberg, um 1800 voraus, daß eine Zeit käme, in der das Baumkleid des Bayerischen Waldes so armselig und voller Löcher sein werde »wie eines Bettelmannes Rock«. Oder von Nostradamus (1503–1566), dem König der Schwarzseher, nach dessen Vision »vom 48. Breitengrad bis an die Grenzen des Wendekreises des Krebses eine so große Dürre ausbrechen wird, daß in den Meeren, Flüssen und Seen die Fische in fieberhaften Zuckungen kochen werden« (V/58).

Niemand erlitte unnötigen Schaden, wenn all diese Voraussagen mit den Prognosen der Zukunftsforscher und Ökologen wenigstens verglichen würden. Statt dessen versuchen »Berufene«, den »geheimen Schlüssel des Nostradamus« zu finden und seine prophetischen Verse zu »entschlüsseln«. Daraus resultierten dann zwar präzise, aber auch unsinnige Vorhersagen. So deutelten zwei amerikanische Autoren so lange an den Versen des Nostradamus herum, bis sie die Krönung von Prinz Charles auf Mai 1992, die Wiederwahl Präsident Bushs und ein verheerendes Erdbeben in Los Angeles auf den 8. Mai 1993 festgelegt hatten. Eigentlich sind die Vierzeiler des Propheten schon spektakulär genug. Es gibt keinen Grund dazu, auch noch phantasievolle »Schlüssel« anwenden zu wollen. So schrieb Nostradamus über Hitler:

»Im äußersten Osten Westeuropas wird armen Eltern ein Knabe geboren werden. Er wird durch die Macht seiner Zunge große Menschenmassen verführen, und in den Reichen im Osten wird der Lärm, den er verursacht, immer lauter zu hören sein. Er wird das Weichselland und den Donauraum erobern. Man wird nicht wissen, wie er schließlich endet.« An anderer Stelle nannte er ihn Hister. Das kann auf seine Herkunft (Ister = Donau) wie auf seine hysterischen Reden bezogen werden; unter Verwendung der Initialen H. A. auch Hadrie, als Anspielung auf den römischen Kaiser Hadrian, der die Juden in Rom verfolgte.

Selbst die Heimkehr aus dem Exil in Neauphle-le-Château bei Paris und die Machtergreifung des Ajatollahs Khomeini im Iran war zutreffend geweissagt: »Revolutionen, Hunger und Krieg werden in Persien kein Ende nehmen, wenn der allzu große Glaube den Monarchen (Schah) verrät, dessen Ende in Frankreich beginnen wird, durch einen Propheten, der sich an einen versteckten Ort zurückgezogen hat ... Es wird dann in Persien so gehandelt werden, wie die Priester es wollen.«

Eine seiner zutreffendsten Voraussagen aber betrifft die russische Oktoberrevolution, die Übernahme der Macht durch die Kommunisten sowie die Entstehung und das Schicksal der Sowjetunion:

»Vom Slawenvolk hört man Gesänge, Lieder und Bitten, solange Prinzen und hohe Herren Menschen ins Gefängnis werfen. In Zukunft geschieht das durch Dummköpfe ohne Verstand, ihre Worte werden wie göttliche Offenbarungen aufgenommen ... Oktober ist der Monat, der so fürchterlich ist durch die Schrecken, die er bringen wird. Alle unter der roten Fahne werden Tod, Krankheit, Hungersnot und Bürgerkrieg hervorrufen. Die Gegner werden zum Exil verurteilt werden, und man wird den Tod der Großen (der Zarenfamilie), der ein Geheimnis bleiben wird, nicht überprüfen können ... daraus wird die verderbliche Tochter entstehen, geschaffen durch die Greuel des ersten Brandopfers (des Ersten Weltkrieges), doch wird sie nur 71 Jahre und 7 Monate bestehen.«

Die Annahme des »Dekrets über die Ausübung der Macht« wurde am 9. November 1917 durch den in St. Petersburg tagenden Sowjetkongreß vollzogen und verhalf Lenin und seinen Anhängern endgültig zur Macht – damit war die Sowjetunion geboren. Ihr Ende müßte sich, nach Nostradamus, im Juni 1991 vollzogen haben.

Am 12. Juni 1991 wurde Boris Jelzin zum Präsidenten von Rußland gewählt; es war der Anfang vom Ende der Sowjetunion. Zwei Monate später putschten reformfeindliche Kräfte gegen Gorbatschow; der Putsch wurde niedergeschlagen, die KPdSU von Jelzin verboten, im Dezember die Sowjetunion aufgelöst, die Gemeinschaft unabhängiger Staaten (GUS) trat ihre Nachfolge an.

Nostradamus sieht allerdings auch Katastrophen voraus, die unsere weitere Zukunft betreffen:

»Im Jahre 1999 und sieben Monate wird vom Himmel der große König des Terrors kommen … wenn es im achten Monat zu einer Sonnenfinsternis kommt, die die Grundfesten des Himmels erschüttern wird.«

Zu beachten ist, daß Nostradamus den Julianischen Kalender benutzte, daß beide Daten auf den Zeitraum Ende Juli und Anfang August 1999 hindeuten. Nach Computerberechnungen des japanischen Raketentechnikers und Hobbyastrologen, Prof. Hideo Itokawa, sollen die Planeten des Sonnensystems am 18. August 1999 in einer kreuzförmigen Anordnung am Himmel stehen. Am 5. Mai 2000 schließlich werden sich Merkur, Venus, Mars, Jupiter und Saturn auf einer Seite der Sonne befinden, während die Erde als einziger Planet auf der gegenüberliegenden Seite sein wird. Wissenschaftler deuten auf die Gefahr stark erhöhter Sonnenstürme und Erdbeben – befürchten jedoch vor allem, daß die Gravitations-Zusammenballung der vier Planeten einen Asteroiden aus seiner Bahn reißen könnte.

Die Gefahr, daß die Erde durch »streunende« Felsbrocken aus den Tiefen des Alls getroffen wird, darf in der Tat nicht unterschätzt werden. So machen Wissenschaftler Asteroideneinschläge für das Auseinanderdriften der Kontinente und das Aussterben der Dinosaurier verantwortlich. Schätzungsweise umkreisen 250 000 Asteroiden die Sonne und bombardieren immer wieder ihre Planeten und deren Monde.

Immer wieder kreuzen einer oder mehrere davon die Erdbahn. Bei ihrer Kollision verglühen aber die meisten, wenn auch nicht alle, in der dichten Erdatmosphäre. So entdeckte zum Beispiel der argentinische Pilot Ruben Lianza 1992 aus 9000 Metern Höhe in der argentinischen Pampa bei Rio Cuarto eine Aneinanderreihung langgestreckter Vertiefungen in einem von Nordosten nach Südwesten verlaufenden »Korridor«, deren größte einen Durchmesser von über vier Kilometern hatte. Aus der fachwissenschaftlichen Untersuchung des Geologen Peter Schultz ging hervor, daß hier unlängst ein aus nordöstlicher Richtung kommender Meteorit beachtlicher Größe flach aufgeschlagen und zerplatzt war. Seine abprallenden Bruchstücke hatten weitere Krater hinterlassen. Schätzungsweise betrug der Durchmesser des Himmelskörpers wenigstens 150 Meter.

Erst 1992 schoß der drei Kilometer mächtige Asteroid »Toutatis« in der – nach astronomischen Maßstäben – geringen Entfernung von 3,5 Millionen Kilometern an der Erde vorbei. Beide Male entging die Erde ums Haar einer Katastrophe. »Wäre zum Beispiel der Rio Cuarto-Meteorit statt auf die Pampa in den Nordatlantik gestürzt, hätte er zehn Meter hohe Wellen erzeugt, die sich mit einer Geschwindigkeit von 300 bis 500 Stundenkilometern ausgebreitet und als gewaltige Springfluten die amerikanische und europäische Küste verwüstet hätten«, erklärte der Meteoritenexperte Dr. Mark Bailey von der John-Moores-Universität in Liverpool. »Die Wahrscheinlichkeit, daß Derartiges zu unseren Lebzeiten passiert, liegt bei nur 1 : 100.«

Laut Bailey explodiert in der oberen Atmosphäre jeden Monat ein Meteorit mit der Sprengkraft einer Ein-Kilotonnen-Atombombe. Das geht aus den Messungen amerikanischer »Himmelsspione« hervor, deren Ergebnisse ihm Anfang Mai 1993 auf einem Kongreß von sechzig Astronomen, Mathematikern und Militärs in Sizilien vorgelegt wurden. Auf dieser Konferenz, die unter dem Vorsitz von Edward Teller, dem Erfinder der Wasserstoffbombe, stand, wurde die Errichtung eines globalen Meteoriten-Warnsystems diskutiert. Darüber hinaus schlug Teller vor, Satelliten mit Atomsprengköpfen im Erdorbit zu stationieren, um damit gegebenenfalls einen nahenden Asteroiden zu zerstören.

Das wäre bisher eine mögliche Lösung, um eine kosmische Katastrophe dieser Art zu überstehen. Es könnte am 14. August 2116 geschehen. An diesem Tag nämlich kollidiert, nach Berechnungen des australischen Astronomen Duncan Steel aus Sidney, ein Fünf-Kilometer-Durchmesser-Asteroid mit der Erde. Beim Aufschlag würde Sprengkraft entsprechend der Wirkung von 1,6 Millionen Hiroshima-Bomben freigesetzt. Dann käme eine anfangs 32 000 Stundenkilometer schnelle Stoßwelle, die eine 240 Kilometer breite Schneise schlüge. Dem würde stundenlanger Steinhagel mit Brocken, so groß wie Berge, folgen; schließlich fiele der »Todesregen« – Stickstoff und Sauerstoff, vermischt mit Salpetersäure, ätzend wie jede Säure. Der

Mensch würde aussterben wie einst die Dinosaurier. Die Chance für ein Eintreffen dieses Szenarios liegt, so Steel, immerhin bei 1 : 10 000.

Ist es also unsere Bestimmung, auszusterben, der Vergessenheit anheimzufallen? Nein, sagen die Propheten. Wir haben die Wahl. Wenn wir lernen, nach den Gesetzen der Schöpfung im Einklang mit der Erde zu leben, haben wir eine Chance. So sagte auch Jakob Lorber, das »künftige große Weltgericht« sei keine »Strafe Gottes«. Diese Katastrophe löst die Menschheit durch ihr Verhalten selbst aus. Wenn die Menschen die Worte des Propheten annehmen und von selbst »eine andere Weltlage« schaffen, werden sie sich noch retten können. Denn sie ernten nur, was sie selbst gesät haben. »Darum lehret die Menschen, weise zu sein, ansonsten sie selbst die Gerichte heraufbeschwören werden«, erklärte Lorber. »Alle bisherigen Naturkatastrophen sind Mahnungen der Schöpfung. Die Elementarereignisse, die Unglücksfälle und Krankheiten, welche der Zeit vorausgehen, sind die letzten Versuche, noch zu retten, was zu retten möglich ist, damit nicht alle im Schlamm des Egoismus ersticken. Nur durch Unglück und harte Schicksalsschläge wird das stolze Menschenherz mürbe ... denn sind sie es nicht vielmehr selbst, die alles unter ihrem Sinn beugen und selbst die großen Gesetze der materiellen und geistigen Welt – wenn es nur möglich wäre – umstoßen möchten?«

Es ist an der Zeit, endlich zu begreifen, daß wir an einem Wendepunkt angelangt sind. Die Handlungen der heute Lebenden werden die Zukunft, das Überleben der Menschheit bestimmen. »Wir haben keine weiteren Generationen, sondern höchstens noch einige Jahre Zeit, die Dinge zu wenden«, warnt Lester Brown, Präsident des

Washingtoner Worldwatch-Institutes. »Jeder Mensch auf diesem Planeten muß sich seiner Verwundbarkeit und der Dringlichkeit seiner Rettung bewußt sein ... Unser verschwenderisches, sorgloses Dasein muß der Vergangenheit angehören. Wir müssen mehr wiederverwerten, weniger wegwerfen, öfter das Licht abschalten, mehr die öffentlichen Verkehrsmittel benutzen und tausend Dinge in unserem täglichen Leben ändern. Wir sind das nicht nur uns selbst schuldig, sondern auch unseren Kindern und den folgenden Generationen, die eines Tages die Erde bewohnen werden.«

Der Autor nimmt an präkognitiven und psychokinetischen Experimenten des Physikers Dr. Helmut Schmidt in seinem Labor in Mora, Neu-Mexiko, teil.

Folgende Doppelseite: Der sechstausend Jahre alte »Ort der Kraft«, der prähistorische Steinkreis in Avebury, Wiltshire, in England. Hier gibt es eine verblüffende Übereinstimmung mit der sogenannten heiligen Geometrie der Sumerer.

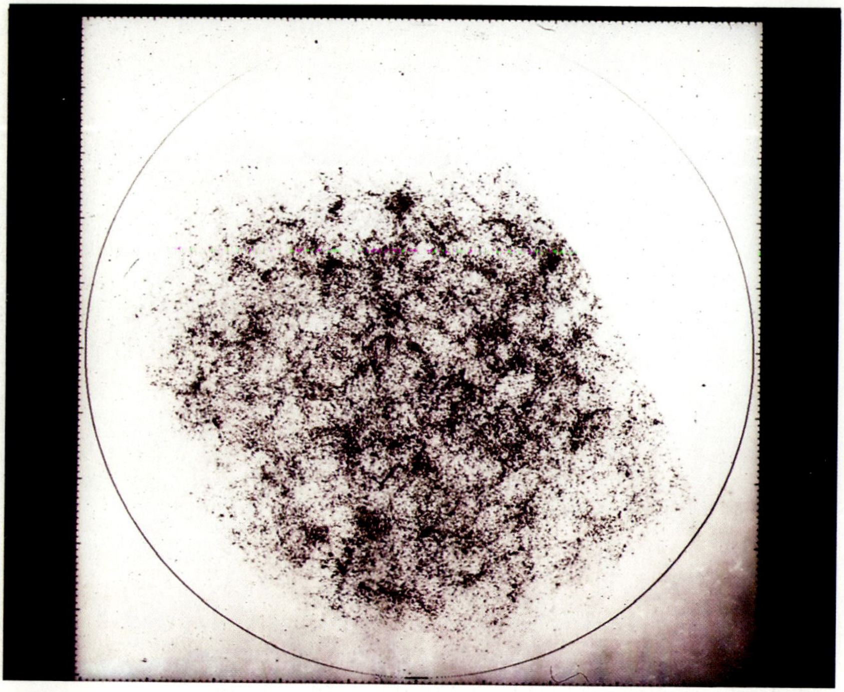

Galaxien klumpen sich in der Raum-Zeit an den Rändern von Leerräumen zu Superclusters bzw. Superhaufen zusammen.

XII *Homo Cosmicus*

ICH TRÄUME UND WEISS, DASS ICH TRÄUME:

1. Januar 2024. Die Erleichterung über die Erfolge der jüngsten Marsmissionen läßt alle irdischen Probleme in den Hintergrund treten, mit denen die Politiker des Weltparlaments – das die Vereinten Nationen 2022 abgelöst hatte – das neue Jahr beginnen.

John Paramatma, der Präsident des Weltparlaments, erklärt in seiner Neujahrsansprache, daß das Überleben der Menschheit gesichert sei. Mit der Umwandlung der roten Marswüste in eine fruchtbare, erdähnliche Landschaft werde die erste Phase des Projektes »Terra II« eingeleitet. Dieser Durchbruch sei dem Mut und dem Durchhaltevermögen der tapferen Astronauten des Raumschiffes »Argo 3« zu verdanken, die den dreimonatigen Flug von der Mondbasis Luna 1 trotz aller technischen Probleme durchgestanden hätten. Weihnachten 2023 seien sie schließlich in der Cydonia-Region gelandet, um die im vorangegangenen Jahr von der »Argo 2« auf den roten Planeten transportierte Marsstation »Biosphere 3« zu beziehen. Während ihres einjährigen Aufenthalts hatte die Besatzung eine chemische Fabrikationsanlage auf dem Mars zu errichten und diese mit kleinen Kernreaktoren zu bestücken, um damit Treibhausgase wie Kohlenstofftetrafluorid oder Schwefelhexafluorid in die Marsatmosphäre zu pumpen. Auf diese Weise solle der Planet einen mächtigen Gasmantel erhalten, um durch den Treibhauseffekt die gespeicherte Wärme nicht aus der Marsatmosphäre entweichen zu lassen.

Bereits in den siebziger und neunziger Jahren des 20. Jahrhunderts hatten Marssonden ermittelt, daß alle benötigten Elemente und chemischen Verbindungen in der Marskruste ausreichend vorhanden sind. Während der Treibhauseffekt auf dem Mars erzeugt wird, sollen die »Argo-Orbiter« die Polarkappen des Planeten mit Milliarden gentechnisch erzeugter Mikroorganismen – Grünalgen – »besprühen«, die sich dann im Polareis vermehren und die Kappen schließlich mit einer dünnen Schicht überziehen werden. Zudem sei vom Orbiter aus die Stationierung von Sonnenreflektoren über den Polen vorgesehen, durch die das Polareis schließlich zum Schmelzen gebracht werde. Die ausgetrockneten Flußläufe würden so wieder mit Wasser gefüllt und der Marsboden getränkt.

In den nächsten hundert Jahren würde sich die Mars-Atmosphäre verdichten, die Temperatur ansteigen und ein Kreislauf ausgelöst, der mehr und mehr Sauerstoff, Kohlendioxid, Stickstoff und Wasserdampf im Sand und porösen Gestein freisetzen werde.

In der zweiten Phase – ab 2045 – werden durch weitere chemische Anlagen Ozon-Ersatzstoffe freigesetzt, wie sie derzeit – 2024 – auf der Erde erfolgreich zur Behebung der Ozonlöcher eingesetzt werden, erklärte Paramatma weiter. Damit werde der Planet vor der harten ultravioletten und anderer kurzwelliger Strahlung geschützt. Bis etwa 2110 würde die Durchschnittstemperatur auf dem Mars dann von −76 Grad C auf +5 Grad C ansteigen.

Nunmehr aus der Marskruste aufsteigender Wasserdampf sowie Kohlendioxid und Stickstoff würden die Atmosphäre langsam anreichern. Erstmals würden am inzwischen blauen und nicht mehr rötlichen Marshimmel weiße Wolken entstehen. Der Luftdruck des Planeten wäre etwa halb so groß wie der irdische, entspräche also einem in 6000 Metern Höhe herrschenden Druck auf der Erde. In den tiefen Canyons werde Wasser fließen, und die Äquatorregionen des Mars würden von »Tundra«-Vegetation überzogen. Zu diesem Zeitpunkt könnten sich bereits 50000 Menschen dort ansiedeln, Kuppelstädte errichten und Straßen bauen. Es würden keine Raumanzüge mehr benötigt, sondern nur noch »Wiederatmer« – feste, mit kleinen Sauerstofftanks verbundene Gesichtsmasken, um die von der Lunge ausgeatmeten Gase zu verarbeiten.

Im Jahr 2124, also in hundert Jahren, gäbe es bereits Wälder auf dem Mars, während die Sauerstoffgewinnung durch chemische Anlagen fortschreite. Der Luftdruck würde bald doppelt so hoch sein wie der irdische, doch das sei für den anpassungsfähigen menschlichen Organismus kein Problem. Mittlerweile hätten sich kleine Ozeane gebildet, die ersten Tiere könnten frei auf der Marsoberfläche leben, und in den Waldregionen bilde sich langsam organischer Boden. Die Marstemperatur liege nun bei 1 °C. Inzwischen wäre die Bevölkerungszahl auf 250000 angewachsen – die Hälfte davon auf dem Mars geboren.

Von diesem Zeitpunkt an sei der Mars eine sich selbst versorgende Kolonie der Erde, unabhängig von irdischen Zulieferungen. 2160 habe sich der Mars zum neuen »Wilden Westen« ausgewachsen, zum Land der Glücksritter. Seine Durchschnittstemperatur betrage inzwischen 8 °C und liege damit nur noch 12 °C unter der irdischen Durchschnittstemperatur. Das Wasser seiner rauschenden Flüsse, Seen und Ozeane sei mit Kohlensäure angereichert und trinkbar; Salzwasser gebe es nicht auf dem Mars. Regenfälle seien regelmäßig, Millionen Bäume würden gepflanzt, aus einem steinigen, roten Planeten werde eine grüne, fruchtbare Welt, in der, den Jahreszeiten entsprechend, Getreide wachse und geerntet werde. Von nun an könne der Mars die ausgebeutete Erde mit Rohstoffen beliefern.

Auf dem Mars würden neue Industrien aufblühen, der Planet würde zum neuen Ausgangspunkt für interplanetare und interstellare Raumflüge, zum »Cap Canaveral« und »Silicon Valley« des 22. Jahrhunderts, zum »booming planet« und zum Eldorado für Freizeitsportler. Denn durch die geringere Mars-Gravitation könnte jedes »höher, weiter, schneller« erreicht werden. Somit wäre der Mars auf dem besten Weg, ein gelobtes Land zu werden – »ein neuer Garten Eden«.

»Vielleicht erweist sich dies als keine leere Metapher, sondern als Vollendung eines Kreislaufs der menschlichen Evolution«, setzt Präsident Paramatma seine Rede fort, hält einen Moment inne. Es ist ein Augenblick, in dem neun Milliarden Menschen mit ihm den Atem anhalten. »Wir haben uns entschieden, Ihnen die vielleicht wichtigste Entdeckung der Argo-Besatzung erst jetzt, nach einer gründlichen Analyse durch unsere führenden Wissenschaftler, bekanntzugeben. Denn ihre Implikationen sind so weitreichend, daß sie unser aller Leben völlig verändern werden. Tatsächlich gelang es ihnen, in die zentrale Pyramide der prähistorischen Marsstadt einzudringen. Dort stießen sie auf eine Reihe kristalliner Computerchips, die, bei Einsatz in eine säulenartige Vorrichtung im Zentrum der Pyramide, holographische Projektionen erzeugten. Sie erwiesen sich als die Chroniken und das kollektive Wissen einer einstigen Zivilisation. Zugegebenermaßen wurde dieser Kristallspeicher mit den Mars-Chroniken nicht zufällig entdeckt, sondern durch ständigen Kontakt mit extraterrestrischen Intelligenzen, der seit gut zwei Jahren zum Weltparlament besteht. Um nicht einer Nation den Vorzug zu geben, haben sie die Entstehung unseres Staatenbundes – die Vereinigten Staaten der Erde – abgewartet, bevor sie mit uns Kontakt aufgenommen haben.

Diese Zivilisation«, fuhr Paramatma nach einer Atempause fort, »stammt von einem Planeten des 11,8 Lichtjahre entfernten Epsilon-Eridani-Systems. Die Lebewesen dort sind an unserem Schicksal interessiert, weil sie, ihrer Behauptung nach, mit uns verwandt sind. In grauer Vorzeit sollen ihre und unsere Urahnen auf dem fünften Planeten dieses Sonnensystems beheimatet gewesen sein. Er lag dort, wo heute Abertausende seiner Bruchstücke – Asteroiden – ihre Bahnen ziehen.

Die Sumerer nannten diesen Planeten Nibiru; bei den Babyloniern hieß er Marduk und bei den Griechen Phaethon. In einer gewaltigen kosmischen Katastrophe ging Phaethon zugrunde, seine Bewohner aber konnten in Raumschiffen entfliehen; zuerst auf den Mars, den Nachbarplaneten des Phaethon. Doch durch die Phaethon-Katastrophe wurde auch die Mars-Atmosphäre allmählich zerstört und der vierte Planet dem Untergang preisgegeben, dazu verurteilt, jene rote unfruchtbare Wüste zu werden, die der Mensch im 20. Jahrhundert vorgefunden hat.

Ein Teil der Phaethonianer setzte den Exodus zur Erde fort, gründete die erste Kolonie auf einer Insel im Atlantischen Ozean, die als ›Atlantis‹ in das Reich der Mythen eingegangen ist. Von dort aus steuerten die ›Wächter von Eden‹, wie sie in den heiligen Schriften der Menschheit genannt wurden, die Evolution auf der Erde, kreuzten ihre Gene mit denen der irdischen Hominiden, um sich besser irdischen Bedingungen anzupassen, und schufen so den Menschen, der Überlieferung nach, seither ›halb Gott, halb Tier‹. Eine andere Gruppe der Mars-Flüchtlinge stieß dagegen in die Tiefen des Alls vor, zu den nächstgelegenen Sonnensystemen, bis sie schließlich im Epsilon-Eridani-

System eine Welt fanden, die alle Grundbedingungen für menschliches Überleben erfüllte. Bevor sie jedoch ihre angestammte Heimat, den Mars, für immer verließen, brachten sie das gesamte gespeicherte Wissen ihrer Zivilisation in einer Art Zeitkapsel, der Großen Pyramide in der Cydonia-Region, in Sicherheit. Sie steht in der Nähe eines riesigen humanoiden Gesichtes, das als Denkmal an die Vergangenheit und Hinweis für die Zukunft aus einem gewaltigen Felsen geformt wurde. Die amerikanischen Marssonden haben es 1976 erstmals fotografiert.

Die größte Entdeckung jedoch seit der des Feuers«, Paramatma machte eine Kunstpause, um die Spannung zu steigern, »ist einer dieser kristallinen Computerchips, die von der Argo-Besatzung in der Marspyramide geborgen wurden. Er enthält Informationen – nämlich eine Formel –, die uns den Schlüssel zu den Geheimnissen des Universums liefert. Die Weltformel, nach der unsere Astrophysiker seit einhundertfünfzig Jahren suchen, die den Zugang zu jener Ur-Energie ermöglicht, der unser Universum seine Entstehung verdankt. Damit ist eine neue Stufe unserer Evolution erreicht, denn nun wird interstellare, gar intergalaktische Raumfahrt keine Utopie mehr sein.

In den kommenden Jahren, mit der Entwicklung der entsprechenden Technik, werden wir diese Energie nutzbar machen können und damit der bevorstehenden Erschöpfung der irdischen Energieressourcen eine Energie-Alternative entgegensetzen. Trotz aller Rückschläge und Katastrophen der letzten Monate können wir also hoffnungsvoll und zuversichtlich das neue Jahr beginnen. Und damit, Bürger und Bürgerinnen der Vereinigten Staaten der Erde, wünsche ich Ihnen allen ein gutes und gesegnetes neues Jahr«, schloß Präsident Paramatma seine Neujahrsansprache.

Zukunftsmusik, Science-Fiction-Träume oder berechtigte Hoffnung auf eine Rettung der Erde, ein Überleben der Menschheit auf der Erde sowie auf unserem Nachbarplaneten Mars? Nun, eine »wissenschaftliche Fiktion« ist das Traumszenario gewiß. Denn die Mars-Besiedlung beruht auf den Plänen namhafter Wissenschaftler für die kosmische Zukunft der Menschheit.

»Terraforming« heißt das Zauberwort, das immer wieder die Diskussion um den Start der Marssonde »Mars Observer« im September 1992 bestimmte. Das amerikanische Magazin »Life« propagierte bereits 1991 auf dem Titelblatt seiner Mai-Ausgabe den Planeten Mars als »Unsere nächste Heimat«. Gleichzeitig präsentierte das Blatt seinem erstaunten Publikum den (oben zitierten) 6-Stufen-Plan führender amerikanischer Wissenschaftler, darunter auch Carl Sagan.

»Wo ist unser Platz im Weltraum?« fragte das Magazin und philosophierte:

»Wir stehen heute wie Kinder an den Ufern des kosmischen Ozeans und träumen von dem, was kommen mag ... Zu einem Zeitpunkt, wo die Grenzen der Erde fallen, ist das Konzept des Mars-Terraforming eine Herausforderung an die Menschheit, einen mutigen Schritt vorwärts zu tun, in die Tiefen des Alls, und ihren Schicksalsweg als galaktische Spezies, als Begründer der ersten interplanetaren Zivilisation, zu gehen.«

Schon heute bereiten sich die Pioniere auf diesen Vorstoß in den Weltraum vor. Acht Wissenschaftler – vier männlichen und vier weiblichen Geschlechts – haben sich am 26. September 1991 in ein gläsernes Forschungslaboratorium begeben, um dort, hermetisch von der Welt abgeschlossen, zwei Jahre zu verbringen. Das Projekt heißt »Biosphere II« und wurde in der Nähe von Tucson, Arizona, in Form von gläsernen Stufenpyramiden und Kuppelbauten realisiert. In dieser abgeschlossenen Welt leben die acht eingeschlossenen Fachleute unter simulierten irdischen Lebensbedingungen. Ziel und Zweck des Projektes liegt darin, zu ergründen, ob der Mensch in der Lage wäre, das Umweltsystem der Erde künstlich zu errichten und aufrechtzuerhalten. Im größten, auf der Fläche von zweieinhalb Fußballfeldern errichteten, futuristischen Bau der Welt gibt es mehrere künstliche Klimazonen: einen tropischen Regenwald, eine Wüste, eine Moorlandschaft und einen Miniaturozean. Die Bionauten sind darauf angewiesen, sich selbst zu versorgen. So züchten sie auf einer kleinen Farm Schweine, Ziegen und Hühner. Insgesamt beherbergt diese moderne Arche Noah 4000 Tier- und Pflanzenarten. In einem geschlossenen Kreislauf von Luft, Wasser und Abfallwiederverwertung wird Autarkie angestrebt. Die zwischen 27 und 67 Jahre alten »Besatzungsmitglieder« der Biosphere II kommen aus den Vereinigten Staaten, Großbritannien und Belgien. Dieses 255-Millionen-Mark-Projekt wird von einer privaten Gesellschaft, Space Biospheres Ventures, finanziert. Sie deckt die Projektkosten durch die Eintrittsgelder zum Besuch des »Biosphereparks« und hofft auf künftige Aufträge der US-Raumfahrtbehörde NASA.

In letzter Konsequenz ist Biosphere II als Testprogramm für zukünftige Raumbasen auf dem Mond und schließlich auf dem Mars gedacht. Darüber hinaus soll dieses Projekt auch dazu beitragen, das »Raumschiff Erde« besser verstehen zu lernen. Der amerikanische Philosoph Buckminster Fuller schrieb in diesem Zusammenhang: »Der Verlust des Instruktionsbuches zur Steuerung und Erhaltung des Raumschiffes Erde und seiner komplexen Lebenserhaltungs- und Regenerationssysteme zwangen den Menschen, in der Retrospektive zu entdecken, was seine wichtigsten Fähigkeiten und Eigenschaften sind. Sein Intellekt muß selbst auf diese Entdeckung kommen. Er muß die Fakten dieser Erfahrung sammeln ... und daraus jene allgemeinen Prinzipien erkennen, die notwendig sind, um die physischen Ressourcen der Umwelt neu zu ordnen; nur das kann die Menschheit zum Erfolg führen, zu der Bereitschaft, sich den größeren Problemen des Universums zu stellen.«

Wir müssen lernen, in Einklang mit der Erde und ihren Gesetzen zu leben, um in den Weltraum vordringen zu können. »Wohin auch immer die Menschheit gehen wird, welche Zukunftspläne wir auch immer haben mögen, wir können nirgendwohin gehen und nirgendwo ohne eine Biosphäre überleben. Das Raumschiff Erde ist das Boot, in dem wir alle sitzen«, begründet Edward P. Bass, der Initiator des Projektes Biosphere II das Experiment in Arizona. »Ich bin überzeugt, daß die Zukunft unseres Planeten die gründlichste Erforschung verdient, um unser Verständnis für die Biosphäre in ihrer Kompliziertheit und Vielfalt zu erweitern ... Biosphere II sucht die derzeitige Umweltkrise mit echten Lösungen und einer Vision der Hoffnung zu beantworten, damit wir uns als Spezies weiterentwikkeln und unsere destruktiven Wege hinter uns lassen.«

Vielleicht tragen die Erkenntnisse der Bionauten dazu bei, das Raumschiff Erde zu retten – wenn sie in Kürze die Biosphere II nach zweijähriger Abgeschlossenheit verlassen, um so den Schritt zu einer anderen Welt einzuleiten. Die Evolution der Menschheit würde damit in eine neue Phase eintreten. Zu Beginn der letzten entdeckten unerschrockene Seefahrer neue, bis dahin unbekannte Küsten. Es hat fünfhundert Jahre gedauert, bis es praktisch keine »weißen Flecken«, keine »terra incognita« mehr auf der Landkarte gab.

Heute ist jeder Quadratkilometer der Erde kartographiert, können unsere Satelliten tagtäglich das Geschehen überall auf der Erde verfolgen. Mit dem Flugzeug ist jeder noch so entlegene Winkel der Erde in wenigen Stunden zu erreichen. Die modernsten Überschallflugzeuge des »Schwarze-Welt-Programms« der US-Luftwaffe – so die mysteriöse Aurora – sollen in nur sechs Stunden die Erde umkreisen können. Schon jetzt ist programmiert, wohin die Entwicklung geht.

Vor 24 Jahren setzte der erste Mensch den Fuß auf einen anderen Himmelskörper – der legendäre »große Schritt für die Menschheit«. Mittlerweile haben irdische Sonden die äußersten Regionen unseres Sonnensystems erreicht. Es ist nur noch eine Frage der Finanzen der US-Raumfahrtbehörde NASA, wann der erste Mensch auf einem anderen Planeten, eben dem Mars, landen kann. Technisch ist der Marsflug längst durchführbar. Der Homo Sapiens wird zum Homo Cosmicus, das dritte Jahrtausend wird das Jahrtausend seines Vorstoßes in die Weiten des Alls. Soviel ist sicher.

Doch was wird aus der Erde? Werden wir beziehungsweise unsere Nachfahren einen Trümmerhaufen hinterlassen, nach dem Motto: Die Erde ist tot, es lebe der Mars? Besteht nicht gar die Gefahr, daß wir jenen »Virus« der Selbstzerstörung, der uns dazu trieb, unsere einst so fruchtbare Erde zu verwüsten, ins All hinaustragen – um damit das eigentliche Problem nur zu verlagern? Ist es nicht wichtiger, erst einmal die Erde zu »terraformen«, also die Lebensgrundlagen unseres Planeten wieder »ins Lot zu bringen« – die Biosphäre zu heilen –, als auf einer anderen Welt »Schöpfer« zu spielen? Andererseits könnten durch ein Terraforming-Experiment Wege zur Genesung der Erde aufgezeigt werden, denn: So umstritten beispielsweise auch das Mond-Projekt der NASA war, wir profitieren alle heute noch davon. Viele sogenannte »Abfallprodukte« der Raumfahrt leisten längst nützliche Dienste in unserem Alltagsleben. Vielleicht trägt auch das Studium der Entstehung der Biosphäre eines einst unfruchtbaren Planeten dazu bei, die Gesetze und Dynamik der Natur besser zu begreifen. Letztlich wäre ein tieferes Verständnis der Natur – des Lebens – ein bedeutender Beitrag auf dem Weg zur Weltformel – zum »Stein der Weisen«, der uns hilft, das Universum zu verstehen und seine Kräfte und Energien zu nutzen, um letztlich selbst »Wächter von Eden«, Hüter und Bewahrer der Schöpfung zu werden.

Die uns verbleibende Zeit zu einer Neuorientierung, zu einem Leben in Einklang mit den Naturgesetzen und einer Umkehr des momentanen Kurses der Selbstzerstörung, ist kurz. Der Club of Rome veröffentlichte erst kürzlich neue Berechnungen darüber, wie die nächsten hundert Jahre von Bevölkerungswachstum, Nahrungsmittel- und Rohstoffvorräten, industriellem Wachstum, Wohlstandsgefälle und Umweltverschmutzung beeinflußt werden. Ergebnis: Wenn sich die Menschheit weiterhin verhält wie bisher, kommt es zwischen 2010 und 2030 unweigerlich zum Kollaps. Der einzige Ausweg wäre die Entwicklung einer globalen Überlebensstrategie, um die Hauptprobleme der Menschheit zu bewältigen: Bevölkerungsexplosion und Umweltzerstörung. Voraussetzung dafür sind Bescheidenheit und Verzicht, vor allem aber Verzicht auf unkontrollierten Bevölkerungszuwachs, Ausplünderung und Verseuchung der Erde, nicht zuletzt auch auf Habgier. Bis spätestens 1995 müßten eine weltweite Geburtenkontrolle, internationale Umweltschutzprogramme und eine ökologisch vertretbare Industrieproduktion Wirklichkeit sein, um letztlich zu erreichen, daß die Welt im 21. Jahrhundert nicht nur wieder lebenswert ist, sondern überhaupt noch Leben ermöglicht. Eine Umorientierung hinsichtlich der Werte ist also notwendig – vom materialistischen »Haben« hin zum geistigen »Sein«.

Inzwischen sind weltweit die ersten Anzeichen eines Bewußtseinswandels festzustellen, die in eben diese Richtung weisen. So spricht die amerikanische Trendprophetin Faith Popcorn (»Der Popcorn-Report«), die vom US-Wirtschaftsmagazin »Fortune« als »der weibliche Nostradamus des Marketing« bezeichnet wird, von einer »neuen Bescheidenheit«. Der Zukunftsmensch, so Popcorn, sei ein gewissenhafter Konsument, der seine Nahrung nach ihrer Naturbelassenheit auswählt, der umweltschädliche Produkte ablehnt und Firmen mit ökologischem Engagement bevorzugt. Eine »neue Innerlichkeit« löst Mitte der Neunziger die Extrovertiertheit der Achtziger ab, eine neue Liebe zur Einfachheit entsteht. Während unseres Gesprächs in ihrem Wolkenkratzer-Nobelbüro in der Madison Avenue von New York sagte Faith Popcorn allerdings auch den Trend des »Cocooning« bei den Menschen voraus – des Sich-zu-Hause-»Einmottens« und Flüchtens in simulierte Cyberspace-Computerwelten, als Ersatz für die Wirklichkeit.

Schon heute finden biologisch angebaute Nahrung, umweltfreundliche Produkte und alternative Energien wie Solar- und Windenergie mehr Sympathie beim Verbraucher als vor zehn Jahren. Schon jetzt sammeln Wissenschaftler die Samen der vom Aussterben bedrohten Baum- und Pflanzenarten, um sie »in besseren Zeiten«, bei einer Reduzierung der Umweltverschmutzung im nächsten Jahrhundert, wieder auszusäen. »Wenn die Not am größten, ist das Rettende nah«, ein Hölderlin-Zitat, das gut ausdrückt, daß auch für den »Patienten Erde« noch Hoffnung besteht. Die Voraussetzung dafür ist jedoch ein grundlegender Bewußtseinswandel. »Der Mensch der Zukunft wird ein Mystiker sein – oder er wird nicht sein«, erklärte geradezu prophetisch der verstorbene Jesuitenpater und Zen-Lehrer Hugo Enomiya-Lassalle (1898–1990). Denn erst wenn er begreift, daß er Teil eines Ganzen und alles mit allem verbunden ist – und eben das ist die Welterfahrung der Mystiker –, wird er in der Lage sein, verantwortlich mit sich und seiner Umwelt umzugehen. Dann ist er tatsächlich zum »Wächter von Eden« geworden.

In meinem Buch »Gottes Würfel« bezeichne ich dieses neue Bewußtsein als »Meta-Denken« – denn es geht über das »normale« Denken, über die Ratio hinaus. Meta-Denken ist die Synthese von Herz und Verstand. Auf einen Nenner gebracht: Wir müssen wieder lernen, mit dem »Herzen zu denken und mit dem Verstand zu fühlen«. Längst haben führende Wissenschaftler, wie der Physiker Prof. David Bohm, der Biochemiker Prof. Rupert Sheldrake und der Neurochirurg Karl Pribram, ein entsprechendes Weltbild formuliert, das sogenannte »holographische Paradigma«, von Ken Dychtwalt folgendermaßen zusammengefaßt:

»1. Etwas wie reine Energie oder reine Materie gibt es in Wirklichkeit nicht. Jeder Aspekt des Universums scheint weder ein Ding noch ein Nichtding zu sein, sondern existiert vielmehr als Manifestation von Schwingungen und Energie.

2. Jeder Aspekt des Universums ist für sich ein Ganzes, ein vollständiges Sein, ein für sich bestehendes umfassendes System, das einen vollständigen Speicher von Informationen für sich selbst enthält.

3. Jeder Aspekt des Universums scheint Teil eines größeren Ganzen, eines großartigeren Seins und umfassenderen Systems zu sein.

4. Da jeder Aspekt des Universums durch Schwingungen zum Ausdruck kommt und sich alle wellenförmigen Ausdrucksformen innerhalb des Hauptologramms vermischen, enthält jeder Aspekt des Universums Wissen um das Ganze. Da außerdem jeder schwingungsmäßige Ausdruck

einer jeden holographischen Einheit auch eine Aussage reiner Information darstellt, können wir erwarten, daß jeder einzelne Aspekt die Fähigkeit besitzt, intime Kenntnis von allen anderen einzelnen Aspekten innerhalb des Haupthologrammes zu besitzen.

5. Innerhalb des holographischen Paradigmas existiert Zeit nicht als lineares Dahinticken von Augenblicken vom ›Jetzt‹ zum ›Soeben vorbei‹. Statt dessen kann sich Zeit sehr wohl multidimensional in viele Richtungen gleichzeitig bewegen.«

Da unser konventionelles, rationales »Denken« offenbar nicht ausreicht, um das Holoversum in seiner Ganzheit zu erfassen, wird von diesem neuen Weltbild auch ein »Neues Denken« gefordert, ein Erfassen der Ganzheit. Dieses »Neue Denken« verbindet Intuition und Ratio, Vernunft und Gefühl, linke und rechte Hirnhemisphäre zu einem Ganzen – einem Meta-Denken. Es öffnet uns das Fenster zu einer tieferen, impliziten Wirklichkeit, zum Hologramm des Omniversums. Mehr noch, es eröffnet uns die Chance, in völlig neue Welten vorzudringen. Bisher verdrängte Aspekte unseres Seins, Phänomene wie Eingebung und Intuition, haben hier wieder einen festen Platz. »Meta-Denken« ermöglicht uns den Aufbruch zu neuen geistigen Dimensionen. Es läßt uns in die Dimensionen jenseits von Raum und Zeit vordringen. Der Mensch der Zukunft, der Meta-Denker, der Homo Cosmicus, stößt gleichermaßen in den inneren wie den äußeren Raum vor. Er kann, wie einst der Magier Merlin, mit der Natur kommunizieren, mit den Bäumen sprechen und mit den Steinen fühlen. Er ist in der Lage, durch Astralreisen in andere Dimensionen, Zeiten und Welten vorzudringen. Er weiß von seiner Stellung, seinen Aufgaben im Universum und seiner Verantwortung für die Schöpfung, deren Teil er ist. Er überwindet seine Vorurteile, die Trennung von Mitmenschen und begreift, daß wir nur gemeinsam überleben können. Er erkennt die Gesetze der Schöpfung – die Weltformel – und wird zu ihrem Hüter – Wächter von Eden – wie einst die Anunnaki im Lande Sumer. Nur so wird der Mensch überleben, um zu neuen geheimnisvollen Welten vorzudringen.

Literaturverzeichnis und Quellennachweis

ASH, DAVID / HEWITT, PETER: Wissenschaft der Götter, Frankfurt/ Main 1991

BAIGENT, M. / LEIGH, R.: The Temple and the Lodge, London 1990

BARROW, JOHN D. / TIPLER, FRANK J.: The Anthropic Cosmological Principle, Oxford 1986

BELOFF, JOHN: New Directions in Parapsychology, London 1974

BOHM, DAVID: Die implizierte Ordnung, München 1985

BOHM, DAVID / PEAT, DAVID F.: Das neue Weltbild, München 1990

BORST, ARNO: Die Katharer, Freiburg i. B. 1991

BURDACH, KONRAD: Der Gral, Darmstadt 1974

BURL, AUBREY: Prehistoric Astronomy and Ritual, Aylesbury 1983

BURMAN, EDWARD: The Templars, Wellingborough 1986

BUTTLAR, JOHANNES V.: Schneller als das Licht, Düsseldorf 1972

ders.: Der Menschheitstraum, Düsseldorf 1975

ders.: Die Einstein-Rosen-Brücke, München 1982

ders.: Unsichtbare Kräfte, München 1985

ders.: Leben auf dem Mars, München 1987

ders.: Supernova, München 1988

ders.: Zeitriß, München 1989

ders.: Drachenwege, München 1990

ders.: Adams Planet, München 1991

ders.: Gottes Würfel, München 1992

CAMERON, A. G. W. (Hrsg.): Astrophysics Today, New York 1984

CAPRA, FRITJOF: Das Tao der Physik, München 1984

ders.: Wendezeit, Bern 1983

ders.: Das neue Denken, Bern 1987

CARLOTTO, MARK J.: The Martian Enigmas, Berkeley CA 1991

CHARPENTIER, LOUIS: Die Geheimnisse der Kathedrale von Chartres, Köln 1972

CLARK, RONALD W.: Albert Einstein, München 1974

COOPER-OAKLEY, ISABEL: Masonry & Medieval Mysticism, London 1990

CRAMER, FRIEDRICH: Der Zeitbaum, Frankfurt/Main 1993
DAMMAN, ERIK: Erkenntnisse jenseits von Zeit und Raum, München 1990
DARAUL, ARKON: A History of Secret Societies, New York 1990
DIMDE, MANFRED: Die Weissagungen des Nostradamus, München 1991
DIPIETRO, V. / MOLENAAR, G. / BRANDENBURG, J.: Unusual Martian Surface Features, Glen Dale 1988
DOUGLAS, ALFRED: Extra-sensory Powers, London 1976
DRAKE, FRANK D. / SOBEL, DAVA: Is anyone out there? Mountain View 1993
DÜRR, HANS PETER (Hrsg.): Physik und Transzendenz, Bern 1986
FAVIER, JEAN: The World of Chartres, London 1990
FIX, M. W. R.: Pyramid Odyssey, Urbanna VA 1978
GLASHOW, SHELDON L. / BOVA, BEN: Interaction, New York 1988
GLEICK, JAMES: Chaos – Making a New Science, London 1988
ders.: Genesis, The Life and Science of Richard Feynman, New York 1992
GOULD, STEPHEN JAY: Zufall Mensch, München 1991
GROF, STANISLAV (Hrsg.): Alte Weisheit und modernes Denken, München 1986
HANCOCK, GRAHAM: Die Wächter des Heiligen Siegels, Bergisch Gladbach 1992
HAWKING, STEPHEN W.: A Brief History of Time, London 1988
HAWKINS, GERALD S.: Stonehenge Decoded, London 1966
ders.: Mindsteps to the Cosmos, New York 1983
HOAGLAND, RICHARD C.: The Monuments of Mars, Berkeley CA 1992
KAKU, MICHIO / TRAINER, JENNIFER: Die Suche nach der Theorie des Universums, Frankfurt/Main, Leipzig 1993
KAUFMANN, WILLIAM: Blackholes and Warped Spacetime, San Francisco 1979
KEETON, KATHY: Longevity, New York 1992
KERGALL, HERVÉ: Gotische Kathedralen und Kunstschätze in Frankreich, Eltville/Rhein 1990
KRISHNAMURTI, JIDDA / BOHM, DAVID: Vom Werden zum Sein, München 1987
KUTZ, JACK: Mysteries & Miracles of New Mexico, Corrales NM 1988

LEE, ANTHONY: Fearful Symmetry: The Search for Beauty in Modern Physics, New York 1988
LEMESURIER, PETER: The Great Pyramid Decoded, Shaftesbury 1989
LEMONICK, MICHAEL D.: The Light at the Edge of the Universe, New York 1993
LINCOLN, H. / BAIGENT, M. / LEIGH, R.: Der Heilige Gral und seine Erben, Bergisch Gladbach 1984
LINCOLN, HENRY: The Holy Place, London 1991
LINDLAY, DAVID: The End of Physics, New York 1993
LOYE, DAVID: Gehirn, Geist und Vision, Basel 1986
MATTHEWS, JOHN: The Grail Tradition, Shaftesbury 1990
MCCALL, HENRIETTA: Mesopotamian Myths, London 1990
MORFILL, GREGOR / SCHEINGRABER, HERBERT: Chaos ist überall und es funktioniert, Berlin 1991
MORRIS, RICHARD: The Fate of the Universe, New York 1982
PEAT, DAVID F.: Der Stein der Weisen, Hamburg 1992
ders.: Superstrings, Hamburg 1989
PENNICK, NIGEL: Die alte Wissenschaft der Geomantie, München 1982
PENROSE, ROGER: The Emperor's New Mind, Oxford 1989
PENROSE, R. / RINDLER, W.: Spinors and Space-time, Vol. 2, Cambridge University Press 1986
PIETSCHMANN, HERBERT: Das Ende des naturwissenschaftlichen Zeitalters, Berlin 1983
POPCORN, FAITH: Der Popcorn-Report, München 1992
PRITCHARD, JAMES B.: The Ancient Near East, New Jersey 1958
POZOS, RANDOLFO R.: The Face on Mars, Chicago 1986
READE, JULIAN: Mesopotamia, London 1991
ders.: Assyrian Sculpture, London 1990
RÉTYI, ANDREAS VON: Gefahr aus dem All, Stuttgart 1992
ROTHMAN, TONY: Science à la Mode, NJ 1989
SAGAN, CARL: The Cosmic Connection, NJ 1989
SCOTT, ERNEST: Die Geheimnisträger, München 1989
SHELDRAKE, RUPERT: Die Wiedergeburt der Natur, Bern 1991
ders.: Das Gedächtnis der Natur, Bern 1990
SHELDRAKE, R. / MCKENNA, T. / ABRAHAM, R.: Denken am Rande des Undenkbaren, Bern 1993
SHORT, MARTIN: Inside the Brotherhood, London 1989
SNOW, CHET B.: Zukunftsvisionen der Menschheit, Genf 1991

Stikker, Albert: Tao, Teilhard und das westliche Denken, München 1988
Swenson, Loyd S.: Genesis of Reality, New York 1979
Talbot, Michael: Das holographische Universum, München 1992
Targ, Russell / Puthoff, Harold: Jeder hat den 6. Sinn, Köln 1977
Tompkins, P.: Secrets of the Great Pyramid, London 1973
Uhlig, H.: Die Sumerer, Bergisch Gladbach 1989
Waite, Arthur E.: The Hidden Church of the Holy Grail, London 1909
Weber, Renée: Wissenschaftler und Weise, Grafing 1987
Weinberg, Steven: Der Traum von der Einheit des Universums, München 1993
Weisweiler, Hermann: Das Geheimnis Karls des Großen, München 1981
Wendt, Herbert: It Began in Babel, London 1958
West, John A.: Ancient Egypt, London 1987
Wilber, Ken (Hrsg.): Das holographische Weltbild, Bern 1986
Wood, David: Genesis, Tunbridge Wells 1985
Young, Louise B.: Die Selbstschöpfung des Universums, München 1986

Fachjournale – Zeitschriften

Allen, John: Biosphere 2, New York 1991
Beloff, J. / Evans, L.: A Radioactivity Test for PK, in: Journal of the Society for Psychical Research, Nr. 41, 1961
Bender, Hans: Kriegsprophezeiungen, in: Zeitschrift für Parapsychologie, Nr. 1–4, 1981
Bohm, David / Bub, J.: A Proposed Solution for the Measurement Problem in Quantum Mechanics by Hidden Variable Theory, in: Reviews of Modern Physics, Nr. 38, 1966
Deutsch, D.: Quantum Theory, the Church-Turning Principle and the Universal Quantum Computer, in: Proceedings Royal Society, London A 400, S. 97 – 117
Feinberg, G.: Precognition: A Memory of Things Future? in: Conference of Quantum Physics and Parapsychology, 1. 8. 1974
Glashow, Sheldon: Desperately Seeking Superstrings, in: Physics Today, Mai 1986

GUTH, ALAN H.: Inflationary Universe, in: Physical Review 1981, Vol. 23, S. 347
KNAPP, WOLFRAM: Vielfalt in Schwarz, in: Bild der Wissenschaft, 1, 1993
OPPENHEIMER, J. R. / SNYDER, H.: On continual gravitational Contraction, in: Physical Review 1939, Nr. 56, S. 455–459
PENROSE, R.: Gravitational Collapse and Space-time Singularities, in: Physical Review letters 14, 1965, S. 57–59
SCHMIDT, HELMUT: Quantum-mechanical Random-Number Generator, in: Journal of Applied Physics Nr. 91, 1970
SHOSTAK, SETH: The New Search for Intelligent Life, in: Mercury, Juli/August 1992, S. 115
SOBEL, DAVA: The Search for a real E.T., in: Life 1992, S. 61
WRIGHT, ROBERT: Science, God and Man, in: Time, Dezember 1992
NASA: Information Summaries, Juni 1991: Our Solar System at a Glance; September 1990: Living and Working on the New Frontier
NASA FACT SHEET: Space Exploration: Voyages to Other Worlds, Dezember 1990
dass.: Mars Observer, Juli 1992
NASA: S.E.T.I.: Search for extraterrestrial Intelligence, 1993
NASA: High Resolution Microwave Survey, März 1993

Register

Bildnachweis: Die Abbildungen auf den Bildseiten werden mit Genehmigung der NASA und des Autors wiedergegeben.